アルク選書

完全改訂版
バイリンガル教育の方法

中島和子・著

はじめに

　「バイリンガル」というと、日本では何か特殊な環境で育った人というイメージが定着しているようだ。ところが歴史的に見ても、また世界各国の言語事情から見ても、現実には複数言語の国が多く、2言語併用、3言語併用の生活をすることは特殊なことでも珍しいことでもないのである。とにかく世界には6,000近くの言語が存在するのに、国として認められているのは200足らずしかない。むしろ日本人やドイツ人のように一つのことばしか話さずに一生を終えることができる人間の方が少数派なのである。

　バイリンガルというと、1960年代の半ばまでは、学業不振、精神錯乱、情緒不安定と結び付けられていたが、最近は逆に、バイリンガルに育つことが知的な発達をより刺激し、思考の柔軟性や創造力を高め、言語感覚を鋭くし、異文化理解を深め、第2、第3のことばの習得に役立つと言われ、かえって一つのことばしか使えないモノリンガルのマイナス面が目立つ時代になってきた。「モノリンガルは高くつく」と言った人があるが、長じて英会話学校へ通ったり、海外留学をしたりする時間、エネルギー、経費を考えると、案外当たっているかもしれない。

　どうしたら、子どもをバイリンガルに育てることができるのだろうか。方言学者であり5カ国語が話せるというベルギー人の神父グローテース氏は、「バイリンガルになりたかったら、親を選ぶことです！」と言ったそうだが、むろんこれは冗談としても、これまでバイリンガルになるのは、親が外交官で学齢期をほとんど海外で過ごしたとか、国際結婚の家庭に生まれたとか、親が宣教師で日本と本国を行ったり来たりして子ども時代を過ごしたなどの特殊な環境に育った人に限られると考えられ、事実そういう人がほとんどだった。ところが、最近はどうかというと、家庭、学校、社会の在り方をある程度人為的に調整、コントロールすることによって、バイリンガルの基礎づくりが可能になり、そのためのノウハウがだんだん分かってきている。これには、欧米でのバイリンガル教育実験やバイリンガル研究もさることながら、日本の経済成長とともに、海外で学齢期を過ごした多くの海外（帰国）子女、また長期海外勤務者、あるいは移住者の子どもとして海外で生まれ育った日系児童生徒の経験が大いに役立っている。これまでのバイリンガル研究は、日本語を一言語としたものが少なく、バイリンガルの理論や研究成果がそ

のまま思考パターン、文法構造の違う日本語にも適応できるのかどうか常に疑問視されてきた。その意味で、海外子女や日系子女はバイリンガルを育成する上で実証的なデータを豊富に提供してくれたのである。

　子どもをバイリンガルに育てる上で最も大事だと思われることは、二つのことばを使い分けなければならない状況を作り出すことである。2歳ごろから14、15歳ごろまでのことばの形成期にこの「使い分け」をせざるを得ない状況に置かれると、子どもは必要に迫られて、2言語でも3言語でも、自然に習得していく。この自然習得の力は子どもの年齢が高まるにつれて弱まるので、幼児から中学の初めぐらいまでが、「バイリンガル育成の適齢期」と言えるだろう。しかし、それ以降でもバイリンガルに近い語学力を育てられないわけではなく、効率の高い外国語学習と海外留学などの組み合わせで、20代の初めくらいまでは、バイリンガルになる可能性を持っている。

　バイリンガルに育つかどうかは個々の家庭の親の努力もさることながら、その子どもが育つ社会の言語環境が決め手になる。たしかにことばは真空状態のなかで育つのではなく、子どもを取り巻く大きな社会とその社会の大多数の成員が使うことばの影響をもろに受けるので、放っておいても自然に育つことばと、放っておいたら自然に消えてしまうことばが出てくる。まずこのダイナミックなことばの力関係をキャッチして、その環境に自然放置されると育ちにくいことばを、家庭や学校で人為的努力で強めることによって、日本の国内にあっても、バイリンガルの基礎をつくることができるのである。

　バイリンガルを育てる上で一番大事なことは、子どもが初めて出あうことば、すなわち母語をしっかり育てることである。その努力はまず家庭で始めなければならない。母語は子どもの土台となることばであり、第2、第3のことばの基礎となるものである。親のちょっとした日常の配慮で毎日のやりとりを通して子どもの母語は育つ。この意味で一番はじめのことばの教師は親である。この母語の基礎の上に、学校や年齢相応の課外活動を上手に選び、海外体験を適時に加えることによってバイリンガルの基礎づくりができる。もっとも、同じ両親の子どもでも、気質その他は一人ひとり違うため、こうすれば必ずこうなるというような便利な処方箋は、残念ながらない。

最近は、日本語が有用なことばであるという認識も国際的に高まり、一方でインターネットを通して世界のあちらこちらと交流するという英語の実用性も増してきた。日本人が日本にいながらにして日英バイリンガルになる道もいよいよ開けてきたと言えるだろう。このためには、国を挙げての努力が必要であり、学校教育を巻き込んで一貫した外国語教育をする政府率先型の言語政策が望まれるところである。

　カナダはバイリンガル教育の実験と研究では大きな貢献をしてきた。「イマージョン方式」と呼ばれる外国語教育、「継承語教育」と呼ばれる少数言語児童の母語、母文化補強教育などはカナダで生み出されてきた教育モデルであり、これらをもとにして生まれたバイリンガル教育理論はこの分野での先駆的役割を果たしている。言語習得の臨界期説で有名なペンフィールド、マギル大学のランバート、ジェネシー、トロント大学大学院のスターン、スウェイン、ウェルズ、カミンズ、ハーレイなど、いずれも彼らの研究成果を抜きにしては、バイリンガル教育は語れないのである。私は同じトロント大学東アジア研究科の教授として日本語教育に従事するかたわら、トロント補習授業校の協力を得てカミンズ、スウェインらと共同で日英バイリンガル発達の研究調査、日系高校生の協力を得て行った日本語学校卒業生の日本語力調査、カナダ日本語教育振興会の会長として会員とともに手がけた「年少者のバイリンガルOBC会話テスト」の開発を行った。そして一人ではあるがカナダでバイリンガル子育てを通して得た知見をもとにして、日本でバイリンガルを育てるために必要だと思われる基本的な概念と実践例を書いてみたいと思う。

　第1章から第3章まではバイリンガルの基本的概念と理論的背景について、第4章は家庭生活を通して育てる学齢期前の子どものバイリンガル、第5章から第9章までは学齢期に学校その他の教育機関を通して育てるバイリンガル、そして第10章は文化習得とアイデンティティとの絡み合い、第11章ではバイリンガルに育つことのプラス面とマイナス面、そして第12章で外国語教育、第2言語教育、国語教育、継承語教育とバイリンガル教育との関連について述べた。

　バイリンガル教育の実践例として取り上げたのは次の4つの形態である。まず第5章で述べたカナダのイマージョン方式によるフランス語教

育は、政治的にも経済的にも文化的にも優勢で、しかも大多数のカナダ人が使うことば、つまり主要言語である英語を母語とする子どもたちのための効果的な外国語教育である。第6章は日本の主要言語である日本語を母語とする日本人の子どものための年少者英語教育、次に社会のマイノリティ言語を母語とする子どもたちのためのバイリンガル教育で、これはカナダ、アメリカ、日本の子どもの第2言語教育と継承語教育の例である。第8章は、学齢期の移動にともない2言語、2文化が錯綜するケースで、これは英語圏で学齢期を過ごす海外児童生徒のケースを扱った。第9章は、海外日系人の母語、母文化を補強するための継承語教育である。最近は日本の学校でも中国語やポルトガル語など少数言語を母語とする外国人児童生徒が受け入れられるようになり、継承語教育の必要性も叫ばれている。海外での日系人の日本語保持・伸張の試みが日本での外国人児童生徒の対応に何らかの参考になれば幸いである。

　本書では一貫してバイリンガルの問題を個々の子どものことばの発達を中心に、語学教師の立場から扱っている。バイリンガル、またバイリンガリズムは学際的な分野であり、心理学、社会学、人類学、脳生理学、言語学などいろいろな立場から研究の対象とされるものであるが、本書では、幼児、小学生、中学の初めまで、つまりバイリンガルの形成期の家庭と教育機関の在り方の問題に絞った。ことばの発達に関心のある母親、子どもには語学力不足の苦労はさせたくないと語学教育に興味を持たれる父親、早期英語教育に携わる教師、日本語の分からない外国人生徒の受け入れで苦労されている学校教師、海外で日本人の海外児童生徒、日系児童生徒の教育に当たる教師たちなど、広く多言語、多文化接触のなかで生きる子どもの教育に関心のある方々に、何らかの示唆を与えることができれば幸いである。

1998年7月　中島和子

完全改訂版の刊行にあたり　日本の英語教師のために

　初版からすでに14年という長い月日が過ぎた。その間IT技術の躍進、温暖化による自然災害、原発使用による人的災害、超国家単位のテロとの闘いなど、人類が智恵を結集してグローバルに対処すべきことが山積、日本人もことばの壁を乗り越えて、目的達成のために異文化の人たちと力を合わせ、リーダーシップを発揮することが求められる時代になった。このためにも、国内で日本人をバイリンガル、マルチリンガルに育てる取り組みの必要性が増してきている。実際に世界を見回せば、モノリンガルよりも複数言語話者の方がはるかに多く、第2、第3言語で教育を受ける子どもも地球規模で増している（Tucker 1999）。子ども時代に複数言語を獲得することは、思考の柔軟性、異文化適応力、言語に対する理解、言語分析能力を強め、子どもを文化的にも知的にもより豊かにするものである。

　日本国内でもこの14年間に大きな変化があった。英語教育の低年齢化が進み、幼児から英語学習を始めて、海外体験やIT技術による疑似体験と組み合わせれば、日本にいながらにして高度の英語力獲得も可能、という時代が来ている。学校教育でも小学校での英語教育が実現、言語形成期を活用した英語教育がやっと日本でも始まりそうである。そして2014年には高校3年生を対象とした英語力の全国テストが行なわれ、その結果に基づいた「生徒の英語力向上推進プラン」（文科省 2015）が出され、中学・高校レベルの英語力についての具体的な目標設定が出された。バイリンガル育成を視野に含めた英語教育も、かつてのように手の届かない夢物語ではなく、やや現実味を帯びた課題となりつつある。

　本書の改訂は、以上のような新しい局面を迎えた英語教師のために、バイリンガル教育の基礎的知識をより具体的に提供することである。そのために、第6章に「年少者英語教育とバイリンガル教育」を加えた。英語教育の常識では、『バイリンガル教育の方法』と聞くと、カリキュラムの立て方、授業のあり方、教材の選択、指導の内容と方法、評価の仕方などが期待される。例えば、幼児に毎日親が家でどのような教材をどのように使うか、音声テープやDVDをどのように活用するかというような具体的な方法である。しかしバイリンガル教育の立場は、複数の言語が育ちやすい環境を子どもに与えて、あとは子どもの自然習得の力に任せる、つまり「教える」のではなく「自分で獲得する」のである。従っ

て、大きな言語環境づくりの枠組みはあっても、「教えるためのカリキュラム」がはっきりしないのがバイリンガル教育の特徴の1つと言える。

　一方日本国内で変わったのは、英語教育ばかりではない。少子・高齢化で外国人労働者が流入し、日本の学校では家庭で日本語以外の言語に触れて育つ子どもが増えている。このため今後英語の教科化が進めば、日本の英語教師は、文化的・言語的に多様な背景を持つ子どもたちにも、第2、第3言語としての英語を教えることになる。このような状況の変化を視野に入れて、完全改訂版には第7章の「マイノリティ言語児童生徒とバイリンガル教育」を新しく加えた。

　グローバル人材が要請される時代に、日本が国策としてバイリンガル、トライリンガルを育てることが日本の人的資源、言語資源を豊かにし、国力を増す上で極めて重要である。そのために何が必要かというと、まずはしっかりとした国の言語政策である。その場合、視野に含めるべきだと私が強く思うのは、国内の日本人児童生徒だけではなく、世界55カ国に204校もある補習授業校でバイリンガルに育ちつつある「海外児童生徒」（8章）、日本語との繋がりを大事にする「海外日系児童生徒」（9章）、そして母語の数が60を越える国内の国際結婚や定住外国人の増加による多種多様な「マイノリティ言語児童生徒」（7章）である。このように視野を広げてみると、日本を取り巻く言語環境がすでにかなり豊であることが分かる。この言語環境をさらに強めるために、政策の中核に日本人児童生徒のための具体的なバイリンガル育成プランを据える必要がある。あくまでも選択肢の1つとして、英語ばかりでなく近隣の中国語、韓国語を含めた高度の外国語教育計画が構築されるべきであろう。

　本物の英語力は、小学生のときからの異文化体験が必要である。海外児童生徒が日本の学校で体験入学ができるように、海外教育機関と連携して、早期海外体験を実現するべきであろう。

2015年9月　中島　和子

目　次

はじめに　ii

完全改訂版の発刊に向けて——日本の英語教師のために——　vi

第1章　バイリンガルとは?　1

モノリンガルとどう違う?／成長期の子どもの場合／バイリンガルの分類

第2章　子どもの母語の発達と年齢　17

バイリンガルの子どもの母語／親は最初のことばの教師／年齢と母語の形成／大切な本の読み聞かせ／臨界期説とバイリンガル／ことばの維持の難しさ／「母語」から「継承語」へ

第3章　バイリンガル教育の理論　35

2言語共有説／「2言語相互依存の原則」／2言語の共有面とは?／BICS・CALPからCF・DLS・ALPへ——言語能力の分析と習得にかかる時間／ランドレイとアラードの理論／2言語発達のカウンター・バランス説

第4章　家庭で育てるバイリンガル　57

バイリンガルを育てる上での母語の役割／使い分けと接触量、接触の質／カナダで育った息子の例／難しい「使い分け」のしつけ／1人1言語の原則／親の語学力とバイリンガル／幼児期のダブル・リミテッド現象／2言語の干渉／親の在り方

第5章　イマージョン方式のバイリンガル教育　93

イマージョン方式の原型／セント・ランバート小学校で始まった取り組み／イマージョン方式のいろいろ／トロント市のイマージョン教育／英語力、学力が犠牲になるのでは?／成功の要因／フレンチ・イマージョンの問題点／卒業生の声

第6章　年少者英語教育とバイリンガル教育　115

小学校英語教育に賛成する理由／小学校英語教育の4つの課題／学力も高める「日・英バイリンガル教育」の勧め

第7章 マイノリティ言語児童生徒とバイリンガル教育　135

米国の移民児童生徒教育／カナダの移民児童生徒教育／
日本の外国人児童生徒——第2言語としての日本語教育

第8章 海外児童生徒とバイリンガル教育　157

全日制の日本人学校とバイリンガル／現地校と補習校の組み合わせで育つバイリンガル／トロント補習校の調査／補習校生徒の2言語の発達／恵まれたバイリンガル環境——週末イマージョン／学齢期の移動に伴う一時的ダブル・リミテッド現象

第9章 海外日系児童生徒とバイリンガル教育　181

ことばは何世代保持できるものか?／継承語としての日本語教育／
カナダの継承語教育／日本語学校卒業生の日本語力／
継承語プログラムの問題点／継承語保持の効用

第10章 バイリンガルと文化の習得　201

バイリンガルは二重人格?／文化の差と年齢／言語の習得と同族意識／
2言語の習得とアイデンティティ／相反する2つのアイデンティティに悩む／
2文化相互依存説／「新統合型」のアイデンティティ

第11章 バイリンガル教育への疑問　221

バイリンガル育成のプラス面とマイナス面／バイリンガル肯定論／
バイリンガル有利説の具体例

第12章 バイリンガル教育の日本の言語教育への貢献　235

国内の言語教育とバイリンガル教育／バイリンガル教育の方法論から学ぶもの

おわりに　246
参考文献　248
重要項目の整理　261
索引　265

第1章
バイリンガルとは?

Contents

モノリンガルとどう違う?
成長期の子どもの場合
バイリンガルの分類

バイリンガルの定義で成功した人はまだいないと言われるほど、「バイリンガル」ということばの意味は複雑で捉えにくいが、ここでは問題をはっきりさせるために、「2つのことばをきちんと使い分ける力を持った人」として話を進めたい。3言語になれば「トライリンガル」、4言語になると「クワドリンガル」、1言語だけを使う人を「モノリンガル」と呼ぶことにする。

　ことばが2つ、3つになると、どれも同じレベルで使えるということはまずない。簡単な挨拶はできるけれども、けんかしたり、議論したり、求愛したり、冗談を言ったり、嫌みを言ったりするとなるとなかなか思うようにいかないのが普通である。

　カナダで生まれた筆者の息子は、家では日本語、一歩外に出れば英語という使い分けをして育ったが、カナダの学校では小学校1年生からフランス語の授業が毎日40分から60分あり、それが高校が終わるまで続いたので、17歳の卒業時には日常生活では日本語と英語のバイリンガル、学校では英語が学習言語、外国語としてはかなり高度なフランス語と高校で選択した初級レベルのドイツ語という状態であった。卒業後、オランダのユトレヒト、スイスのシオン（フランス語圏）、フランスのリヨンで音楽修行をし、その後はルーマニアで指揮者をしていたので、今は英語、フランス語、日本語（もし忘れていなければ）、ルーマニア語、ドイツ語の順の語学力を持っている。しかし、それぞれのことばの力のレベルも質も違うので、実際にバイリンガルなのか、トライリンガルなのか、クワドリンガルなのかは当人に聞いてみないと分からない。指揮のリハーサルをするぐらいならば日本語以外ならどの言語でもできるかもしれないが、きちんと考えをまとめて文章を書くとなると、学校で教

科学習に使った英語が何といってもいちばん強く、奨学金をもらうためにフランス語で論文のようなものを書かざるを得ないはめに陥ってたいへん苦労したと話していた。

　こんなにいくつもことばが入り組んでいないバイリンガルの場合でも、どちらか1つが強いことば、どちらか1つが好んで使うことば、あるいはニーズに応じてどちらかを使い分けるというのが普通である。ことばは生活を通して身につけるものであるから、2つのことばが同じ濃度で身につくということは、ほとんど不可能である。またある一時期、だいたい同じくらいの力になったとしても、毎日の生活の中で使わなくなったことばはさびつくので、2つのことばを同じレベルで維持するのも非常に難しい。とかくバイリンガルというと、理想的な2言語話者を想像しがちであるが、実際には不完全なバイリンガルがたくさんいるし、むしろ不完全なのがノーマルだとも言えるのである。

　モノリンガルにも、よく話せる子、よく書ける子と、口下手で作文もあまり得意ではないという子がいるように、バイリンガルにもいろいろな子がいる。2人の子どもをバイリンガルに育てたタシュナーも次のように言っている。

> 「ことばを1つしか話さない子どもにもことばの理解や表現が得手な子どもと不得手な子どもがいるように、バイリンガルにも個人差があって、1つのことばがより強い場合もあるし、両方とも平均である場合もあるし、また両方とも優れている場合もある。……バイリンガルは1から100までの連続線上にあり、そして同じことがモノリンガルにも言えるのである。」
> (Taeschner, 1983)

モノリンガルとどう違う？

　バイリンガル自身、自分がバイリンガルであることをどう思っているのだろうか。バイリンガルの発言をいろいろな角度から集めたグローシャンのバイリンガルの入門書によると、いろいろな言語背景の成人や大学生のバイリンガルやトライリンガルが、自分自身の体験を振り返ってモノリンガルとの違いについて次のように述べている。

> モノリンガルとどう違う？
> ●「全然違うと感じられない。」〈ビルマ語・英語〉
> ●「たった1つ違うことは、わたしはいろんな人たちと話ができて、変わった文字で書いてあるものが読めるし、外国の映画も（字幕なしに）見られること。」〈アルメニア語・アラビア語・英語〉
> ●「モノリンガルとあまり違わないと思う。」〈ベンガル語・ウルドゥ語・英語〉
> ●「モノリンガルと違う点は、いろいろな人たちとコミュニケーションができること。わたしは、（性格が）オープンで、いろんなことばが分かるから人間のことがもっと理解できると思う。」〈アラビア語・英語・フランス語〉
> ●「2つのことばができるというのは大したことではない。（モノリンガル）と特に違っているとは思わない。」〈ファルシ語・英語〉
>
> (Grosjean, 1982: 273)

　これで見ると、バイリンガル、あるいはトライリンガル自身、人と広くまた深くコミュニケーションができるということ以外、モノリンガルとの違いは感じていないようだ。考える頭脳が2つあるわけではないし、感じる心が2つあるわけでもない。1つの頭脳、1つの心を持った同じ人間が、たまたまことばという「道具」を2つ、3つ持っていると考えたらよい。また、上の例に挙げたバイリンガル、トライリンガルのことばの種類は9つに及ぶが、それぞれの言語の特性や組み合わせによって意見が異なるということもなさそうである。

　このようにバイリンガルとモノリンガルを比べると、表面的にはほとんど違わないように見えるが、深層面ではバイリンガルのことばの力は2つのことばにまたがったものであり、その「2つのことばを合わせて1つの言語体系」を持った人と考えることができる (Grosjean, 1982)。この点でバイリンガルはモノリンガルとは本質的に異なる。もしバイリンガルのことばの力全体を language の頭文字をとって [L] とすれば、バイリンガルのことばの力は2つのことばの力の

融合で、[L1+L2] と言うことができる。

成長期の子どもの場合

　バイリンガルの問題を論じる場合、すでにことばができ上がって安定している大人のバイリンガルと、まだどちらのことばも発達途上にある子どものバイリンガルとでは、問題が大きく違ってくる。

　本書では特に、成長期にある子どもの2言語の発達とそれにまつわる教育問題を中心に扱いたいと思う。ことばの発達と子どもの成長とは切っても切れない関係にある。子どもは親や周囲の人たちとの交わりを通してことばを覚え、また覚えたことばを使って周囲の世界とのかかわりを深めていく。ことばは子どもの考える力を養うためにも、豊かに感じる心を育むためにもなくてはならないものであり、子どもなりに、生きるために必死で獲得していくものである。だから、子どもにとってことばができるようになるかならないかは死活問題であり、1つ以上のことばがどのような形で子どもの生活にかかわってくるかは、子どもの人間形成に直接関係がある大きな教育問題である。

　2言語に触れて育つ子どもは、ある一時期だけに視点を据えて、それぞれのことばの力の測定をしてみると、どちらのことばもモノリンガルの子どもと比べると劣っているという結果が出ることが多い。例えば、まだ母語[1]がしっかりしていない外国人の子どもが日本に来て地域の日本の学校に通いはじめると、だんだん日本語ができるようになる。友達もでき、日課の大半を日本語で過ごすようになると、日本語は急激に伸びるが、この間に母語の力は当人が気がつかないうちに、急速に落ちていく。知っているはずのことばがすっと口に出てこない、手紙を書こうとすると文字も忘れていることに気づくという具合である。このような状況にある子どものことばをある時点で測定してみると、日本語は日本人の子どもに比べて低い、母語の方も本国の子どもの年齢相応の力と比べて低い、つまり両方低いという結果になる。これは学齢期の途中で異なった言語の環境に突入した子どもが避けては通れない状況である。子どものバイリンガル教育の課題は、例えば上のような状況を乗り越えて、どうしたら2言語がよりよく発達するか、どのような教育的介入をすればマイナスの影響を最小限にとどめ、年齢相応の学力が獲得できるだけの言語能力を育てられるかなどについて、長期的な構えで考えることである。2言語の発達途上で起こるある一時期の現象を問題にして、バイリンガルではなく、ダブル・リミテッド（両方のことばの力が低い）であるなどと決めつけてしまってはいけない。この意味で、子どもをバイリンガルに育てるためには、長期的視点のもと、2つのことばの力を流動的に捉える必要がある。

バイリンガルの分類

バイリンガルは「2つのことばができる」と言っても、その内容にはたいへんなばらつきがある。例えば、【1】聞くことはどちらのことばでもできるが、話すのは1つのことば、【2】聞く、話すは両方でできるが読み書きは1つのことば、【3】日常会話はどちらのことばでもこなせるが、考えをまとめて人前で発表するとなると1つのことば、【4】2つのことばで会話はできるが思考するとなるとどちらも不十分という場合などがある。また【5】両方使えることは使えるが混ぜないと話せないというケースもある。

このように多種多様なバイリンガルの力を定義するのは至難のわざで、ベアズモアはその著書の中で35のバイリンガルの型を挙げているし、マキーは使用言語、カリキュラムその他4つの範疇を立てて、90のバイリンガル教育の型を列挙している (Beardsmore, 1986; Mackey, 1972)。ここでは日英バイリンガル育成を考える上で大事な6つの面だけを取り上げて、バイリンガルの分類を試みた。次に述べる6つの分類のうち、1）と2）は言語能力から見た分類、3）は2言語の発達過程による分類、4）と5）は社会・文化との関連で見た分類、6）は言語集団との関連で見た到達目標と教育形態による類である。

1) 2言語の到達度から見たバイリンガル

2言語の到達度から見ると、バイリンガルは、大きく分けて3つに分類することができる。バイリンガル研究の世界的権威ジム・カミンズ（トロント大学名誉教授）の用語を借りるならば、年齢相応のレベルまで2言語が高度に発達している場合は「バランス・バイリンガル」、どちらかの言語のみが年齢相応のレベルまで高度に発達しているが、もう1つの言語は明らかに弱いという場合は「ドミナント（偏重）・バイリンガル」、そして、どちらのことばも年齢相応のレベルまで達していない場合は「ダブル・リミテッド・バイリンガル」[2]である (Cummins, 1979)。図1の4つの自転車の絵は、この2言語の到達度による違いを、分かりやすく示したものである。「1つの車輪があればもちろん困らない（モノリンガル）、また大きい車輪と小さな車輪があれば、1つの車輪よりは遠くに行ける（ドミナント・バイリンガル）、しかし2つの車輪のバランスがとれていて、しかも2つ車輪のタイヤがよく膨らんでいれば、もっと遠くまで行ける（バランス・バイリンガル）、でも、2つ車輪があっても、空気が抜けているとどこへも行けない（ダブル・リミテッド・バイリンガル）」と言うのである。

図1 ● 2言語の到達度による分類（カミンズ）

1つの車輪でも行けるよ……

大きな車輪と小さな車輪でもいいよ……

でも、車輪がバランスが取れていて、よく膨らんでいれば、もっと遠くまで行ける……

でも、もちろんこうならなければ

（Cummins, 1985: 10 をもとに作成したもの。筆者訳）
イラスト：川手文子

　図1の4つの自転車の絵は、以前トロント大学教育大学院に設置されていた「継承語教育センター」の機関誌 "Heritage Language Bulletin" の第1号（1985）に掲載されたカミンズの論文の挿絵を再現したものである。この挿絵でカミンズが示そうとしているのは、単なるバイリンガルのことばの到達度の分類ではなく、実はバイリンガルと知的発達との関係である。バイリンガルに育つことが認知面、学力、知的発達にプラスの影響を与えるケースもあるし、マイナスの影響を与えるケースもあるが、それは2言語の到達度によって異なるというのである。カミンズはこれを閾説と呼び、表1でその関係を示そうとしている。つまり、2言語の到達度には2つの閾があり、2言語とも上の閾を越えることができれば「バランス・バイリンガル」になるし、2言語とも下の閾を越えることができなければ「ダブル・リミテッド・バイリンガル」になる。そして、2言語が下の閾は越えているが、1言語しか上の閾を越すことができない場合は、「ドミナント・バイリンガル」になる。知的発達との関係については、Aの「バランス・バイリンガル」の場合は、知的発達においてプラスの影響があるが、Bの「ドミナント・バ

イリンガル」の場合はプラスもマイナスもなく、そして、Cの「ダブル・リミテッド・バイリンガル」の場合は、マイナスになるという。

表1●カミンズの2言語の閾説

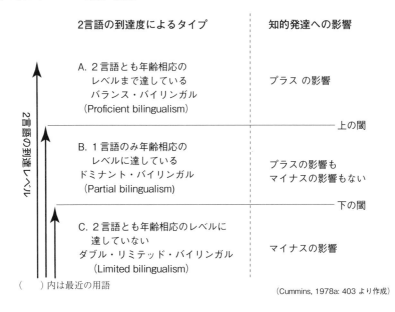

（　）内は最近の用語

(Cummins, 1978a: 403 より作成)

　これは後に第3章で詳しく紹介する2言語共有説や、2言語相互依存の原則などと深い関係がある。これまでのバイリンガルの諸研究から言えることは、2言語のことばが高度に発達する場合は、2言語が互いに強め合って相乗効果があり、ことばの力が強まると同時に知能にも刺激を与えるので、知的発達にもプラスの影響があるということである。ところが、両方のことばが足を引っぱり合って、両言語とも伸び悩む場合は、ことばの力の上でもマイナスであるし、また知的発達から見ても明らかにマイナスになる。そして、ことばがどちらか1つだけ高度な場合は、知的発達とプラス、マイナスの関係は見られないというのである。この閾説はフィンランド人のスクットナブ-カンガスらの研究に基づいて、カミンズが提唱したものである。その後、呼称が多少変わって最近では、Aの「バランス・バイリンガル」が「高度（に発達した）バイリンガリズム」（Proficient bilingualism)、Bの「ドミナント・バイリンガル」は、「パーシャル・バイリンガリズム」（Partial bilingualism)、Cの「ダブル・リミテッド・バイリンガル」が「リミテッド・バイリンガリズム」（Limited bilingualism）と呼ばれている。

② 4技能から見たバイリンガル

次ページの図2に示したようにコミュニケーションの媒体になるものが音声であるか、文字であるか、また技能が「受容面」であるか「表出面」であるかという2点を軸にして、ことばの技能を4つの領域に分けることができる。「聞く」ことは2つのことばでできるが、その他はすべて1つだけというのを「聴解型バイリンガル」、「聞く」「話す」は両方でできるが、「読み書き」は1つのことばでしかできないというのを「会話型バイリンガル」、4領域そろって「聞く」「話す」「読む」「書く」ができるバイリンガルを「読み書き型バイリンガル」または、「バイリテラル」(biliteral) という。日本人の家庭でも海外生活が長引くと、親が日本語で話しても子どもは英語（または現地語）で応答するというような状態がよくあるが、この場合、一応子どもは親の言うことを理解するから「聴解型バイリンガル」ということになる。英語は4技能にわたった力があるが、日本語は「聞く」だけということである。また、「読む」ことだけは2つの言語でできるが、「話す」「聞く」「書く」は1つの言語というモノリンガルの大人が現実にはかなり多い。また日本には会話はできないが、日本語でも英語でも読めるという成人もかなりいるわけであるが、残念ながら、この場合はバイリンガルとは呼ばれないようである。

ところで、バイリンガルということばが2重の意味で使われることがあるので注意する必要がある。1つは、モノリンガル、トライリンガルと対比されて、「2言語使用者」という意味で使われるバイリンガルである。もう1つは、2言語の読み書き能力を持っている「バイリテラル」と対比して、「2言語の話す力しか持っていないバイリンガル」という意味で使われることである。この場合は、混乱を避けるために、「会話型バイリンガル」と呼んで区別したいと思う。

また「聴解型バイリンガル」は、「会話型のバイリンガル」と対比して、「受け身のバイリンガル」(passive bilingualism) と呼ばれることもある。先に挙げた、親の日本語の問いかけに対して英語でしか応答しない日本人の子どもは、まさにこの例である。

図2 ● ことばの技能の4領域とバイリンガル

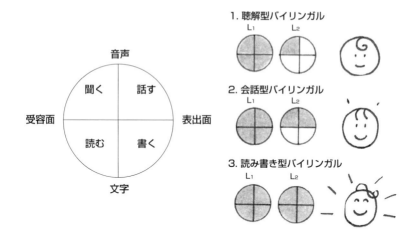

　ことばの力は、カバーする領域が増えれば増えるほど、根を深く、また広く張ることになる。だから、「聞く」だけのバイリンガルよりも、4技能そろってできるバイリテラルの方が語学力としてはずっと質の高いものである。また、1つのことばを身につけるということは、そのことばを覚えると同時に、そのことばの習得を通して、ことばそのものについても学ぶことになる。1つのことばよりも2つ、3つのことばの方が、比較ができるし、言語間の共通部分、相違部分がよりはっきり見えてくるものである。この意味でバイリンガルに育つことは、ことばそのものについての知識、いわゆるメタ言語認識がより強まるし、またことばを分析する力がモノリンガルより高まるわけである（詳しくは第11章参照）。

　また最近は読み書き能力が単なることばのスキルというよりは、子どもの認知力、学力全体の発達と密接な関係があり、また会話面と比べてその習得に非常に時間がかかることから、バイリンガルのことばの発達を論ずる上で、会話面と認知・学力面に分けてバイリンガルの力を考える必要が認識されている（詳しくは第3章参照）。

3) 発達過程による分類

　発達過程によってバイリンガルを分類すると、次のようになる。毎日の生活を通して2つのことばに同時に接触することによってバイリンガルになる場合は「同時発達バイリンガル」、1つのことばが先行して、その上に第2の言語が加わる場合は「継起発達バイリンガル」と呼ぶ[3]。例えば、幼児の場合、家の中で、

父親が子どもに話すことばと、母親が子どもに話すことばを意図的に使い分け、幼児が父親のことばと母親のことばの両方を同時に習得していく場合、これは「同時発達バイリンガル」である。一方、海外で育つ児童生徒などのように、ある時点まで日本語だけの生活をしていて、ある日突然英語の環境に入れられ、数年後、英語も日本語も何とかできるようになったという場合は、「継起発達バイリンガル」である。

しかし、実際問題としては、この２つをはっきり区別するのが難しい場合が多い。例えば、筆者の息子は２歳９カ月になって地元の保育園（preschool）に行くまで、家では両親との会話はすべて日本語だった。しかし、すべて日本語とはいっても、カナダで暮らしているのであるから、テレビも英語、かかってくる電話も英語、訪問客も英語と、まるで英語の海に囲まれた日本語の孤島のようなものである。このような状況の中で、家庭で意図的に日本語の基礎をつくる努力をし、またそれを継続しつつ、英語との接触が始まったという点では、日本語の土台の上に英語が加わった「継起発達バイリンガル」と言えるかもしれない。このように、２言語の接触の中で成長する子どもの場合には、どちらとも決めがたい場合が多い。

ハマーズとブランというカナダの言語心理学者たちは、バイリンガルの２つのことばの力の総和を［L］で表すとすると、「同時発達バイリンガル」と、「継起発達バイリンガル」とでは、［L］を構成する２つのことばの性格が多少異なることから、「同時発達バイリンガル」の場合は［La＋Lb］、「継起発達バイリンガル」の場合は［L1＋L2］で表している（Hammers & Blanc, 1989）。

4）文化習得による分類

文化習得を伴うバイリンガルと、伴わないバイリンガルがある。２つのことばが流ちょうに話せても、価値観、ものの感じ方、行動パターンでは１つだけ、つまり、「モノカルチュラル」である場合もある。文化習得を伴うバイリンガルを「バイカルチュラル」、そして多文化に触れて育った結果どこの文化にも属せなくなった場合を「デカルチュラル」と言う。同じ文化習得でも、理解・認知面（頭で理解できること）、行動面（無意識に期待される振る舞いができること）、心情面（感情の動き）では、習得の度合が異なり、理解はできても行動ができないこと、理解も行動もできても心情面が伴わないことがある。例えば、大人になって外国に行った場合は、異文化の習得は認知面にとどまることが多いが、子どもの場合は、年齢が低ければ低いほど認知・行動・心情すべての面で異文化を習得する傾向が見られる（第10章参照）。

5) 母語の社会的地位との関連で見た分類

　同じ2言語に触れて育つ子どもでも、子どもの母語がその社会でどのような地位を占め、その社会のメンバーにどのように評価されているかということで、結果が違ってくる。例えば、日本では日本語が圧倒的に優勢なことばである。日本語話者の数が多いのはもちろん、政治的にも経済的にも文化的にも日本語一辺倒の国である。従って日本語ができるのが当たり前、日本語ができない子どもは、仲間には入れてもらえない。とにかく子どもですら、日本で生きていくためには、日本語ができなければどうしようもないということを肌で感じるのである。このために日本に来て日本の学校に入った外国人の子どもは、あっという間に日本語をものにしていく。一方、子どもが日本に来る前に親とのコミュニケーションで使っていたことば、つまり、母語がどうなるかというと、その母語が日本人にどう見られるかということが子どもの心理に微妙に影響する。たまたまその母語が日本人が一目置く英語のような国際語である場合は、日本語を習得しながら母語を維持しやすいので、結果としてバイリンガルになる可能性が高い。

　ところが、子どもの母語が日本人があまり有用とは感じない、また聞いたこともないようなことばであると、子どもは人前で母語を話すことをはばかったり、母語を恥じて人前でそのことばが話せることを隠そうとしたりする。このように社会でそのことばを話す人の数も少なく、政治的にも経済的にも文化的にも力を持っていない、つまり社会的に劣勢であることばを母語とする子どもは、せっかく2言語に触れて育つ環境にありながら、結果として1つのことばしかできないモノリンガルになってしまう傾向が強い。それも自分の親のことばは捨てて、日本語のモノリンガルになるのである。これは日本語が悪いわけではない。社会的に圧倒的に優勢なことば、つまり社会の主要言語と子どもの母語との間に社会的格差がある場合は、子どもが劣位である自分の母語を捨てるということは一般的な現象である。例えば、アメリカでは英語が主要言語でスペイン語は少数言語であるから、スペイン語系子女は、母語離れをして英語のモノリンガルになる傾向があるのである（Wong Fillmore, 1991）。

　このように、子どものことばは周囲の環境の影響をもろに受けて育つので、母語が主要言語である場合は、たとえ学校教育を外国語で受けても、母語を失ったり、社会のメンバーとしてのアイデンティティが揺らいだりすることはない。例えばカナダの英語圏でフランス語で学校教育を受けると、英語もフランス語もできるようになるし、フランス人とも違和感なく付き合えるようになるのでバイカルチュラルになるが、それでもイギリス系カナダ人というアイデンティティはしっかりしている。このように母語の上にもう1つ有用なことばが加わり、しか

もアイデンティティが崩れない2言語接触の状況は「アディティブ・バイリンガリズム」、その逆で2言語環境に育ちながらモノリンガルになってしまう状況は「サブトラクティブ・バイリンガリズム」と呼ばれる。アディティブというのは「加える」(add)、「足し算」(addition) から来たことばで、サブトラクティブというのは「引く」(subtract)、「引き算」(subtraction) から来ている。日本語の訳としては、「加算的・減算的」、「付加的・減価的」などいろいろあるが、最もその意味を的確に捉えている訳は「付け加え型」と「はぎとり型」であろう（裳岩 1987）。特に「はぎとり型」という訳語は、2言語が子どもから大事な母語をはぎとってしまい、そのため親子の交流のための大事な道具がもぎとられて親子関係の質が下がり、アイデンティティの問題でも苦しむという深刻な問題をよく表わしている。言語面でも問題があり、劣勢のことばは優勢のことばの影響を受け、優勢なことばの単語を必要以上に借用したり、どちらのことばでも構わず混合して使ったり (code mixing)、1つのことばで話し始めてももう1つのことばにすっと切り替わってしまったりという「混合型 (code shifting)」になる傾向がある。

「アディティブ・バイリンガリズム」「サブトラクティブ・バイリンガリズム」の概念を初めて提唱したのは、カナダのバイリンガル教育の父と言われるランバートである。ランバートは、21世紀の課題は、水の流れのように強いことばに吸収されていく弱いことばに対して、いかなる教育的措置によってその流れをせき止めるかであり、人間の手を加えることによって少数言語の子どもたちの中から「アディティブ・バイリンガル」を生み出すことであると次のように言っている。

> 「私が思うには、将来の重要な教育的課題は、少数民族言語グループ (ethnic groups) の学童にかかっているさまざまなプレッシャーを取り除き、彼等もアディティブ・バイリンガリズム、バイカルチュラリズムの恩恵に浴することができるようにすることである。」(Lambert, 1977)

近年フランス系カナダ人のランドレイとアラードは、アディティブ・バイリンガリズムの概念をさらに深めて、次の3つの要件を満たす2言語使用をアディティブ・バイリンガリズムと定義し直し、これが教育者が目標にすべき次世代の「バイリンガルの理想像」であると言っている (Landry & Allard, 1991)。その3つの要件とは次のようなものである。

(1) 両言語が会話力でも読み書きの能力でも高度に発達していること。つまり「バイリテラル」であり、「バランス・バイリンガル」であること。
(2) 両言語の文化に対して前向きの心的態度を持つと同様に母文化に対して文化の担い手としてのアイデンティティを持っていること。つまり、母文化、母語集団へのアイデンティティを失っていない、「バイカルチュラル」で

あること。
(3) 両言語がいろいろな領域で広く使え、しかも混合せずに使えること。つまり、1つのアイデンティティをしっかり持っているバイリンガル、バイカルチュラルで、しかも両言語が偏りなく使えること。よく1つのことばでインフォーマルな日常会話はできるが、改まった場面でのコミュニケーションとなると、もう1つのことばでなければできないというケースがあるが、このような社会的役割や場面による差がなく、どちらの言語でも社会生活がきちんとできるということである。

6) 言語集団との関連で見た到達目標と教育形態による分類

以上は個人を中心にとらえたバイリンガルの分類であるが、バイリンガルの問題は、言語集団グループ間の摩擦、言語に対する国策・社会政策、少数言語集団の言語の喪失、主要言語へのシフトなど、社会言語学的な面とも深いかかわりを持っている。ハマーズとブランは前者の個人の言語心理的、社会心理的状況をバイリンガリティ（bilinguality）と呼び、後者の社会言語学的な言語集団の状況をバイリンガリズム（bilingualism）と呼んで区別している（Hammers & Blanc, 1989）[4]。本書では、個々の子どもがバイリンガルに育つ過程や、それにまつわる教育問題に焦点を当てているので、バイリンガリティを中心に扱うが、社会的劣位にある少数の言語集団のことばを母語とする子どもの場合は、社会言語的視点が必要になり、いわゆるバイリンガリズムともどうしても絡んでくる。

アメリカの社会言語学者フィッシマンは、社会言語学的立場から少数言語を母語とする子どもに焦点を当て、バイリンガル教育の形態をその到達目標によって次の4つに分けている（Fishman, 1976）。

(1) 主要言語の授業についていけるようになるまで一時的に2言語を使用する「過渡的バイリンガリズム」（transitional bilingualism）[5]。例えば、アメリカのバイリンガル教育がその例で、同じバイリンガル教育ということばを使っているが、子どもがバイリンガルになることを目標としてはいない。英語で授業が受けられるようになるまで、暫定的に子どもの母語を使って教育の一部（主に小学校低学年）を行うことで英語のモノリンガルを育てるための、過渡的2言語使用である。

(2) 話すことは2言語でできるが、読み書きは主要言語だけという「読み書き1言語のバイリンガリズム」（monoliterate bilingualism）。移住者、外国人居住者の子どもたちが家庭生活を円滑にするために子どもたちの母語で会話する力は奨励するが、教科学習はすべて主要言語で行う。つまり、「会話型バイリンガル」を目指した教育である。

（3）話すことも読み書きも2言語でできることを目指すが、読み書きは自国文化の保持と関係がある部分だけを2言語で行うという「部分的バイリンガリズム」(partial bilingualism)。例えば、ブラジルやハワイなど日系社会にある日本語学校などでは、日本語の読み書きを教えるが、日本語を使って算数、理科、社会などの教科学習をするわけではない。このため、学習に用いる言語と比べると、認知面でかなり低い語学力となり格差ができる。このような親の言語・文化を子孫に継承していくための「母語」教育、すなわち継承語・継承文化教育[6]がその例である。

（4）すべての領域で2言語の発達を目指す「フル・バイリンガリズム」(full bilingualism)。つまり、「バランス・バイリンガル」、「アディティブ・バイリンガル」を目標としたものであり、フィッシマンはその理想的な形がカナダのイマージョン方式のバイリンガル教育であると言っている。

　社会的に見ると、（1）の「過渡的バイリンガリズム」と（2）の「読み書き1言語のバイリンガリズム」では、少数言語を母語とする子どもたちの主要言語文化への同化は避け難く、（3）の「部分的バイリンガリズム」では少数言語維持にはなるが、主要言語の優位性を認めているものであり、（4）の「フル・バイリンガリズム」を目指した教育形態だけが本当の意味での少数言語の存続につながる。しかし、フィッシマンは単一言語の国ではこのような教育目標を立てること自体が非現実的であると言っている。

　以上、いろいろなバイリンガルの分類方法の中から主なものを6つ選んで、その概要を述べた。特に本書では、幼児から思春期くらいまでの言語形成期にある子どものことばの発達を中心にバイリンガルの問題を扱うため、それと関連のあるバイリンガルの類型のみを取り上げた。あくまでも個人のことばの問題に焦点を当て、社会との関係および社会集団の2言語使用の問題に関して、個人レベルのバイリンガルの問題と関連がある部分のみにとどめた。

●バイリンガルおよびバイリンガリズムの分類《まとめ》
【1】2言語の到達度と知的発達への影響による分類
「2言語（高度発達）型」（バランス・バイリンガル／プロフィシエント・バイリンガル）
「1言語（高度発達）型」（ドミナント・バイリンガル／パーシャル・バイリンガル）
「2言語低迷型」（ダブル・リミテッド・バイリンガル／リミテッド・バイリンガル）

【2】 4技能による分類
「聴解型バイリンガル」または「受け身のバイリンガリズム」
「会話型バイリンガル」
「読み書き型バイリンガル」または「バイリテラル」
【3】 発達過程による分類
「継起発達バイリンガル」または「継起型」バイリンガル
「同時発達バイリンガル」または「同時型」バイリンガル
【4】 文化習得による分類
「モノカルチュラル」
「バイカルチュラル」
「デカルチュラル」
【5】 母語集団の社会的地位との関連による分類
「アディティブ・バイリンガリズム／加算的バイリンガリズム」[7]
「サブトラクティブ・バイリンガリズム／減算的バイリンガリズム」
【6】 社会集団との関連で見た到達目標と教育形態による分類
「過渡的／移行的バイリンガリズム」
「読み書き1言語のバイリンガリズム」
「部分的バイリンガリズム」
「フル・バイリンガリズム」

注：1）母語は母国語と呼ばれることもあるが、本書では、母国語を生まれ育った国のことばという狭い意味で用いることとし、母語を子どもが初めて触れることば（L1）という意味で用いる。

2）ダブル・リミテッド・バイリンガルは、略してダブル・リミテッドとも呼ばれる。もともとは'semilingualism'という用語が使われていたが、それが差別語であるという認識が広まり、大きな論争を巻き起こす結果になったため、現在は'double limited bilingualism'あるいは'limited bilingualism'と呼ばれている。和訳では、バイリンガリズムではなく、あえてバイリンガルという訳語を選んだ。

3）「同時発達バイリンガル」を「同時型」バイリンガル、「継起発達バイリンガル」を「継起型」バイリンガルと呼ぶこともある。

4）「バイリンガル」と「バイリンガリズム」の用語の使い分けであるが、バイリンガルということばは、2言語使用の個人を指す場合と、2言語使用という状態を指す場合がある。個人を指す場合は「バイリンガル」と言い、状態を指す場合は「バイリンガリズム」として区別する場合もあるが、こうなるとハマーズの言う「言語集団の2言語使用を指すバイリンガリズム」との区別が紛らわしくなる。このため、本書では個人を指す場合も状態を指す場合も、両者ともバイリンガルと呼び、バイリンガリズムという用語は、言語集団の2言語使用を指すときにのみ使用することにした。

5）「過渡的バイリンガリズム」の「過渡的」は、「移行的」とも訳されている。例えば『移民社会アメリカの言語事情』(J. クローフォード著、本名信行訳 1994)

6）継承語・継承文化については、p.31（第2章）と第9章を参照のこと。

7）本書の第2章以降では、最近日本でもよく使われるようになった「加算的・減算的」という訳語を使用することにする。

第2章 子どもの母語の発達と年齢

Contents

バイリンガルの子どもの母語
親は最初のことばの教師
年齢と母語の形成
大切な本の読み聞かせ
臨界期説とバイリンガル
ことばの維持の難しさ
「母語」から「継承語」へ

バイリンガルを育てるのには、モノリンガルを育てるのに比べて、実に多くのさまざまな条件が絡んでくる。家で両親がどんなことばを使っているか、きょうだい同士で使われることばは何か、親子の会話はどうか、また同じ家庭に生まれても子どもは一人ひとり違うので、子どもの年齢、パーソナリティ、能力なども考えなければならない。そして学校に上がると、今度は授業で使うことば、友達と付き合うことば、子どもの母語に対する教師の態度など、いろいろなことが関与する。また子どもを取り巻く大きな社会が単一言語の社会であるか、複数の言語が使われている多言語社会か、また社会が必要とする語学力は何か、異文化・異言語に対してどんな態度をとる国であるかなど、実に多くの要因について考える必要がある。

　さまざまな要因の中で、バイリンガルになるためのいちばん大きな決め手となるのは、子どもの母語、母文化がどのくらい育つかということである。母語の発達がしっかりしていることが２番目のことばの習得の成功の鍵になるし、また２番目のことばの学習に成功するならば、３番目、４番目のことばの学習も速くなるが、母語が中途半端であると、その次のことばも中途半端になる傾向がある。前章でも触れたように、母語がしっかり育たない状況では、高度のバイリンガルの力を育てることはまず不可能に近い。従って、いちばん肝要なことは、まず母語・母文化の発達に影響する要因を探ることである。もちろんモノリンガルにとっても母語の発達は大事なことであるが、バイリンガルの場合には、母語が第２、第３のことばの基礎となるため、母語には万金の重みがある。

まず母語の発達要因を大きく2つに分けて、子ども一人ひとりが持っている特性（個人要因）と、その子が置かれた言語環境（環境要因）に分けて考える必要がある。個人要因の主なものは、子どもの年齢、性格、知能、言語的適性（例えば、しりとり、語呂合わせ、替え歌など、ことばを使った遊びを好むか、得意か）、母語使用に対する心的態度（例えば、自信を持って喜んで使用する、自信がないから使わない）などである。環境要因は大きく分けて、家庭、学校、社会の3つが考えられる。それぞれの環境で、どのことばにどのくらいの接触があるか、またその接触の量と質がどのような比率かといったことである。

　ここで一口にことばに接触するといっても、接触に対する姿勢や態度はまちまちである。ただ受け身の姿勢でそのことばに接する場合もあるし、積極的に子どもの方から働きかける場合もある。例えば、家で両親が使うことばは、自分から使おうとはせず聞き流すのに、そのことばしか分からない同年齢の子どもと一緒に遊ぶとなると、遊びたい一心で必死になってそのことばを使おうとする。同じ言語接触でも、前者は受け身の接触、後者は積極的な言語使用をともなう接触で、より質の高い接触となるわけである。専門用語で言うと、受け身の言語接触はインプット（input）だけの接触、それに対して、子どもの方から積極的に働きかける接触はインプットとアウトプット（output）のある接触である。もちろん、インプットとアウトプットの両方がある接触、つまりインターアクションのある接触の方が質が高く、それだけことばの習得も速くなる。特に母語の発達では、親が子どもとことばを使って、どのような質の接触をしているかということが大きな要因となる。

バイリンガルの子どもの母語

　母語とは何だろうか。日本で生活している一般の日本人の場合は、日本語が母語であり、自分の国のことば（母国語）であり、国語（学校教育を受けることば）であるから、答えは簡単である。しかし、カナダのように移住者で成り立つ多文化主義の国では、「あなたの母語は何ですか」という質問をされると、答えに困る人がたくさんいる。例えば、両親はハンガリーから移住してきたため、姉2人は今でもハンガリー語が話せるが、自分はカナダで生まれたので、ハンガリー語は聞いてある程度分かるが、ほとんど話せない。小学校4年生までは普通の英語の教育を受けたが、その後イマージョンのフランス語教育を受けたので、フランス語もよくできるようになった。今いちばん強いことばは何かと聞かれたら英語であるが、「母語は？」と聞かれるとどう答えていいか分からないというのである。ちなみに、カナダのように多言語で成り立っている国では国勢調査などで母語についてどう聞くかというと、「あなたが初めて覚えたことばで、今でも分かることばは何ですか。」(What is the language that you have learned first and that you still understand?) と聞くのである。

　母語の定義でもっとも優れているのが、次のフィンランドのバイリンガル学者スクットナブ-カンガス (1981) の定義である。スクットナブ-カンガスは、習得の順序、到達度、使用頻度、アイデンティティとの関係に注目し、母語とは、まず初めて覚えたことば（習得順序）、もっともよく使える言語（到達度）、もっとも頻繁に使う言語（使用頻度）、自分自身がアイデンティティが持てる言語（内的アイデンティティ）、そして他人からも母語話者だと思われる言語（外的アイデンティティ）と、5つの側面に分けて定義している (p. 33 参照)。

　本書では、母語を子どもが出合う「初めてのことば」、「土台になることば」、「ベースになることば」という意味で使う。もちろん、「同時発達バイリンガル」の場合は、前にも述べたように母語が2つのことば (La + Lb) で成り立っているので、どちらが母語か決めることは難しい。これは余談だが、家で父親とはイタリア語、母親とはドイツ語を話す習慣のついていたタシュナーの娘（7歳）は、「君の母語は何？」と聞かれて、しばらく考えたのち「母語はドイツ語、イタリア語は父語」と答えたそうである (Taeshner, 1983)。日本人はとかく「母語は1つ」という先入観を持つ傾向があるが、実際に世界には2つ以上の母語を持つ人の数の方が多いそうである (Tucker, 1999)。

親は最初のことばの教師

　子どもは鋭い聴覚を持っている。赤ちゃんは胎内にいるときから、母親の声、父親の声、生活のさまざまの音、車、テレビ、シャワー、ピアノ、レコードなどの音に間接的に触れて育つと言われる。生まれ落ちてからも、鋭い聴覚を通して、周囲の世界のいろいろな音を聞き分ける。そして、愛情をもって自分に話しかけられることばに接触し、その一部を自分のものとして取り込んでいく。というわけで、子どもが初めて学ぶことばは人間のことばとは限らない。これも余談であるが、東京のある私立大学教授の3歳になる息子さんは、お客さんが来ると犬と一緒に玄関に飛び出していって、「ワンワン」と言ったそうである。この息子さんはこの時点で「犬語」と「人間語」のバイリンガルだったのかもしれない。

　カナダのテレビ番組で見た子ども向けの話に、次のようなものがあった。「中世のヨーロッパのある貴族が、ことばという不可思議なものに大変興味を持ち、人間の子どもがいちばん初めに話すことばを知りたくなった。そこで1人の赤ん坊をゆりかごに入れて羊小屋に置き、羊飼いに、決して話しかけてはいけない、話し出すまで待って、そして最初に発したことばを報告するようにと厳しく言い渡した。ある日、羊飼いが息せき切ってやってきて報告するには、この赤ん坊は『ベーベー』（パン）と言ったという。そこで貴族は大変満足した」という話である。もちろんこれは美しい誤解で、「パン」という意味ではなく、「ベーベー」と羊の鳴き声を真似ていただけだったという。つまり、それまでにその赤ん坊が耳にしていた唯一のことば（音）が「ベーベー」だったのであり、この赤ん坊にとっては何も話しかけてくれない無言の羊飼いよりも、「羊語」で話しかけてくれる羊たちの方がずっと親しみを覚える存在であったに違いない。

　人間の子どもは、もちろん個人差はあるが、健常児であれば、だいたい2歳から2歳半までの間に「人間語」を話すようになる。もしこの時代に2つのことばで話しかけられていたらどうだろうか。この場合話しかけられる2つのことばの接触量と質がほぼ同じで、その使い分けがはっきりしているとしたら、2つのことばを自然に話すようになる。ことばが2つだと、ことばを話し出す時期が遅れるのではないか、2つのことばに触れると赤ちゃんが混乱して、どもったり、ことば全体の発達が遅れたりするのではないかなどと心配する親がいるが、このような状況で丹念に記録をとった研究者や熱心な親の記録を見ると、2つのことばに接触していたからという理由だけで、話しはじめるのが遅くなったり、2つのことばを混ぜて使ったり、どちらのことばを使おうかと迷ってどもるというようなことは起こらないようである。

幼児のことばの専門家ウェルズの研究（Wells, 1985）によると、「大人は１分間に平均して３度は子どもに話しかけ、それが何時間も、何日も、何週間も家庭で繰り返される」という。この意味で親（または子どもの世話をする人）は子どもの最初のことばの教師と言える。
　子どもは周囲の人とのコミュニケーションの道具としてことばを覚え、ことばを使って、自分の周囲の世界を理解していく。このプロセスは一見いとも簡単で、子どもは楽々とことばを覚えていくように見えるが、実は初めてのことばの習得は、決して簡単なものではない。ヘレン・ケラーの話を思い出していただきたい。目も耳も不自由なヘレン・ケラーに家庭教師がいちばん初めにさせたことは、具体的な物に触れさせ、体を使って感覚に訴えたことである。庭の井戸のところに連れていって、実際に手の平に水をかけ、「水」ということばを教えたのである。考えてみると、「水」という簡単な単語でも、実に抽象的なものである。実際にわれわれが見たり触れたりする水は、いろいろな形で存在し、その総称として「水」ということばを使っているのであり、「水」そのものは存在しないのである。存在しているのは、コップの水、シャワーの水、水道の蛇口から出る水、庭の噴水の水、プールの水、雨水など、実に千差万別である。子どもが初めて「水」ということばを覚えるためには、まず「水」を何らかの形で実際に体験しなければならない。この体験を通して、子どもは「ハハー、こういうものを水って言うのかな」と見当をつける。そして次々と違った形の水を体験して、初めて「水」とはこういうものだという、単語の意味が理解できるようになる。その過程もジグザグしたもので、実際に使ってみては、周囲の大人に訂正されたり、矯正されたりして、「水」ということばが定着していくのである。そして「水」に加えて「冷たい」や「お湯」という関連語を覚えるにも、まず「温かいお湯」「冷たい水」を実際に体験しなければならないし、また「水」ということばが心地よいイメージを持つためには、その体験が豊かで楽しいものでなければならない。このように初めてのことばは、さまざまな体験をもとにして形づくられるものであり、たとえ１つの単語であっても、心の深層面と強いつながりを持った根の深いものなのである。
　ところで、第２のことば、第３のことばの場合はどうだろうか。この場合は、すでにことばは約束事だということは分かっているし、関連語があるということも分かっている。従って、初めてのことばを習うときに必要だった体験を全部繰り返す必要はない。「水」ということばを知っている子どもにとって、英語の'water'ということばを覚えるのはずっと簡単である。このように母語のことばの知識は２番目、３番目のことばを覚えるときにはその土台として役に立つのである。

もちろん母語と外国語ではこの他にも違う点がたくさんある。母語は「親」がいちばん自信を持って使うことばであり、「親」と「子」の絆をつくるのに大事な役割をする。また子どもは、母語を習得しながら、ことばを使って自分の気持ちや意思を人に伝えることを同時に学ぶし、ことばを使って考えるということも学んでいく。また母語を通して、ものごとの良し悪し、していいこと、してはいけないことも体得していく。つまり、親の文化の担い手としてふさわしい行動規範や価値判断も、母語を通して身につけていくのである。このように、初めてのことばは子どもの人間形成の上で大事な役割を担っており、その子のルーツと言えるものなのである。

年齢と母語の形成

　バイリンガルと年齢の問題を考える上で、まず考えておかなければならないことは、母語がどのくらいの年齢でどのように形成されるかということである。この点で参考になるのは、社会言語学者の柴田武が提唱した言語形成期という概念である。柴田は図3を示して、次のように言っている。

> 「生まれてから死ぬまでの言語史は、中心部分が言語形成期にある。その言語形成期をこのままにして、言語史は言語形成期以前と言語形成期以後とにわけることができる。（略）言語形成期以前はその子どもの育つ家庭の状況に規定されるところが大きい。そのころの家庭は子どもを中心とする子ども部屋であることが多い。それは、子どもと、子どもをとりまくおとなたちがつくる言語社会である。ここで、母国語の骨組みは身につけるけれども、それに肉づけをして固まるのは言語形成期である。」（柴田 1956: 266）

図3●言語形成期

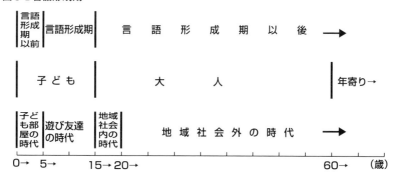

柴田の言語形成期は、5歳から15歳までを指しており、4歳以前を言語形成期以前、15歳以降を言語形成期以後と呼んでいる。しかし、バイリンガルの発達を考えるときには、母語の骨組みが形づくられる0〜4歳までが非常に大切な役割をしているので、その部分もバイリンガル児の言語形成期に含めて考える必要があろう。そして0〜2歳を「ゆりかご時代」、2歳〜4歳を「子ども部屋時代」と呼びたいと思う。また、これまでのバイリンガル育成の研究では、思春期以前の12、13歳くらいまでに母語が形成され、9歳前後に分水嶺があるので、これらを考慮して、本書では0歳から7、8、9歳くらいまでを「言語形成期前半」、9〜15歳くらいを「言語形成期後半」と呼ぶことにする。

　従って言語形成期は、バイリンガル育成の立場から次のように5つに分けて考える必要がある。

（1）　0−2歳「ゆりかご時代」　　　　　｜
（2）　2−4歳「子ども部屋時代」　　　　｜
（3）　4−6歳「遊び友達時代」　　　　　｝言語形成期前半
（4）　6−9歳「学校友達時代前半」　　　｜
（5）　9−15歳「学校友達時代後半」　　　言語形成期後半

図4 ●バイリンガル育成の立場から見た言語形成期

　この分け方は、子どもの年齢が上がるに従って、ことばの交流の場が広がっていき、交流の相手も変化していくことをよく捉えている。「ゆりかご時代」は親からの一方的な話しかけの時代、「子ども部屋時代」は自分からことばを使って積極的に周りの世界に働きかける時代、「遊び友達時代」は社会性が発達して子ども同士の遊びができるようになる時代、「学校友達時代」は親よりも学校友達の影響をより多く受ける時代である。そして、思春期を迎えて母語が固まるので、それから後はバイリンガル教育というよりは、外国語教育の問題になるわけである。

　ここでバイリンガルの基礎となる母語を育てる上で大切な、それぞれの時代の留意点を挙げておきたい。

ゆりかご時代

　この時代は、親が愛情を持って赤ちゃんに話しかけることが何よりも大事である。親は自信を持って話せることばを使って話しかける必要がある。子どもはことばだけを吸収するのではなく、母親の匂いや、身のこなし、顔の表情などをトータルに受け入れていくので、親が不得手な外国語を使ったりするとどうしてもぎこちなくなる。幼児の言語習得の動機は、幼児を取り巻く周囲の社会の大事なメンバーになりたいという願望であるから、真正性のある本物の母語話者のことばに触れるのがいちばんである。日本では「英語教育は幼児から」というかけ声とともに、生まれたときから英語で話しかける熱心なお母さんたちも増えているようであるが、母語である日本語を習得する大事な機会を奪うことになるので、要注意である。

子ども部屋時代

　子ども部屋時代は、日ごとに語彙が増えて、ことばを使って自分の気持ちを表現し、ことばを使って考えるということを学ぶ時期であり、また1つの文化の担い手となるのもこの時期である。この時代に2言語に触れていても、子どものことばの成長が遅れたりすることはないが、急激な言語環境の変化はせっかく伸びかかった母語の発達の芽をつみとり、混乱を招く結果になりかねない。しかし、母語の発達が脅かされない状況では、外国語に触れることも十分可能である。例えば、日本のように圧倒的に日本語が優勢で、放っておいても母語である日本語が伸びやすい状況では、子どもの鋭い耳の感覚を利用して、この時代から歌やお話、リズム遊び、絵本などを通して徐々に英語に触れさせ、英語の耳づくりをするのは大変よいことである。

　しかし、ことばというものは基本的には、ニーズがあって初めて学ぶものであるから、そのニーズを親が先回りをして取り上げてしまわないように、つまり押し付けが過ぎないように気をつけた方がよい。特にこの時代は「話し合い」、つまり双方向のインターアクションが大事である。子どもがことばを聞いているだけでは、先にも言ったように、受け身になり、接触の質が下がる。子どものことばを幼児から小学校に上がるまで継続して研究したウェルズ（1985）は、親が家庭の中で子どもにどのように対応し、どのように積極的にことばを使い、「話し合い」をしているかということが、学校に入ってからの学校の成績と非常に関係があると言っている。量よりも質が大切である。

遊び友達時代

社会性が発達し、「ごっこ遊び」などができるようになり、保育園や幼稚園で集団生活もできるようになる。またことばの分析力もついてきて、りんごを「り・ん・ご」と3拍で捉えられるようになり、しりとりなどのことば遊びもできるようになる。文字に対する興味も出てくるので、本の読み聞かせを毎日の日課にしていると、自分で本を読みたがるようになる。読み聞かせは、モノリンガルの母語の発達の上でも非常に大切であるが、バイリンガルを育てる上では欠かせないものである。この時期に毎日15分でも30分でもまず母語（日本語）で、もし余裕があれば、次に外国語（英語）で、本の読み聞かせをしていれば、そのおつりは将来何倍にもなって返ってくる。「バイリンガルを育てたかったら、本好き、読書好きの子どもに！」というのは、海外で子育てをした母親たちの経験に基づくモットーである。これは理論的にも正しいもので、読み書きの力を伸ばすためには、母語で読み書きができるようにすることがいちばん効果的である。初めのことばの読み書きの力は、第2、第3のことばの読み書きの力の基礎になるのである。

この時期に2言語にバランスよく接触すると、自然に2言語を覚えるが、子ども部屋時代と同じように、急激な言語環境の変化はよくない。例えば、これまで日本語で話していた親が急にバイリンガル教育に凝り始めて英語しか話さなくなったり、海外に出て英語の保育園で1日中"英語漬け"になったりすると、子どもが情緒不安定になって、せっかく伸びていた母語の発達が停滞することがある。

学校友達時代前半

小学校に上がって、話しことばが固まり、読み書きの基礎ができる大事な時期である。だんだん親よりも友達や遊び仲間の方が大事になるが、まだ親子の話し合い、交流が大切で、一緒にテレビ番組を見たり、本を読んで話し合ったりすることによって、子どものことばの力はぐっと伸びる。2言語を育てるためには特にこの話し合い、読み聞かせが大事である。この時代に海外に出た場合は、この時期に日本語でのコミュニケーションを通して親との絆をしっかりつくっておかないと、現地のことばの習得が進むにつれて、日本語が消えてしまう危険性がある。

学校友達時代後半

小学校5年生くらいになると、自立心が旺盛になり、自我に目覚め、勉強にも自分なりの取り組み方をするようになる。読解力もついて、抽象的な内容のものも読めるようになる。「外国」、「外国人」にも興味が出てくるから、この時期の海外旅行や、海外キャンプなどはたいへん意味がある。またことばのコントロールや分析力も急速に伸びるので、単語を取り出して覚える、文法ルールを整理し

て頭に入れるなどということもできるようになる。この時期は、ピアジェの言う形式操作段階に当たるときで、「具体的事象に基づいてのみならず、仮説や命題を立てて、論証を組み立てることができるようになる」と言われ、文化の差に対する理解や比較などもできるようになる。

大切な本の読み聞かせ

　子どもの読書力の専門家の元へ１人の母親が来て、こう聞いたという話がある。
「本の読み聞かせはいつごろ始めればいいのでしょうか」
「お子さんは何歳ですか」
「５歳ですが……」
「え？　じゃ、すぐ家に帰った方がいいでしょう。もう５年も大事な時間を無駄にしたんですから。読み聞かせは生まれたときからするものですよ」(Ryval, 1978)

　「本を読む」ということは文字どおりにとると、この母親が考えたように５歳くらいまで待たないとできないわけだが、実際に「本を読む」前に、文字の存在や文字で書かれたものに意味があるということを子どもに体験させる必要がある。子どもの手の届くところに本が置いてあり、それを親が楽しそうに読んでいるのを見たり、親が本を読んで聞かせてくれたりすると、本というものの存在、そしてそれが面白いものだということを体得していく。

　カナダのある大学院生の研究によると、読む力の弱い大学生の共通点は、親が本を読んでくれなかったこと、家に本がほとんどなかったことで、よく読める大学生の共通点は、子どものころ親が本を読んでくれたことだったそうである(Ryval, 1978)。子どもは読み聞かせを通して実に多くのことを学ぶ。まず、集中して聞くこと、考えること、想像すること、そして何よりも大切なのは、次にどのようなことが起こるか予測することである。読むということは、文字１つひとつを正確に読むというよりは、文字の裏にある意味をさぐるゲームのようなもので、内容を理解するためには、この「予測する力」が最も大切だと言われる。また親の膝の上や、親のすぐそばで本を読んでもらうという身体的な経験そのものも、親の息づかい、肌の温かみ、親の匂いを感じ、親を独り占めにできる貴重な時間であり、子どもにとってかけがえのない経験になる。子どもがこの「本読み」の時間を楽しみにするようになり、その楽しみを長引かせるために日本語の本でも英語の本でも「もっと読んで！」とせがむようになったらしめたものである。

　子どものころに、読み聞かせをしてもらったかどうかが、小学校に上がったときの成績と関係があるということがウェルズなどの研究で実証されている

(Wells, 1985)。家庭でのことばのやりとりと学校の教室での教師とのやりとりにはかなりの差があり、家庭では場面と直結し、日常のニーズに基づいた言語使用が多いが、学校では場面とは切り離された、抽象的な言語使用が多い。同じ問いかけにしても、教師の質問は何かを教えたいがための質問であり、個々の子どもの答えそのものに教師は何の興味も示さないことが多い。スウェインは、ウェルズなどの研究をもとにして次のように言っている。

> 「家庭でどのくらいことばの刺激を受けられたかどうかが子どもの学校の成績に影響を与える。ウェルズの縦断的研究によると、両親との「意味のあるやりとり」が学校での読む力やその他の成績の大きな予測要因になるという。両親が方言しか話せないなどの理由で言葉に自信がない場合は、子どもとの語り合いも少なめになり、読む力を伸ばすための準備として欠かせない読み聞かせも躊躇するだろう。読み聞かせを通して、子どもは読めるようになるために必要な、読むことに対する基本的な理解ができるようになる。活字には意味があること、活字になったものは話し言葉と違うということが分かるようになるのである。だから、読み聞かせをしてもらわなかった子どもは、小学校に上がった時点で、学校の勉強に必要な言葉の力、つまり、認知力や学力と最も深い関係がある言葉の力を欠くことになるのである。」(Swain, 1988: 11)

ことばの習得の上でも、本の読み聞かせは貴重なチャンスを与えてくれる。まず、日常生活を通して子どもが触れることのできない読みことばをふんだんに与えてくれる。語彙ばかりでなく、文法や文章でも、より複雑で高度なものに触れることができる。日本語のように、漢字のために文章が読めるようになるのに何年もかかることばでは、なおさら読むことの楽しさを家庭の読み聞かせを通して体得してもらうことが大切である。初めは親の独壇場であるが、だんだんに子どもも参加して部分読みをするようになり、ゆくゆくは子どもが全部読んで親が聞き役になる。バイリンガルの子どもの場合は、現地語の影響を受けておかしくなっている日本語の発音を直したり、漢字の読み方をさりげなく教えたりする絶好のチャンスである。読み聞かせは親がことばのモデルになり、また教師としての役割も果たすかけがえのない場を与えてくれるのである。

臨界期説とバイリンガル

バイリンガルの発達と年齢との関係はどうだろうか。5カ国語を話した方言学者グロータース神父は、自らの経験を振り返って、言語形成期の前半、特に4歳から8〜9歳がバイリンガルに育つ最適な時期だと言っている。

> 「二重言語者になるなら、二つめの言語を始める適当な年は4才からで、成功のピークは8～9才頃です。これは言語学者、心理学者のテストの結果によるもので、子供たちのことばに対する好奇心、分析、真似などが、この時期から始まるからです。(中略) 4才頃は、他の子供の存在に関心を示す、5才ではことば遊び、「何故こういうの」という質問がでる。6才では、グループで想像の場面で「ごっこ」遊びをする。この時、ことばは共同的な遊びの道具です。7才になると抽象的なことばをおぼえはじめ、8才は最も社会意識が生まれる時で、秘密の暗号を作ったりする。(中略) 私の場合は偶然ながらちょうどこの時期だったわけで、村の学校に入った時はオランダ語はゼロだったのに、三か月位で友だちとはかなり自由に話せました。」(グロータース 1976: 6)

　バイリンガルを育てる上で、ある年齢を過ぎると2言語習得が難しくなるという「臨界期」、あるいは、ある時期が言語習得に関する感覚が鋭敏であるという「鋭覚期」ともいえるものがあるという主張がある。外国語学習について初めて臨界期を主張したのは、カナダの脳外科医ペンフィールドである (Penfield, 1966)。ペンフィールドは脳手術後の回復度から見て、子どもの場合は回復するが、大人の場合は回復する場合とそうでない場合とがあり、それは脳皮質が柔軟性を失うからだという。この柔軟性のために、子どもは言語形成期に1つ以上のことばに接触すると、スイッチ・メカニズムが働いて、「訳を与えなくとも、そして母語のアクセントなしに1つのことばからもう1つのことばへ混乱せずに移動することが可能である」という。そして、9歳ごろからは、だんだん脳皮質が堅くなって、思春期には柔軟性を失うので、バイリンガル教育は9歳以前に始めるべきであると主張した。子どもは小さいときは、2つ、3つのことばを楽に覚えてしまうが、9歳以降になるとそれが難しくなる。また学校ではちょうど母親が子どもにするように直接法でことばを教えるべきだという。これは自分の脳生理学者としての専門的見解と、モントリオールで自分の子どもや移住者の子どもたちの言語習得の過程を観察した結果に基づいて出された意見で、カナダのイマージョン方式のバイリンガル教育の推進力となったものである(第5章参照)。

　その後ペンフィールドのこのような意見に対して、脳の欠陥がある子どもの回復過程と健常児の言語の習得とは違うという批判の声が出された。また生物学的見地から見た臨界期説 (Lenneberg, 1967)、知的発達との関連で提唱された臨界期説 (Krashen, 1975)、思春期を境として言語習得が難しくなるという心理学の立場からの臨界期説 (Scovel, 1969)、異文化習得との関係で提唱された臨界期説 (Schumann, 1975) など、いろいろな立場から臨界期説が提唱されたが、い

ずれもモノリンガルの立場に立ったもので、バイリンガルを対象にしたものではなかった。

　子どもの外国語学習の専門家であるスターンは、いろいろな臨界期説を概観して、子どもはその年齢によって言語の習得のプラス面、マイナス面があるだけで、習得が機能的に不可能になることはないと言っている。また、言語行動は複雑なもので、ちょうど算数の応用問題を解くのと、歌を歌うのとでは必要な能力が違うように、ことばの習得でもことばの領域やスキルによって年齢との絡み合いが変わってくると言っている。従って、一面的に語学力を捉えた「臨界期説」に振り回されずに、与えられた環境の中で、その子どもの年齢にふさわしいことばの力を最大限に伸ばす努力を親や教師はするべきだと主張している。

ことばの維持の難しさ

　また息子のことで恐縮であるが、5歳のときに日本に一時帰国をして、3ヵ月ぶりにカナダのなじみの保育園に戻った初日、筆者が迎えにいくと、「あのね、今日ね、英語がここから出てきたよ」と運動靴の爪先の小さな穴を指して言うのである。日本では頑として日本語しか使わなかった息子であるが、久し振りに友達や教師に会って、英語を話している自分が不思議になったのであろう。このように子どもがまるで便利な整理だんすを頭の中に持っているかのように、環境が変わると、忘れていたかに見えたことばを急に話し出すという経験をされた親は多いであろう。

　子どものことばの習得は、新しいことばを覚えるということと、覚えたことばを維持するという両面から考える必要がある。確かに子どもはことばを覚えるのが早いが、忘れるのも早いのである。子どもの脳の専門家である河内十郎は、忘れるということが子どもの脳の特性であるとし、次のように述べている。

>「二ケ国語の環境の中で二ケ国語を習得し、自由に使いこなしていた子供が、一ケ国語のみの環境に移ると、またたく間に一方の言語を失ってしまうことはよく知られているが、これも子供の脳の特性と言えるであろう。子供の脳は学習能力に富み、おどろくほどの吸収力を示すが、同時に吸収したことを忘れるのも得意なのである。先に複雑な環境での飼育が動物の能力を高めると述べたが、そうした効果すらも、長期にわたって持続するものではない、との指摘もなされている。（中略）重要なのは子供の脳が発達して長期記憶が形成し得る段階になったら、不適切な刺激を与えないことで、その時期は4～6歳とみてよいであろう。また早期から漢字や外国語などの訓練を試みた場合には、子供がそれを習得

したからといって安心せず、長期にわたって常に刺激を絶やさないように続けていくことが肝要である。」(河内 1980: 37)

　幼児ばかりでなく、小学生、中学生のバイリンガルの力の問題を考えるときにも、一度覚えたことばがどのくらい維持できるかという問題が深くかかわってくる。学齢期の途中で移動する子どもたちや、移住者の子どもたちがどの程度母語を維持できているかという点について、年齢と言語学習の専門家であるハーレイは、「7、8歳くらいまでの子どもには、2言語、2文化を習得したとしても、その維持がきわめて難しい」と言っている (Harley & Wang, 1995)。アメリカに学齢期の途中で移り、また日本に帰国した海外児童生徒を異文化習得の立場から丹念に調べた元お茶の水女子大学の箕浦康子教授も、年齢と2言語、2文化習得の関係について同じような結論を出している。

> 「6才未満でアメリカに来た子は18人で、うち84％（15人）は、アメリカに来て1年半で英語が日本語より優位になっていた。保育園や幼稚園に行きだすと急速に英語がうまくなる。7〜10才でアメリカに入国した場合、2年半から3年で、日常会話・授業ともこなせるようになるが、個人差が大きい。兄弟間の使用言語をみたところ、8才以前の来米者の場合は、日本語より英語への移行が起りやすいが、9才以降の場合は、日本語が保持される。9才以降の来米者には、日英両語に堪能なものが出てくるが、それ以前ではどちらかが消失してしまうことにより、8〜9才頃に言語習得についての分水嶺があるようであった。11才以降の来米者の場合は、はじめ1年くらいはESLのクラスでは話すが、普通のクラスでは話さぬ子供が多い。日常の友人たちとの会話で言いたいことが言えるのが2年目の終り、授業にあまり苦労しなくなるのが3年目の終り頃である。4年目には、本来の実力を言葉のハンディを越えて発揮しだし、成績優秀者の中に入っていく。この段階に至り、はじめて深くアメリカの生活を体験しだす。」(箕浦 1981: 12)

　このように見てくると、読み書きの基礎のできていない言語形成期前期の子どもと、読み書きの力が備わって根の深い母語を持つ言語形成期後期の子どもとでは問題が異なり、長期的に見て言語形成期前期の子どもは習得したことばの維持が難しいため、バイリンガルには育ちにくいということになる。

「母語」から「継承語」[1]へ

　以上で述べたように、幼児期の子どもの母語は極めて脆弱なものである。この

ため、マイノリティ言語児童の母語は、「母語」から「継承語」へという移行をしていく。特に母語が家庭のなかだけ、あるいは特定のコミュニティの中でしか使われない、少数派の言語の場合それが顕著である。学校では現地語（L2）、家庭では親の母語（L1）という2つの言語に触れて育つ場合、現地語の習得が進むにつれて、母語が年齢相応の力が保てず、どんどん弱まっていき、親から継承している言語（つまり継承語）という立場に追いやられ、日常生活で自らが率先して使用するのは学校で教師や仲間と使う現地語という状況になる。流ちょうに話していた親の母語からだんだん心理的にも遠ざかり、受け答えはするものの、自らの発言は現地語で、というようなちぐはぐなコミュニケーションになりがちである。このような「母語」から「継承語」への移行は「遊び友達時代」から「学校友達時代前半」にもっとも起こりやすいものである。

カナダのポルトガル系カナダ人児童を対象としたカミンズらの研究によると、英語はほとんど全員ゼロ、ポルトガル語のみを話す5歳児が、小学校1年に上がる段階では、ほとんど全員英語話者になり、ポルトガル語を話す子は数名だったという（Cummins 他 1989）。カミンズは、このような母語の後退・喪失について以下のように述べている。

> 「子どもが就学初期に学校言語の会話力をいかに速く"ピックアップ"、つまり自然に覚えてしまうかということに人はよく驚く（学習言語では母語話者に追い付くのにはずっと長い時間がかかるが）。ところが、教育者がなかなか気づかないのは、子どもの母語の力がいかに速く失われるかということである。家庭でも同じである。(中略)聞いて(理解する)受容面の言語能力は保持できても、自ら話す産出面となると級友や兄弟、また両親への受け答えにもマジョリティ言語を使うようになる。そして子どもが成長して青年期を迎えるころには、親子の言語のギャップが感情の亀裂にまでなり、このため子どもは家庭文化からも学校文化からも阻害されるという結果になるのである」（カミンズ 2011: 67-68）

ここで母語と継承語の違いを、20ページで触れたスクットナブ–カンガスの母語の定義の枠組みを使って、はっきりさせておきたい。まず「母語」とは、前にも触れたように、次の4つの大事な役割をするものである（第4章参照）。
（1）親子のコミュニケーションの道具、親子の絆となることば。
（2）ことばで感情や意思を伝えること、ことばを使って考えることを学ぶ。
（3）行動のルール、価値判断を学んで親の文化の担い手になる。
（4）言語経験がもっとも豊かであるため文字習得に最適な言語。

また母語は使わないと後退・喪失し、その喪失感は一生消えないものと言われ

る (Kouritzin, 1999)。日本のように複数言語話者の少ない国では、母語は1つという通念があるが、実際はそうとは限らず、国際結婚で父親と母親の母語が異なるため、生まれたときから2つの母語に触れて育つ子どももいる。

一方継承語は、「ゆりかご時代」「子ども部屋時代」は、自分の母語でもあったものが、カナダのポルトガル系児童生徒の例にあるように、現地の幼稚園や保育園に通園するようになると、あっという間に、現地語の方が強くなり、その結果、年齢相応の母語の力が保てず、継承語という立場に追いやられるという状況である。この場合、親が現地語を理解する場合は、問題はそれほど深刻にならないが、現地語が分からず母語しか使えない親の場合は親子のコミュニケーションに支障を来し、それが子どもの情緒不安定、学力不振につながりかねない。継承語の特徴をまとめると、次のようである。

（1）現地語のプレッシャーで十分伸びない言語。
（2）親子のコミュニケーションに必要な言語（特に現地語ができない親の場合は必要不可欠）。
（3）家や民族コミュニティでしか通じない言語。
（4）現地語の習得の土台となる言語。
（5）失うと情緒不安定になり、家でも疎外感に悩み、アイデンティティが揺れる。

そして、母語と継承語の違いを表にまとめると以下のようになる。

表2● 母語と継承語の比較

	母語	継承語
習得順序・時期	いちばん初めに覚えた言語	いちばん初めに覚えた言語
到達度	もっともよく理解できる言語	現地語のプレッシャーでフルに伸びない言語
使用頻度	もっとも頻繁に使用する言語	主に家庭で使用する言語
アイデンティティ（内的）	アイデンティティが持てる言語	アイデンティティが揺れる言語
アイデンティティ（外的）	人に母語話者だと思われる言語	人に母語話者だと思われて恥ずかしい思いをすることがある

以上、本章では、まずバイリンガルを育てる上での母語の役割を考え、次に言語形成期を5つに分けて、母語の発達と年齢との関係を考えてみた。また、いわゆる「臨界期説」とバイリンガル育成との関係、子どものことばの習得の特徴である「忘れる」ということ、そしてマイノリティ言語児童の母語の「継承語」への移行について触れた。次章では、バイリンガルを育てる上で参考になるバイリ

ンガル教育の理論をいくつか選んで紹介したい。

注：1）継承語とは heritage language の日本語訳である。北米では heritage language という用語が定着しているが、オーストラリア、イギリス、ニュージーランドでは 'community languages' と呼ばれる。その他、歴史的に見ると 'mother-tongue teaching'、また 'heritage language' の 'heritage' の代わりに、'ethnic'、'minority'、'ancestral'、'parental'、'home'、'primary'、'native'、'vernacular'、'indigenous' なども使われている。

第3章
バイリンガル教育の理論

Contents

2言語共有説
「2言語相互依存の原則」
2言語の共有面とは？
BICS・CALP から CF・DLS・ALP へ
　　──言語能力の分析と習得にかかる時間
ランドレイとアラードの理論
2言語発達のカウンター・バランス説

バイリンガルがどうしたら育つか、そのメカニズムが少しずつ分かってきたのは、過去50年くらいのことである。しかし、日本国内では、バイリンガル教育の取り組みが盛んという状況には至っておらず、そのため国内で、日本語を1言語とするいろいろな言語の組み合わせのバイリンガルを育てるとなると、まだ分からないことが多い。また最近は2言語ではなく、ヨーロッパ共同体における複言語主義（p. 132 注3 参照）をはじめとするマルチリンガル教育の時代に移行しつつある。ただ、理論的な面では、いずれマルチリンガル特有の教育理論が生まれるであろうが、今のところバイリンガル教育理論が土台になっているので、本章ではバイリンガル教育理論を中心に扱う。

　日本人はとかく「日本語は違うから……」とか、「日本文化はユニークだから……」とか、日本語・日本文化を特殊な言語・文化と考えがちである。私がカナダのバイリンガル教育の話をすると、「そりゃ、フランス語と英語だから可能なんでしょう。日本語と英語じゃ、無理でしょう」という意見が出てくる。

　実際にこれまでに出版されたバイリンガル関連の本にも、日本人がバイリンガルになりにくいのは、日本語と英語に言語間の距離があるためだという意見も述べられている。例えば、『バイリンガルの科学』の著者である小野博は次のように言っている。

> 「子どもの場合、どうして日本語と外国語、特にインド・ヨーロッパ言語とのバイリンガルには自然になりにくいのでしょう。その原因の一つは、単語の語源ばかりか文法や語順など言語そのものの構造が大きく異なることにあります。
> 　（中略）日本人の子どもが英語圏で生活し現地校で学習する際、英語を覚える段階で日本語と英語の単語を混ぜて使ったり、語順がおかしくなったり、いわゆる言語の混乱過程を経てから、その学習言語に慣れていくことからもわかります。インド・ヨー

> ロッパ語系を起源とする言語間の距離に比べ、日本語と英語との距離は非常に遠く離れているために、その移行過程がスムーズに行われないと言語習得過程が混乱するばかりか両言語とも中途半端になる場合が多いのです。」（小野 1994: 94）

確かに日本語と英語には、言語間の隔たりがある。しかし、言語構造や文化の違いがどの程度までバイリンガルの発達に影響するかというと疑問である。それは、共通点の方が相違点より何倍も多いからである。多言語使用者であるグロータース神父も、「オランダ語とフランス語の二重言語者になるのは簡単だが、日本語と英語の二重言語者になるのは難しいといった、日本人によくある偏見は全くの誤りです。ラテン系の言語とゲルマン系の言語との間には、音声、文法、語彙、あらゆる面で類似点は少ないのです。」と言って、日本人がバイリンガルになりにくいのは言語（構造の）差だというのは偏見だと戒めている（グロータース 1976: 28）。

本章では、日本でのバイリンガル育成を考える上で、参考にすべきバイリンガル教育理論について述べたいと思う。特にここで取り上げたのは、カミンズの「2言語共有説」と「2言語相互依存の原則」、言語能力の分析、「マルチリンガル環境におけるリテラシー獲得の教育的枠組み」、次にランドレイとアラードの「巨視的バイリンガル育成モデル」と「カウンター・バランス説」である。カミンズの理論はバイリンガルのことばの力の内部構造に関するもので、特にことばの力と認知力、学力との関係を示すものである。ランドレイとアラードの理論はこれまでのいろいろなバイリンガル教育理論を総括して、バイリンガルの発達に関わる社会的、心理的要因を1つの枠組みの中で整理しようとしたもので、これからの日本国内および海外のバイリンガル子育て・バイリンガル教育を考える上で参考になるものである。

2言語共有説[1]

　人間の頭の中で2つのことばの力はどのような関係にあるのだろうか。海外に出て、子どもが現地の学校に入り、英語で苦労をしているのを見て、「いま一生懸命英語を詰め込んでいるのだから、日本語の勉強までさせるのはかわいそうだ」とか、「そんなことをしたら小さい頭が破裂しちゃう」、「英語だけにして、負担を軽くすべきではないか」というような親の声をよく聞く。人情として親の気持ちは分かるが、実はこういうときにこそ日本語の勉強を続ける方が、長い目で見ればこの子どものためになるのである。

　実際にこのような親の素朴な反応を支持する説もあった。「2言語バランス説」(Balance Effect Theory)[2] と言われ、2つことばの力は互いに関係なく別々に独立して存在していて、両方が競い合う関係にあるから、1つのことばの袋を膨らませると、どうしてももう1つのことばの袋はしぼんでしまう。図5の左図に示したように人間の頭には許容量というものがあって、2つのことばを同時に伸ばすのは無理だという説である。

　ところが、最近はバイリンガルの2つのことばが互いに関係し合い、共有面を持っているというカミンズの「2言語共有説」がいろいろなことばの組み合わせ、またいろいろな言語環境で実証されている。図5の右図のように、「2言語共有説」を図示し、2つのことばは別個のチャンネルがあるが、深いところでは互いにつながっていると言っている。またこの説は、2言語の共有面が思考と関係が深いということに着眼して俗に「思考タンク」説とも当初呼ばれていた。

図5 ●「2言語バランス説」と「2言語共有説」[3]

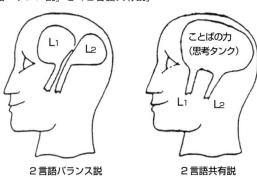

2言語バランス説　　　2言語共有説

(カミンズ 1980 より作成)

では、実際に２つのことばがバイリンガルの頭の中で、どのようにつながっているかということだが、まず、図６を見ていただきたい。この図は、２言語が互いに関係があるといっても、表層面と深層面では関係が大きく異なるということを示したものである。もちろんことばは当然それぞれ個別の音声構造、文法構造、表記法を持っているから、表層面では全く違う２つのことばに見えるが、その深層面では共有面があるというのである。これを「２言語共有説」あるいは氷山に例えて「氷山説」と呼んでいる。

図６●カミンズの「２言語共有説」（「氷山説」）

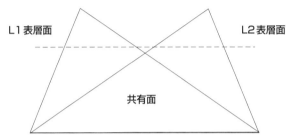

（カミンズ 1984a: 143 より作成）

「２言語相互依存の原則」

　「２言語相互依存の原則」と言うと難しく聞こえるが、言わんとすることはかなり常識的なことで、ある意味では自明の理でもある。例えば、ピアノがよく弾ける子がハープを習い始めたとすると、もちろんピアノとハープでは手の使い方も足の使い方も違うから、新しい楽器に慣れるまでは時間がかかる。しかし、ある程度慣れてしまうと、ピアノが弾ける子どもの方が初めて楽器というものをいじり始めた子どもよりは、伸びが早く、到達度も高くなる。スポーツでも同じである。スポーツのルールは確かにそれぞれ違うし、必要とされる技能も違うけれども、スポーツ選手になるためのトレーニングや、スポーツ精神では共通面が多い。従って、新しいスポーツを手がけるときにはそれまでのスポーツの経験が生きてくるはずである。
　ことばでも同じで、１つのことばで読めるようになるということは、そのことばについて学ぶと同時に、ことばそのものについても学ぶので、次のことばの読み書きを学ぶときには、その経験が役に立つ。抽象的な語彙の習得でも同じである。日本語で「正義」というような概念が理解できる子どもは、英語の"justice"

という概念も理解しやすい。また、算数が好きでよくできる子どもは、英語で算数の授業を受けた場合、もちろん日本語と英語では約束事が違う場合があるから、英語特有のルールを学ばなければならないが、いったんその難関を突破すると、日本語で蓄えた算数の力は、英語でも十分発揮できる。このようにいったん蓄積された学力はどちらのことばでも活用できるのである。

　話をカミンズの理論に戻そう。カミンズはことばの力を「会話面」と「認知面」に分けて、互いに深く関係し合うのは主に「認知面」の方だと言っている。そして、図7を示して、人とコミュニケーションをとる場合に、どの程度その活動が認知力を必要とし、またどのくらい場面や文脈の助けに依存できるかという2つの視点から「会話面」と「認知面」のことばの力の違いを明らかにしようとしている。図7の縦軸は、どのくらい認知力を必要とする言語使用であるかということを示している。平たく言うと、頭を使わなければならない言語使用と、頭をあまり使わなくてもすむ言語使用である。英会話でも毎日の挨拶や簡単な家族の話、趣味の話などはあまり頭脳を使わなくともできるが、環境汚染問題やテロ問題について英語で意見を言えなどと言われたら、たいていの人はしどろもどろになるだろう。かなりの語学力が必要な上に、考える力、まとめて話す力、基礎知識、学力などが関与してくる。またことばだけを使って勝負しなければならない算数の文章題を解く、論文を書くなどということも、認知力、学力を必要とする言語活動の最たるものである。

　横軸は、具体的な場面に密着した言語使用か、場面から離れた言語使用かということを示している。例えば、八百屋に野菜を買いに行って英語で買い物をする場合、指で示しただけで、英語を使わなくとも店のおばさんが気を利かしてくれれば買い物ができる。時間を聞きたいときも、ジェスチャーである程度までは目的を達成できる。また朝バスを待ちながら英語で人と話す場合でも、その場に即して、空を見上げて天気の話ができるし、時計を指さしてバスが来るのが遅いと言うこともできる。この場合、「空を見上げる」、「時計を指さす」などというジェスチャーが大いに助けになって、あまり英語力がなくとも、何とか話をつなぐことができる。一方、ことばだけで勝負を迫られる場面もある。例えば、電話のインタビューで、政治問題について意見を聞かれたりしたら、絵を指さすことも、顔の表情で問題の深刻さを表現することもできない。また詩を書く、論文を書くなどということは、場面の力を全く借りることのできない言語活動である。

図7 ● コミュニケーション活動における認知力必要度と場面依存度

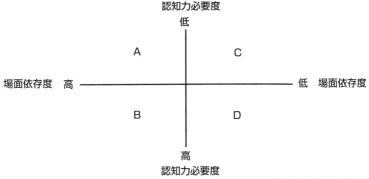

(Cummins, 1984a: 139 より作成)

　図7に示したように、「認知力必要度」(cognitively demanding/cognitively undemanding language skills)と「場面依存度」(context-embedded/context-reduced language skills)という2つの軸によって、A、B、C、Dの4つの領域ができる。Aは場面に依存し、認知力をあまり必要としない言語使用、Dは場面から離れ、高度の認知力を必要とする言語使用であり、B、Cはその中間となる。この4面のうちDに近づくに従って、2言語の相互依存関係が強まる。相互依存関係といっても、日本語の発音がよければ必ず英語の発音もよくなるとか、国語の作文が上手な人は必ず英作文が上手になるとかいうような直接的な関係ではない。もしこのような関係があったら、苦労して外国語を学ばなくとも、国語ができさえすれば日本人はすべて日本語と英語のバイリンガルになれるわけである。現実はそう簡単ではない。カミンズが言わんとしているところは、場面から離れ、高度の認知力を必要とする言語面では、すでに持っていることばの力が土台となって、新しい外国語の学習に役立つということである。

　例えば、兄は小学校5年生、弟は小学校1年生の日本生まれの兄弟が、カナダのトロントに来て、同じ公立小学校に入学し、英語で授業を受けることになったとしよう。この場合どちらの方が早く必要な英語力が身につくであろうか。兄の方だろうか。弟の方だろうか。予想としては「会話力」では弟が早く、「読解力」では、兄の方が習得が早いであろうということであったが、実際に調べてみるとどちらの面でも年長児の方が年少児より早かったのである[4]。

　一方、今度は日本国内で同じような2人の姉妹が、週に2、3回塾に通って英語の勉強を始めたとしよう。この場合はどうであろうか。教室の中での学習なので、どんな教師がどんな方法で、どんな教材を使って教えるかということが非常に大きな要因となる。先の海外在住の年少者の場合は、毎日の学校での生の英語

第3章　バイリンガル教育の理論

接触を通しての自然習得だが、国内の場合は、限られた時間での人為的な環境での英語学習である。このような場合は、モティベーションが高く、いわゆる学習能力がある子の方が習得が早くなるのである。

　カミンズは「２言語相互依存の原則」を次のように定義している。転移の条件として「接触の機会が十分あること」と「学習動機が十分あること」があげられている点が興味深い。

> 「学校や周囲の環境の中で言語（X）に接触する機会が十分にあり、またその言語（X）を学習する動機付けが十分である場合、児童・生徒が別の言語（Y）を媒体として授業を受けて伸びた言語（Y）の力は言語（X）に転移（transfer）し得る。」(Cummins, 1991c: 166)

　このカミンズの理論は、大きな枠組みでとらえた２言語間の認知面での転移（cognitive transfer）であり、母語の基礎の上に第２の言語が育ち、また第２の言語を持つということが、言語そのものに対する認識を高めるという、次のヴィゴツキーの主張とも共通するものである。

> 「外国語の習得に成功するかどうかは、ある程度母語の成熟度にかかっている。子どもはすでに持っている意味体系を新しい言語に移行することができる。その逆も確かで、外国語の力は母語の高度の習得を助ける。こどもは自分の言葉のシステムを多くの可能なシステムの一つと見るようになるし、またいろいろな現象を一般的な範疇に照らして見ることが出来るようになるので、それが言語操作に対する認識・理解につながるものである。」(Vygotsky, 1962: 110)

２言語の共有面とは？

　では、実際にどんなところが２言語で共有され、どんなところが転移するのだろうか。カミンズは、この点について、転移が予想される領域を実証的研究の成果を踏まえて、次の５つにまとめている（Cummins, 1991; 2001）。
（１）概念的な知識の転移
（２）メタ認知・メタ言語ストラテジー（学習ストラテジー）の転移
（３）コミュニケーション・スタイルの転移
（４）特定の言語的要素の転移
（５）文字と音との関係―音韻意識の転移
　まず（１）は概念的知識で、例えば、「光合成」という概念の理解である。読解力や作文力の転移はこの領域である。（２）は、いわゆる学習ストラテジーで、例えば視覚化をするストラテジー、グラフィックオーガナイザーの使用、暗記ス

トラテジー、語彙習得ストラテジーなど、学習活動への態度や姿勢も含む。（3）は、コミュニケーションスタイルである。例えば、意味を伝えるコミュニケーションストラテジー、危険を冒しても外国語でコミュニケーションをしようとする積極的な態度などである。（4）の言語要素の転移となると、英語とスペイン語、英語とポルトガル語というようなインド・ヨーロッパ言語族に属する2言語によくある、同族語彙などがそれに当たる。日本語と英語には、そのような言語的要素の転移はないが、日本語と中国語の場合は、日本語の漢字の知識を通して中国語の単語の意味がある程度類推できる。例えば「光合成」の「光」がこれに相当する。また日本語と韓国語の場合は、日本語の語順や助詞の使い方の知識が韓国語の文構成を理解するのに役立つ。最後の（5）は、幼児期から小学校低学年にかけての文字習得の段階で起こる転移で、音の単位と文字との関係に関する、いわゆる音韻意識の転移である。

ただカミンズは、表記法など、言語差が大きい2言語間の転移については、（1）の概念的・認知的転移が中心になると、次のように述べている。

> 「スペイン語と英語のようにインド・ヨーロッパ言語から派生した言語間では、転移は言語要素上のものと概念的要素の両方で起こるが、言語差が大きい2言語の場合（例えば、日本語と英語）は、転移は主に概念的（conceptual）・認知的（cognitive）転移（例えば、学習ストラテジーなど）が起こる。」（Cummins, 他 1984）

つまり、表層面では音声、表記、構造、思考パターンが異なる2言語間でも、深層面では共有面があって言語を越えた転移が起こるが、英語と日本語のように言語差が大きい場合は、主に概念的、認知的な転移が起こるということである。

「2言語分離説」を支持する実証的な研究がほとんどないのに対して、この「2言語共有説」を支持する実証的研究は、2000年ごろまでに150点近くに及んだという。ドレスラーとカミルも過去40年間の米国の読解力を中心とする大規模文献調査を行なった結果、次のように言っている。

> 「文献を総括して言えることは、いずれの研究においても、バイリンガル児の読解力の2言語間の転移が実証されているということである。2言語の相互依存的関係は、(a) 言語体系が異なる異言語間でも、(b) 小学生、中学生、高校生などの年齢差にかかわらず、(c) 英語を外国語として学ぶ場合でも第2言語として学ぶ場合でも、(d) 時間とともに（over time）、(e) 第1言語から第2言語へ、また第2言語から第1言語へと双方向の転移が見られた。」（Dressler & Kamil, 2006: 222）

以上の5つに加えて双方向の転移は、異なる言語環境（マジョリティ言語環境、

マイノリティ言語環境）、言語領域（会話力、読解、語彙、作文力など）、ろう児の手話（視覚言語）と日本語（音声言語）で確認されている。カミンズは、「2言語相互依存の原則」は言語政策上もっとも役に立つ概念であること、また指導上でも、転移が自然に起こるのを待つのではなく転移を人為的に促進する教授アプローチ（'teaching for transfer'）を提唱している。

具体的な教授アプローチの例としてカミンズは、以下のような、2言語を活用した学習活動や2言語を対照比較する機会を与える活動を挙げている（Cummins, 2014）。

（1）学校で、2つの言語に自然に触れる機会を作る。例えば、2言語で書いた張り紙や生徒の作品を廊下に貼り出す、集合時の挨拶などを2言語で行なう。
（2）授業でメモをとったり、作文の下書きを書いたり、L2 で発表するグループ活動の下調べなどに L1 を使う。図書館に L1 の図書を入れる。
（3）IT を活用して2言語に触れる機会を増やす。例えば、Google Translate、Google Earth など。
（4）ウェブ上に作品を掲載して意見交換の場とする。例えば、iPad 用の Scribjab [5] を使った創作作文や、姉妹校と共有する社会問題（例えば環境問題、格差問題）について意見交換をする。

BICS・CALP から CF・DLS・ALP へ
── 言語能力の分析と習得にかかる時間

BICS と CALP という用語は、日本でも「生活言語」（BICS）、「学習言語」（CALP）と訳されて広まったようであるが、もともとカミンズ提唱のものである。BICS は対人関係における基礎的なコミュニケーション能力（Basic Interpersonal Communicative Skills, BICS）、CALP は認知・教科学習言語能力（Cognitive Academic Language Proficiency, CALP）を意味する。要するに、BICS は日常生活に必要な基礎的な対話力、CALP は教科学習をするときに必要な読み書きを中心とした言語能力を指している。言語能力は聞く、話す、読む、書く、の4技能で分類するのが普通であるが、BICS・CALP という分類をあえて提唱したのは、習得に必要な時間の差にカミンズが注目したからである。BICS は2年もあれば習得可能であるが、CALP には5年から7年かかる。子どもはことばを覚えるのが速いと一般に考えられているが、それは BICS 面であって、L2 の学校環境で必要な CALP の習得には、成人よりもずっと長時間かかるということである。

1980年代になると、BICSとCALPがカミンズの意図に反して、教育の場を離れて二者択一的な概念として一人歩きを始めたということから、連続線上の概念だということを強調するために、図7の「コミュニケーション活動における認知力必要度と場面依存度」を用いるようになった。さらに2000年には、米国の教育政策[6]との関連で、「会話の流ちょう度」(Conversational Fluency, CF)、「弁別的言語能力」(Discrete Language Skills, DLS)、「教科学習言語能力」(Academic Language Proficiency, ALP)の三面説を提唱している。BICSとCALPと照合すると、「会話の流ちょう度」(CF)は従来のBICS、「教科学習言語能力」(ALP)は従来のCALPに相当する。新しく加わったのが「弁別的言語能力」(DLS)で、これまでCALPの中に組み込まれていた文字の習得や基本文型の習得など、ルール化ができて、個別に測定可能な言語技能を指す。母語話者と同じくらいの速度で習得可能なものもあるので、5～7年かかるCALP面とは別建てにしたということである。確かに日本語でも平仮名や片仮名の習得は1～2年で可能であるが、漢字の習得となると問題が複雑で、1～2年しかかからない初歩的な漢字学習はDLS、抽象概念を表す漢字語彙や漢熟語はALPということになる。読みの力も同じで、文字の解読や単語や文節レベルの読みはDLSだが、読解力や読解ストラテジーとなるとALPと、両面にまたがった力と考える必要がある。

　習得にかかる時間をまとめると、CFは約2年、DLSはそれぞれスキルによって異なる。ALPは5年から7年、子どものL1の熟達度が低い場合は5年から9年あるいは10年かかるという。ALPの内容と指導方法について、カミンズは次のように述べている。

>　「(ALP)とは、学年とともに複雑さを増す話し言葉を理解し、かつ産出する力である。日常会話では聞くことがあまりない頻度数の低い語彙、複雑な構文（例 受け身形）、抽象的な表現、そして教科学習（例えば、国語、社会、理科、算数・数学など）では、言語的にもまた概念的にも高度な文章の理解が求められ、またそれらを統合して正確に使う力が期待される。これまでの研究によると、CLD児[7]が母語話者レベルに追いつくためには、学習を始めてから少なくとも5年は必要である。これは学習する言語が複雑であると同時に、動く標的（語彙、概念、読み書き能力が飛躍的に伸びつつある母語話者児童生徒）に追いつかなければならないからである。教科学習に必要な読解力を伸ばすためには、DLSの習得で成功する方法とは違う指導法が必要である。特に語彙や教科学習言語を伸ばすためには、読解力育成に焦点を当てた「多読」が必須である」(Cummins, 2001: 65-66)。

　要するに、ALPは、CLD児が学校という文脈で機能するために必要な、教科

知識とメタ認知ストラテジーを伴った会話力、読解力、作文力、発表力、応用力と言える。そしてこのような力は、外国語教育などで一般によく使われるDLS中心の方法では育たず、多読中心のリテラシー教育が必要だと言っている。

「マルチリンガル環境におけるリテラシー獲得の教育的枠組み」（カミンズ 2009）

2言語でCFとALPの力を育てるには、どうしたらいいのだろうか。どんなカリキュラムが必要なのであろうか。実際にどのように指導したらいいのだろうか。図8は、CLD児に対するALPの一面であるリテラシーの指導方針をまとめたものである。この枠組みでは、カミンズはリテラシーを「話しことばあるいは書きことばを通して蓄積された言語集団コミュニティの知的継承文化」（カミンズ 2009: 111)[8] という意味で使っている。CLD児の中には文字文化を持っていない言語を母語とする子どももいるからである。

まずリテラシーの到達度（literacy attainment）とリテラシーとの関わり度（literacy engagement）との関係を矢印で示している。目標の高いリテラシーに到達するには、本が身の回りにあること、そして実際に本を手にとって読む環境が必要だと言っている。図8で「印刷物」とあるのは、教科書だけでなく、インターネット上で読む情報やメール、雑誌や刊行物などを含めて、文字化された多様な形態のものに広く触れることを意味する。そして「リテラシーとの関わり度」とあるのは、ページの初めから終わりまで文字を追うだけではなく、内容を深く理解することを意味している。関わり度に関しては、カミンズはガスリー（Guthrie, 2004）を引用して、1．読みと書きの量が多く、その幅が広いこと、2．深い理解のために効果的なストラテジーを使うこと、そして3．読み書きに対する前向きの姿勢とアイデンティティへの個人的投資[9]があること、と言っている。読み書きの力は、ちょうど車の運転やタイプを習うのと同じように、自分で実際にやってみないと学べないスキルであるから、前節のALPの説明でもカミンズが強調しているように、多読、そして多書（たくさん書く）が必要だと言っている。

図8の枠組みの下方の4つの枠は、リテラシーとの関わり度を支える指導方針を示している。この指導方針は、CLD児だけでなく、英語教育でも国語教育でも使える枠組みであるが、CLD児の場合は、共有された背景知識が少ないこと、限界のあることばで学年レベルの教科学習をこなさなければならないこと、どうしてもスキャフォルディング（足場かけ）が必要であること、などの理由で、ここに示されている指導方針がより学習者の実情にぴったりしたものである。足場かけ（スキャフォルディング）とは、サポートなしに自分だけでは実行することが難しいタスクや高度の教科学習をこなすために、一時的なサポートを与えるこ

とである。既存知識を活性化するのも、また背景知識を与えるのも、ある意味で足場かけの1つと言える。またカミンズはスウェインとラプキン (Swain & Lapkin, 2005) の「グループ活動でL1を必要に応じて使用することを奨励されたグループは、L1使用を禁止されたグループよりも、L2のアウトプットの質が優れていた」という研究報告に言及して、母語がしっかりしている子どもは、母語を使って理解を深めることが大事だと言っている[10]。

　CLD児がもっとも必要とする指導指針は、図8の「アイデンティティを肯定する」ことと「言語を伸ばす」ことであろう。マイノリティ環境で育つCLD児は、自分が言いたいこと、感じたこと、考えていることを十分表現できず、教師にも仲間にも自分自身が正当に評価がなされないことで悩む。学校では学校言語 (L2) の力不足、家では継承語 (L1) の力不足のため、常に自分自身を過小評価せざるを得ない状況に置かれている。教師ができることは、CLD児との対話の中で、現時点での学力や言語能力を前向きに評価して子どもの自尊精神を高め、アイデンティティを肯定することである。また知的活動に巻き込んで、さまざまな言語活動を通して ALP を伸ばすことである。その場合大事なことは、44ページに具体例を挙げたように、1) L1を知的ツールとして使うように勧めること、2) 2言語を比較対照するチャンスを与えることによって、言語に対する気づきと、言語の機能に対する認識を高めることであるという（カミンズ・中島 2011: 109）。

　図8では、指導方針が4つに分けて提示されているが、実際の現場ではこれらを統合した指導が望ましい。実践例としてカミンズが挙げるのは、「アイデンティティ・テキスト」(Identity Texts)[11]という2言語を使ったマルチメディアのバイリンガル協同（創作）作文活動である。自分の国の紹介でもいいし、国の友達のことを書いてもいい。小冊子を作成してもいいし、口頭発表でも映像でも、ドラマでもよい。アイディアは自分のものであるが、L2で書ける子にL2の作文を助けてもらい、L1で書ける子（あるいは教師や保護者）にL1の作文を助けてもらって、2つの言語で自分の作品を表現するのである。こうしてできた作品をインターネット上に掲載したり、壁に貼り出したり、上演したりして大勢の聴衆 (audience) に見てもらうことによって、CLD児が作品に対してオーナーシップ（所有権）を持ち、達成感を味わうことができるという。その結果、アイデンティティを最大限に投資して作品に取り組むようになり、学習にも前向きになるという。これはカナダの大学教授が参加して全国規模で行なわれたプロジェクトであるが、筆者が観察する限りでは、誰でも、どこでも、いつでも簡単に取り組むことができ、また効果を上げやすいものである。また日本でもL2習得過程のCLD児を対象に、教育現場でさまざまな形ですでに実践されているものとも言

えそうである。ただし、上記1）と2）を達成するために、L1とL2の両方の言語で自分のアイディアを表現するという点には留意する必要があろう。

図8 ●マルチリンガル環境におけるリテラシー獲得の教育的枠組み

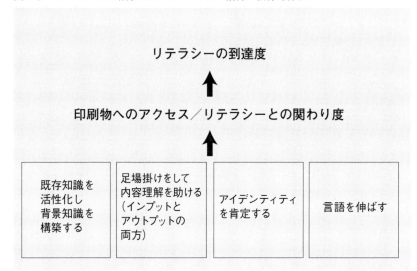

（カミンズ・中島 2011: 103 より作成）

ランドレイとアラードの理論

　環境を生かしてバイリンガルを育てるためには、社会環境、家庭環境、学校環境といったいろいろな条件が複雑に絡んでくる。この諸々の要因を1つの図（図9）で表して、何とかそのからくりを明らかにしようとしたのがランドレイとアラードである。ランドレイとアラードはこれを「巨視的モデル」と呼んで、人為的にバイリンガルを育てるために必要な条件を整理し、与えられた環境を分析することによって、どのような環境でどのようなタイプのバイリンガルが育つかを予測しようとしている。また、子どもを取り巻く3つの主要環境、家庭、学校、コミュニティでの言語使用度を天びんにかけて、「加算的バイリンガル」を人為的に育てるためにはどんな教育的サポートが必要か、家庭での言語使用がどうあるべきかを示そうとしており、これを「カウンター・バランス説」（図10）と呼んでいる。ランドレイとアラードの提唱は、これまでバイリンガル教育で言い継がれてきた諸理論を集大成したところに特徴があり、与えられた環境を生かして、どう人為的に調整すればバイリンガル育成ができるかということそのものにずば

り触れている点で、注目に値する。「巨視的モデル」も「カウンター・バランス説」もカナダの東部・大西洋4州（ニューブランズウィック、ノバスコシア、プリンスエドワードアイランド、ケベック）の英語とフランス語のバイリンガル（高校生）1,000人以上の調査研究を通して提唱されたものである。

　まず図9で全体像を見てみよう。［A］はバイリンガルの発達に影響を及ぼすさまざまな要因、［B］はバイリンガリズムのタイプ、［C］は2言語の到達度である。［A］の要因には、社会的レベル、社会心理的レベル、心理的レベルの言語使用がある。社会的レベルはL1とL2が社会的にどういう状況にあるかということで、社会心理的レベルとはL1とL2への接触度がどのくらいかということである。L1とL2への接触の機会があっても、実際に子どもがそのことばを使うかどうかは次の心理的要因で決まってくる（点線の部分）。この関係が中央の下向きの矢印で示されている。また子どもがその言語を使えば使うほど、接触度が増すので、その関係を「言語使用」の右端から出て「社会心理的レベル」に向かう上向きの矢印で示してある。つまり、［A-1］［A-2］は環境要因、［A-3］は個人要因で、それが一方的な関係ではなく、双方向に互いに影響し合っていることを示している。

図9 ● ランドレイとアラードの「巨視的モデル」

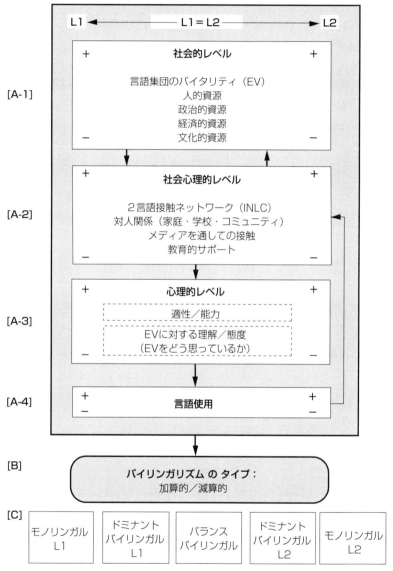

(Landry & Allard, 1992b: 225 より作成)

[A-1] 言語集団のバイタリティ（EV）

　このモデルでは、バイリンガルの育成をL1とL2の力関係の中で捉えようとしている。それが実際に子どもの周囲の環境の中で、共存している2つの言語集団である場合もあるし、直接の接触がない場合もある。例えば、日本で日本人の子どもが英語を学ぶ場合は、英語を話す言語集団が国内にないため、英語との接触は少ない。これが、北米の小学校で、日本人の子どもが英語を学ぶとなると、つねに英語を話す言語集団に取り囲まれ、直接接触のただ中で英語を学習することになる。だから、日本国内での英語学習では、日本語の方が圧倒的に強い立場にあるので［＋］、英語は［−］、逆に北米での英語学習の場合は日本語が［−］、英語が［＋］ということになる。

　「言語集団のバイタリティ」(Ethnolinguistic Vitality, EV) は、そのことばを話す人間がどのくらいいるか（人的資源）、その集団がどのくらい政治的な影響力があるか（政治的資源）、その集団がどのくらい経済的な力を持っているか（経済的資源）、その集団がどのくらい文化的に優勢か（文化的資源）の4つによって捉えようとしている。

[A-2] 家庭・学校・コミュニティ

　子どもが日々の生活の中で、どのような人とコンタクトを持ち、その人たちとどのことばでコミュニケーションをするかという、2言語接触ネットワーク (Individual Network of Linguistic Contacts, INLC) が、子どもの2言語の発達に影響を与える。海外在住の日本人の場合は、まず家庭の中でどんなことばを通して互いに接触するか、次に学校の中でどんなことばを通して接触があるかである。その他、友達関係、隣近所、塾、習いごと、補習校、日本人学校、剣道クラブ、などいろいろである。ある言語集団では宗教団体の集会などが大きな役割を果たしているし、中華街などの商業ベースの地域集団を通して言語の接触を保っている場合もある。海外の日系社会では柔道や書道を楽しむ文化団体、相互扶助を目的とした「日本人会」や「県人会」や「移住者協会」などの活動や催しものが、子どもの日本語接触に大きな役割を果たしている。テレビや新聞、雑誌、広告などのメディアもことばの接触であるが、これらは一方向の接触であり、言語形成期の子どもへの直接的な影響は少ない。

　子どもの2言語の発達にとって最も重要なのは学校・家庭・コミュニティの教育的サポートであろう。学校の中でどのくらい2つの言語を補強するプログラム（ESLや母語・継承語保持教室など）があるか、コミュニティ支援の教育サポート（日本人学校、補習授業校、母語・継承語保持教室など）があるか、そして家

庭の中で、意図的な教育支援（本の読み聞かせなど）があるかないかで2言語の発達度が異なってくる。

[A-3] 個人の特性とEVに対する心的態度

子どもを取り巻く家庭、学校、社会で言語接触があっても、実際に子どもがその言語を使うかどうかは、子どもの特性（年齢や性格や能力など）や心理的な状況に左右される。同じ環境に置かれた子どもでも、その子の適性や能力によって言語の習得には大きな個人差がある。「EVに対する理解／態度」とは、子どもが自分の属する言語集団（L1）に対してどう思うか、また学習することばの言語集団（L2）に対してどう思うか、どのような態度をとるか、ということである。実際にその言語がどのくらいのバイタリティがあるかということと、子どもがどうそれを捉えるかは、別の問題と考えている[12]。

[A-4] 言語使用

実際に子どもがどのくらい、どのようにL1、L2を使うかは、[A-1][A-2][A-3]の社会的、社会心理的、心理的レベルによって決まる。そしてことばを使えば使うほどそのことばへの接触量を増すことになり、それがまた心理的にも影響するし、同時に言語集団のバイタリティを増すことにもなる。この点は極めて大事なことで、例えば、日本国内の日本語のようにバイタリティが圧倒的に強い場合は、話者人口が大きいため、1人の子どもの日本語の接触量が増えれば、その言語集団のバイタリティを増すことになると言われてもピンとこないが、これが、例えば、日本国内のベトナム語とか、カナダ西部のフランス語のようにバイタリティが低く、話者人口が少ない場合は、個人個人がそのことばを使うということ自体が、その言語集団の活性化につながる。この意味で、バイタリティの低い少数言語が母語である場合、それを保持し、発達させることは、その言語の存続に大きな意味を持つのである。

2 言語発達のカウンター・バランス説

図10のAとBは、加算的バイリンガルをつくり出すために、L1とL2のEVが低いか高いかによって、子どもを取り巻く家庭環境、学校環境、社会環境で、どのようなことばを使ってその言語への接触量や接触の質を人為的にバランスをとったらいいかを示したものである。Aは母語（L1）のバイタリティが低く、学習言語（L2）が優勢な環境である。この場合、家庭、学校での母語（L1）の使用を増やして、人為的にL1が強まるようにバランスをとることによって、よ

りバランスのとれたバイリンガルに育てることができる。逆に、Bのように母語（L1）のバイタリティが高い場合は、家庭、その他の社会環境を通して母語（L1）の使用度が高くなるので、学校でL2を学習言語として使うことによってバランスのとれたバイリンガルが育つ。

図10 ●２言語発達のカウンター・バランス説

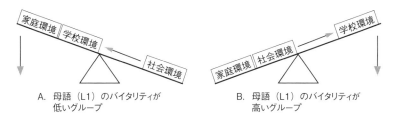

A. 母語（L1）のバイタリティが低いグループ

B. 母語（L1）のバイタリティが高いグループ

(Landry & Allard, 1991: 228 より作成)

では、実際の状況に即して、このカウンター・バランス説を考えてみよう。ここで取り上げるのは１）日本の英語教育、２）海外児童生徒教育、３）日系児童生徒教育という、３つの違った状況である。

1　日本で日本人の子が英語を学習する場合（英語教育）

日本での英語学習の場合は、日本語（L1）が言語集団として数の上でも、政治的にも、経済的にもまた文化的にも圧倒的に強いので、図10のBの例になる。日本在住の英語話者は最近増えていても数は少ないため、英語（L2）話者との直接の接触を持つことが難しく、接触の量も質も低い。しかし、英語は世界で最も強力な国際語であり、政治的、経済的、文化的に非常に有用度が高い。このため、一般的に英語は大切なことばだと思われているから、子どものモティベーションも高くなることが予想される。英語塾に行っているとか、英検 Jr.(元児童英検)の結果がどうだったかということは、格好のいいことだと子どもの世界でも思われるに違いない。一方、日本語は家庭その他を通して十分接触量があるので、高度に伸びる可能性があるし、たとえ学校で英語を使って教科学習をしたとしても、日本人としてのアイデンティティが揺らぐこともない。つまり、もし英語の塾、サマーキャンプ、海外体験入学などを通して英語接触を増やせば、英語も伸び、日本語も伸びるという結果が予想される。つまり加算的バイリンガルが育つ可能性が十分あるのである。

こういう状況でモデルとしてランドレイとアラードが挙げているのが、カナダのイマージョン方式のフランス語・英語教育である。それも最も集中的に行う早

期トータルイマージョンのバイリンガル教育である。しかしながら、次に引用するように、英語への接触が学校内だけに限られ、母語話者との直接接触を欠く場合は、高度の第 2 のことば（L2）の力は期待できないとも言っている。

> 「……家庭とコミュニティの言語接触がすべて L1 であるため、バイリンガルを育てるためには、学校で L2 への接触を増やすことのみがカウンター・バランスの力を持っている。トータルイマージョンのような集中的な L2 のプログラムは、主要言語の子どもたちの中から加算的バイリンガルを育成しているが、L2 との接触が学校だけにとどまらず、より広いコミュニティでの接触が含まれないと、学校を通して得られたバイリンガリズムのレベルは、そんなに高くならないし、また短命でもある。」（Landry & Allard, 1991: 206）

2）北米で日本人の子どもが英語を学習する場合（海外児童生徒教育）

一方、北米で英語を習得する場合、事情は全く異なる。日本人の子どもにとって英語（L2）が生活のすべての面で圧倒的に強いことばである。日本語（L1）は日本の経済力が増して以来、その重要性が高まったため、少数言語と言ってもエリート的な存在になったこともある。しかし、実際にそれぞれの地域でどのくらいバイタリティがあるかというと、場所によって非常に異なる。ニューヨークのような大都会では、日本語の話者人口が多いし、日本語で用が足せるデパート、レストラン、スーパーなどがあって、日本語を使う機会も多いだろうが、アメリカの片田舎に行くと、学校でも日本人の子どもは 1 人だけ、家を一歩出れば日本人に会うことはほとんどないという状況になる。

大都会は別として、例えば、中西部の中くらいの町に行ったとしよう。現地校の授業についていくために、英語への急激な接触が始まる。母語話者との直接の接触があるため接触の質も非常に高い。しかし、だんだん英語ができるようになり、英語で交流する学校友達が増えてくると、英語には積極的であっても、友達も教師も理解してくれない日本語に対しては消極的になり、家庭で親が日本語で話しかけても英語で答えるというように、自ら日本語使用のチャンスを捨ててしまうこともある。こうなると、せっかく 2 言語接触のチャンスがありながら、結果として英語のモノリンガルになってしまうということが起こりがちである。

このような状況は、図 10 の A のケースで、極力家庭での L1 使用を心がけ、L1 への心的態度が積極的になるように努力しないと、L1 と L2 のバランスがとれない。また家庭で会話力の保持はできても、読み書きを中心とする「認知・学力面」の語学力（ALP）を伸ばすことが難しいので、補習校や通信教育などで L1 による教科学習をすることが加算的バイリンガルを生み出すためにはどうし

ても必要である。つまり、「家庭環境」に加えて「学校環境」によるL1のサポートが必要なのである。

3 日系人の子どもが日本語を学習する場合（日系児童生徒教育）

　子どもの母語（L1）がマイノリティ言語の児童・生徒の場合は、どうだろうか。このような社会的劣位のことばが母語である場合は、現地のことば（L2）が強まるにつれて、母語（L1）が弱まっていくため、加算的バイリンガルが育ちにくい。母語がEVの圧倒的に高い社会の主要言語（L2）に取って替わられ、母語を失う危険性がある。従って、日系児童生徒の場合も、図10のAのケースで減算的バイリンガルにならないように母語（L1）を家庭と学校でサポートすることが必要である。南米やハワイ、カナダの日系社会の場合、学校ではL2で学習し、週末や放課後にコミュニティが運営する日本語学校へ行ってL1の補強をするという形態がほとんどであるが、この程度の教育的サポートでバランスがとれるかどうかは疑問である。

　この「カウンター・バランス説」は前述のようにランドレイとアラードがカナダ東部の少数派のフランス系児童生徒を対象とした調査の結果生まれたものである。ちなみにカナダは英語とフランス語の両方が公用語であり、政府はフランス系児童生徒が、カナダのどこにいてもフランス語で教育を受ける権利を保障している。社会的レベルではバイタリティの低いフランス語（L1）ではあるが、学校教育を通してL1が強まるように教育的支援をフルに与えているわけである。しかし、調査の結果を見ると、少数言語としてこれ以上の支援はあり得ないと言えるほど優遇されているにもかかわらず、「英語（L2）での対人関係のネットワークが強い場合には、L1で教育を受けていても減算的になる」ことが分かったと言っている（Landry, 1987）。つまり、フランス語（L1）と英語（L2）の両言語の力が低く、L1にもL2にもきちんとしたアイデンティティが持てないし、また彼らのフランス語には英語の借用が多く、「英語混じりのフランス語（Franglish）」と言われるような標準的ではないことばを話すという。このことは、バイタリティの低い母語（L1）の場合、バランスをとることがいかに難しいかということを示している。カナダのフランス系児童生徒たちが学校でL1を使用してもL1が十分育たないのであれば、日系児童生徒の週末や放課後の努力で太刀打ちできないのは、歴然としている。

　以上、3つの異なった環境でのバイリンガルの育成についてランドレイとアラードの説を中心に考えたが、外国語としての英語教育に関しては第6章、国内の外国人児童生徒教育に関しては第7章、海外児童生徒教育に関しては第8章、日系児童生徒教育に関しては第9章で詳しく述べる。

注：1）2言語共有説を最初に提唱したのは Cummins (1979) であるが、その後 Shared Conceptual System (Francis, 2000)、Central Operating System (Baker, 2001)、Common Underlying Reservoir of Literacy Abilities (Genesee 他 2006) がほぼ同じような提唱をしている。引っくるめて「2言語共有論」と言えるものである。本書では、カミンズの「2言語共有説」を中心に紹介する。

2）詳しくは、第11章の「バイリンガル否定論」（pp. 224-226）を参照のこと。

3）カミンズは「2言語バランス説」と「2言語共有説」を、正式には、「分離基底能力モデル」(Separate Underlying Proficiency, SUP)、「共有基底能力モデル」(Common Underlying Proficiency, CUP) と呼んでいる。略して「2言語分離説」・「2言語共有説」、あるいは SUP 説・CUP 説と呼ぶこともある。

4）同じような結果が日本語を1言語とする調査でも得られている。北米の補習授業校の日本人小学生91名を対象とした英語と日本語の語彙・読解・会話力調査の結果、年長児グループ（小学校5～6年生）と年少児グループ（小学校2～3年生）を比較したところ、英語会話力では「発音」を除いては、流ちょう度、文法の正確度などすべての面で年長グループが優れており、英語読解力では圧倒的に年長グループが優れていた。詳しくは第8章参照のこと。

5）カナダのサイモンフレーザー大学の教授が開発した、デジタルストーリー用のウェブサイト（www.scribjab.com）。英語、フランス語、各種継承語で使用可能で、意見交換も可能。

6）米国の「落ちこぼれ防止法」の一環として強要されるフォニックスを中心とする「Reading First」（読みのプログラム）や州標準テスト、読みの力の研究方法など、政策面でも実践面でも評価面でも文法や語彙（DLS）が中心で、大事な読解力や読解ストラテジー（ALP）の育成が軽視されていることから、DLS と ALP を区分することが必要になったとカミンズは言っている。

7）CLD (Culturally and Linguistically Diverse) 児とは、文化的・言語的に多様な背景の子どもの総称である。

8）「マイノリティ言語児童・生徒の学力を支える言語心理学的・社会学的基盤」『言語マイノリティを支える教育』（カミンズ・中島 2011: 103-110）に詳しい。

9）「動機付け」に代わって近年使われるポスト構造主義に基づく用語。学習者と目標言語との複雑に絡み合った関係の中において、学習者自らが選択して時間や労力を費やす（価値があるものと認める）という意味で、「投資」という用語が使われている。

10）スウェインは、L1 および L2 の言語習得において、「理解可能なインプット」だけでは不十分で、積極的に自分から外国語を使う機会があることが重要だという「アウトプット説」を提唱している (Swain, 1993)。インプットはただ単に言語の意味を分析するに留まるが、アウトプットは、学習者自身が言語を再構築し、それを実際の意味のある場面に即して試すチャンスを与えるため、学習者の現時点での言語レベルよりもやや高いレベルの言語使用に取り組むことによって、正確度が上がり、より質の高い言語使用が可能になるという。

11）Cummins & Early (2011)、http://www.multiliteracies.ca を参照。

12）図9は1992年のモデルであり、1994年のモデルになるとここにアイデンティティが加わる。

第4章 家庭で育てるバイリンガル

Contents

バイリンガルを育てる上での母語の役割
使い分けと接触量、接触の質
カナダで育った息子の例
難しい「使い分け」のしつけ
１人１言語の原則
親の語学力とバイリンガル
幼児期のダブル・リミテッド現象
２言語の干渉
親の在り方

バイリンガルを育てる上で最も大きな役割を担うのが家庭である。もちろん学校の役割も大きいが、学校の役割は家庭で育ったことばの上にもう1つのことばを加える、あるいは、家庭で育ったことばをより強めるという役割である。バイリンガルの土台となる母語を育てるのはあくまでも家庭である。日本にいると、外国語（といっても99％まで英語であるが）のために親が心を砕いて努力するということは理解できても、母語である日本語を育てるために努力するということが何を意味するか分かりにくいだろう。また日本で「日本語」を育てるというと、「国語」の勉強と混同されやすい。学校の教科の1つである「国語」というのは、日本語がすでにできる子どもたちに、効果的な表現の仕方、深く読む力、鑑賞する力などを培うもので、バイリンガル教育で問題にする基礎的な「日本語力」とは次元の異なるものである。「国語力」は「日本語力」を土台として高めるものであり、「日本語力」とは「国語力」の基礎として必要不可欠なベースラインのことばの力と言える。

　日本でも、少子高齢化が進んでいる上に、核家族としての家庭がだんだんに崩れ、子どもが母語を獲得する「ゆりかご時代」や「子ども部屋時代」の言語環境がいよいよ複雑になっている。女性が職業を持つことが多く、子育ては保育園や託児所やベビーシッターに頼る。昔のように祖父母が父母に代わって面倒を見るなどというのは稀である。離婚率も

非常に高く、週日は母親の家で、週末は父親のアパートでと行ったり来たりさせられて育つ子どももいる。従って、子どもの言語環境としては、極めてお粗末なものになる。このような状況では、親の役割といっても、実際には親だけではなく、ベビーシッターや保育士まで、複数の大人が子どもの成育にかかわり、しかも、1つの家の中だけでなく、子どもが育つ現場も複数になるわけである。本書では、問題を簡単にするために「親」、「家庭」という用語を使うが、「親の役割を果たす周囲の大人」、「家庭の代わりを務める場所」も含めてこれらの用語を使っているということを補足しておきたい。

　さらに日本では小学校の英語活動の必修化に伴い、幼児期から家庭の中に英語環境をつくって、「英語子育て」に励む親が増えている。アルクのアンケート調査（2008）によれば、家庭で英語子育てをする親のうち、実際に何らかの教材を使って英語を学ばせる親が84%に及ぶという。また家庭ばかりでなく、幼児対象の教育機関でも、保育時間に英語を教える幼稚園が、ベネッセ教育総合研究所の「幼児教育・保育についての基本調査」（2013）では58%にのぼったという。従来母語をしっかり育てる場であるべき家庭に外国語が持ち込まれるため、英語子育てに関する親のさまざまな疑問が浮上している。

バイリンガルを育てる上での母語の役割

　バイリンガルの基礎づくりでいちばん大事な家庭の役割は、第２、第３のことばの基礎になる母語、すなわち第１のことば（L1）をしっかり育てることである。母語は考える時、夢を見る時、数を数える時、日記をつける時、詩を書く時などに使うことばであり、無意識の層につながっていて、いちばん自信をもって自由に使えることばである。そしてまた、自分が成員として受け入れられている言語集団のことばでもある。一般にモノリンガルにとっても、母語はもちろん大切であるが、バイリンガルを育てるとなると、母語が持つ意味合いが、何倍にも増すし、またその意味範囲がぐっと広がる。このことは日本人が日本にいる限り、なかなか分かりにくいことであり、実感もわかないだろう。しかし、いったん海外に子どもを連れて出て、異文化、異言語の環境で子育てをするとなると、大きな問題として浮上してくる。手遅れになるまで気がつかず、「そんなことは知らなかった、もしそれが分かっていれば……」と悔やまれる親御さんも少なくない。特に英語圏で影響力の強い英語を使って学校教育を受けるときには、要注意である。母語である日本語がだんだん弱い立場に追いやられて、英語が強いことば（primary language）になっていく。英語が強いことばになることは英語圏で英語で学習している限り仕方がないとしても、子どもの方で「僕は日本人じゃない」「お父さんとお母さんは日本人かもしれないけど、わたしはアメリカ人だから、アメリカに残る」などと言い出して、日本人であることを拒否し始めると問題は深刻である。

　国内にいても親が外国語に熱心になりすぎるあまり、海外にいるのと同じような状況を親の手で人為的につくり出すことがある。これも要注意である。バイリンガル教育という名のもとに、家庭の中に異言語環境をつくり出して、子どもの自然な母語の発達の足を引っぱるということになりかねない。日本人の親がつくり出す環境は、異言語ではあるかもしれないが、異文化ではないから、本物、偽物を感覚的にかぎわけることについては天才である子どもには、すぐに足元を見られてしまう。もちろん家庭で親が英語を使うのも、子どものことばに対する感覚を刺激したり強めたりする目的であれば役に立つが、あまり熱心すぎて朝から晩まで英語で子どもに話しかけたりすると、母語の発達を脅かし、子どもの言語そのものの発達に大きな損害を与えることになる。何ごとも度を過ぎるのは禁物である。

　では、バイリンガルを育てる上で母語がどんな役割を果たしているのだろうか。第２章の「母語」と「継承語」との比較で一部述べたが、母語の主な役割を改め

てまとめると次の6点になる。
（1）母語は社会性の発達に伴って周囲の人々との交流のために、初めて使うことばである。
（2）母語は感情や意志を伝えるために子どもが初めて使うことばであり、子どもの情緒の安定のために必要なものである。
（3）母語は知能の発達に伴って考える道具として子どもが初めて使うことばである。
（4）母語は親が親子の交流に使うことばであり、親子の絆の土台となるものである。
（5）母語は親の母文化（行動規範、価値観、感じ方）に裏付けられたことばであり、子どもが身につける初めての文化である。
（6）母語は親が作り出す家庭の一員として受け入れてもらうために覚えるものであり、「うちの子」（「よその子」に対して）としてのアイデンティティを伴ったことばである。

　このように母語は（1）子どもの社会性の発達のためにも、（2）情緒面の発達のためにも、また（3）知能の発達のためにもなくてはならないものである。つまり、母語は子どもが社会的、文化的、知的存在になっていくために欠かせないツールであり、人間形成全体の基礎になるものである。特に、知的発達と母語の発達は切り離せない。アメリカの教育学の権威であるブルームは、17歳の知能を100とすると、その20％は1歳までに伸び、50％は4歳までに、80％は8歳までに、そして92％は13歳までに伸びると言っている（Bloom, 1964）。
　母語が親のことばであるということは、教育的に大きな意味を持つ。日本のように国として国語を失った経験がなく、ことばを通しての親の文化の伝承がいとも簡単にできてしまう環境では、親子が通じ合う共通のことばを持たないということ自体、想像しにくいことであろう。もちろん最近日本では、日本語という共通語はあっても親子の話し合いが少なすぎるという側面はあるが、これはまた次元の違う社会問題である。実はお互いに通じ合う共通語がない家庭でも、日常生活は何とか支障なくやっていけるものである。しかし、子どもが思春期を迎え、進学問題その他深刻な問題を抱えるようになると、親の気持ちや考えを十分子どもに伝えることはできないし、子どもは親に理解してもらえないという焦燥感を持つ。共通のことばを持たない親子の片言の会話は実に貧しいものである。だからこそ親が自信が持てる母語で子どもに話しかけ、話し合いができるということは、実に素晴らしいことであり、またそれが子どもの成長にとって非常に大事なことなのである。

日本国内の日本人家族の場合、特に、母語は（4）親子の絆を築き、（5）母文化を伝え、そして、（6）母文化へのアイデンティティを育てるために、必要不可欠である。この場合は、母語獲得のために親が特別な努力をする必要はない。母語は自然体で十分育つのである。ところが、一歩海外に出ると、事情が変わる。もちろん海外と言っても、現地のことばが日本人にとって有用性が低く、日本に持ち帰ってもあまり意味がないと思われる場合には、日本人の親は当然家庭でも日本語を使うため、問題はあまり起こらない。むしろ親が家庭で現地のことばを使うのは、異言語に対して積極的に取り組む姿勢を示しているという意味で、いいロールモデルともなるだろう。一方、英語圏となると事情が異なる。親には海外経験を無駄にしないで何とか将来有用な英語力を子どもに身につけさせたいという気持ちが働くから、いろいろな理由で家庭の中でも英語を使うようになる。「子どもが英語で苦労しているのを見てかわいそうだから少しでも助けになるように」、「『お宅のお子さんは英語の伸びが悪いんですよ、それは家で英語を使わないからです。だから、家でも使うようにしてください』と学校のESLの教師に忠告を受けた」、「自分も英語が上手になりたいので、練習のために子どもに使ってみる」、「英語が分からないから子どもに教えてもらうために家で英語を使う」など、子どもの英語習得を助けるため、また自分自身が英語により熟達したいがゆえに、家庭でも英語を使うのである。このような家庭での親の英語使用は英語学習の初歩ではある程度役に立っても、長い目で見るとマイナス面が多い。年長児にはなぜ親が英語を使うかが理解できても、年少児にはそれが分からないため、不必要な混乱を招く。そして、それが嵩じると、少しずつ築かれてきた母語の発達が中断される。このため幼児の場合は、特に親が引き続き家の中で日本語をきちんと使って、意識して日本語で親子の交流の場を持つ必要があるのである。

　立場を逆にして、日本の公立小中学校で学校教育を受ける外国人の子どもはどうだろうか。日本では、日本語が優勢なことばであり、どんな少数言語も呑み込んで日本語一色にしてしまう傾向がある。こういう状況では、母語が現地語に置換されるという現象が起こりやすい。従って、家で親が子どもの母語を意識して育てないと、社会性や認知面の発達が遅れ、子どものことば全体の発達が阻止される。その上親子のコミュニケーションがうまく行かなくなって情緒が不安定になり、アイデンティティの混乱が起こる。

　スットナブ－カンガス（1981）は、母語・母文化を子どもの「ルーツ」と呼び、異言語環境の中で「ルーツ」をしっかり伸ばすことが何よりも大事だと言っている。モノリンガルの場合は、「ルーツ」がしっかり育つので問題はないが、異言語環境で2言語に触れて育つ子どもの場合は、「ルーツ」がしっかりしたバイリンガルに育つ可能性もあるが、「ルーツ」がはっきりしないダブル・リミテッ

ドになる危険性もある。そして異言語環境にあるがために、ルーツの成長が阻まれるということ自体が子どもの基本的な人権の侵害であるとまで言っている。図11は蓮の花に例えて、ルーツがしっかりしたモノリンガル（A）、ルーツである母語がしっかり育ち、しかも第2語もすくすくと伸びた加算的バイリンガル（B）、母語の発達が阻まれ、ルーツを持たない言語を自分の強いことばとする減算的バイリンガル（C）を対比して示している。

図11 ●蓮の花に例えた母語・母文化

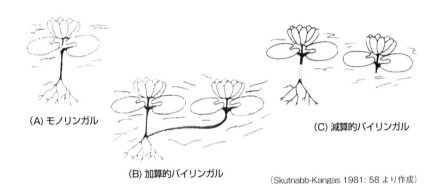

(A) モノリンガル
(B) 加算的バイリンガル
(C) 減算的バイリンガル

（Skutnabb-Kangas 1981: 58 より作成）

使い分けと接触量、接触の質

　2つのことばに触れながら育つ子どもたちは、周囲の大人のことばの使い分けがはっきりしていればいるほど、2つのことばがきちんと分化して育ちやすい。これは家の中ばかりでなく、教室の中で外国語として学ぶ場合も同じである。特に子どもが幼ければ幼いほど、大人の方の意図的な使い分けが必要である。自然に任せておくと、子どもは楽な方のことばだけを使いたがる。だから、周囲の大人が徹底して使い分けを習慣化しないと、子どもは1つのことばで済まそうとする。もし1つが子どもの強いことばで、もう1つが弱いことばである場合には、いよいよ強いことばの方になびいていく。この場合、子どもの発話に対する大人の反応も問題である。子どもが分からなそうな顔をしたら、すぐ強い方のことばを言い添えたりすると、分かることばだけを聞いて、分からないことばは聞き流すという習慣がつき、弱いことばはますます弱くなってしまうのである。

　はっきりした使い分けに加えて、それぞれのことばの接触量のバランスがとれているかどうかということも大切である。1つのことばを使う時間が圧倒的に多い場合は、接触量の多い方のことばが優勢になる。だから、もし2つのことばを

バランスよく育てたいと思ったら、だいたい同じくらいの接触時間が必要なのである。家庭の中の意図的な使い分けによって、2人の子どもをバイリンガル（イタリア語・ドイツ語）に育て、その成長過程を克明に記録したタシュナーは、その著書の中で接触時間と発話量について次のように言っている。

その頃、タシュナー一家はローマに住んでおり、家の中ではドイツ人である母親がドイツ語で話しかけ、父親はイタリア語で話しかける。お手伝いさん（1日2時間）はイタリア語を話し、道で会う人や、家に訪ねて来るお客さんはイタリア語、あるいはイタリア語とドイツ語のバイリンガルだったという。

> 「1歳11カ月までにリサが発した語数は100語あり、そのうちイタリア語が46語、ドイツ語が34語、不明が20語（例えば、人の名前とか）、イタリア語がやや優勢であった。この時期は、リサは1日約3時間父親と過ごし、2、3時間近所の人（イタリア人）といて、午後2時間昼寝、母親と水いらずで過ごすのは平均毎日4時間くらいであった。その後一時期、イタリアから祖母と伯母が来て逗留したので、イタリア語の接触量が増した。2歳になると、母親が（仕事をやめたため）子どもといっしょに過ごす時間が多くなり、全体の発話（98語）のうち、ドイツ語は36語、イタリア語は27語、残りの3つの発話はドイツ語とイタリア語の混用、21は不明であった。この記録から見て、<u>それぞれのことばへの接触量が子どもの言葉の発話と非常に関係があること、また接触量が子どものことばの習得の決め手になること</u>が分かる。リサがイタリア語を話す機会が増えれば、イタリア語の発話も増えるし、また同じことがドイツ語についても言えたのである。」〈下線は筆者〉（Taeschner, 1983: 194）

接触時間と発話量の関係は、子どもがまだ幼い「ゆりかご時代」、「子ども部屋時代」は、上の例のようにはっきりした数字で示すことも可能であるし、また親の一存で両言語のバランスをとることも可能である。しかし、子どもが保育園や幼稚園に入り、家族以外の人との交流の範囲が広がっていくにつれ、接触時間のバランスをとるのが難しくなり、また発話量を記録するのも難しくなる。特に兄弟の多い家庭や、親が共働きの家庭、国際結婚の家庭はなおさらである。

また接触時間と一口に言っても、接触の仕方や質によって子どものことばの発達への刺激は異なる。例えば、仕事を持っていない母親は、確かに朝から晩まで赤ちゃんと一緒にいるかもしれない。しかし、一日中母親が赤ちゃんに話しかけるわけではない。また、仕事を持っている母親でも、家に帰ってから集中して子どもの相手をすれば、案外一日中一緒にいる母親よりも質の高い交流をすることは可能である。このように家庭の事情や、周りの環境によって2言語への接触時

間のバランスがとりにくい場合は、接触の質を高めることによって、何とか2言語の力のバランスをとっていくという工夫が必要である。

カナダで育った息子の例

　筆者の息子の場合は、カナダの英語圏で自然には育ちにくい日本語を何とか家庭で育てたいと思ったので、家では「日本語」、一歩外に出たら「英語」、また日本人に会ったら「日本語」、カナダ人と話すときには「英語」という使い分けをした。ただ英語に囲まれている状態であるので、英語の接触量と日本語の接触量とのバランスをとるためにはどうしてもいろいろな工夫が必要であった。母親が仕事を持っていることもあり、生まれてから2歳くらいまでは、親戚の女の子に日本から来てもらいベビーシッターを頼んだ。また2歳以降は、極力自然で、バラエティに富む日本語に触れさせるために、日本人の老夫婦のところに週何時間か預かってもらった。海外では核家族が多く、子どもが違った年齢層の日本人に遭遇する機会がない。特に祖父母の愛情を知らずに海外で成長する子どもにとっては、このような老人ご夫婦の存在は貴重である。

　しかし「親」のことばと、「学校・社会」のことばとでは、その重みと接触量があまりにも違いすぎるため、日本語は太刀打ちできない状態だった。家の中でも、テレビは英語、新聞も雑誌も英語、電話もほとんど英語だし、ちょっと外に出れば、散歩のときに話しかけてくる人も英語、お医者さんも英語、買い物に行っても英語、近所づき合いもすべて英語である。日本語に触れる機会はというと、両親との会話、両親同士の会話、両親の友人または仕事仲間との会話くらいである。この他カセットやビデオを通して流れてくる日本語の歌やお話を聞く、親が読んで聞かせてくれる本くらいがせいぜいであり、日本語で話しかけてくる隣人や親戚がいるわけではないし、かわいがってくれる祖父母がそばにいるわけでもない。さらに、息子の場合は2歳9カ月から午前中は母親の職場の近くの保育園に近所の子どもたちと一緒に通うようになり、かなり早くから英語の仲間もできてしまった。こういう状況では、圧倒的に英語の接触量が多くなり、また英語の方が子どもにとってより刺激のある質的に高いことばになる。

　日本語が十分伸びるように日本へも3度連れて帰った。これは最も質の高い日本語接触である。4歳の時に5カ月、5歳の時に3カ月、そして10〜11歳のときに10カ月である。4〜5歳は語彙が増え、日本語の基礎文型のほとんどがこなせるようになる時期、10〜11歳は抽象語彙の伸びる時期で、それぞれ日本語の発達上のキーポイントと親が判断したからである。

　カナダの小学校に入学後6カ月して、トロント補習校に入学、日本語を使って

国語、算数、理科、社会の勉強が始まった。息子の6歳のときの日記から、ある日の日本語と英語の接触量を比べてみると、次のようになる。

> 6月5日（木）
> 7：30　起床、朝食（日本語）
> 8：30　車で学校へ、途中ラジオを聞く（英語）
> 8：50　学校（英語）
> 3：30　母親といっしょに車で帰途につく。途中母親と会話（日本語）
> 3：45　近所の金物屋に行き、電池を買う。店員と英語で話す（英語）
> 4：05　帰宅、留守宅でピアノの調律をしていた調律師に英語で挨拶（英語）
> 4：15　しばらく模型で1人で遊んだ後、隣近所の子どもたちとボール遊び（英語）
> 5：30　テレビを見る（英語）
> 6：00　夕食の手伝い、夕食（日本語）
> 7：35　補習校の国語の宿題（日本語）
> 8：20　バイオリンの練習（親が参加すると日本語）
> 9：30　入浴、読書（日本語と英語）、就寝

上の事例で分かるように、両親がそろって日本人である家庭でも、英語と日本語の接触時間は14対3（時間）で、日本語使用は目が覚めている時間の20％にしか当たらない。このうち、質の高い日本語接触は、夕食時の両親との会話、補習校の国語の勉強、就寝前の読書くらいのものであった。

難しい「使い分け」のしつけ

　1人っ子の場合でさえ以上のように難しいのであるから、子どもの数が多くなれば日本語への接触量や質の調整はいよいよ複雑になる。特に年上の子ども同士の会話が英語であったり、英単語が過度に混ざる場合は、年下の子どもの日本語の発達には親の最大の注意が必要である。また周囲の大人にバイリンガルが多く、両方のことばを混用することがその地域の習慣であったりすると、子どもも同じミックスした2言語使用になる。親も無意識に両方のことばを混ぜて話すからである。
　子どもにことばの使い分けをさせるのは決して生易しいことではない。親はあ

くまでも一貫した態度で使い分けを強要しないと、子どもは強い方のことばを使って済まそうとする。64 ページに紹介したタシュナーの子どもたちの話であるが、母親がことばの使い分けのしつけについてちょっと気をゆるめて、イタリア語を話すときにドイツ語の単語を混ぜて使った時期があったそうだが、その習慣がすぐに子どもにもついてしまい、それを直すのが大変だったと述べている。

> 「長女が 7、8 歳になり、ドイツ語もイタリア語も定着してきたので、母親がやや気をゆるめ、イタリア語の文にドイツ語の単語を交ぜて話すということをしたら、1 ヵ月も経たないうちに、2 人の娘も同じことを始め、そしてこのミックスの習慣が一度ついてしまうと、なかなか直らなかった。」(Taeschner, 1983: 194)

また、2 つのことばで使い分けをさせようとしても、子どもが頑として 1 つのことばしか使おうとしない場合もある。こうなると、聞くことは 2 つのことばでできるが、話すのは 1 つという「聴解型バイリンガル」、「受け身のバイリンガル」になる。いったんこの習慣がついてしまうと、高度のバイリンガルになることが難しくなるので、要注意である。幼い子どもでも、子どもなりに優勢なことばと劣勢なことばの区別は肌で感じるらしく、主要言語には、かなり早くから敏感に反応する。このため、母語が少数言語である場合、少数言語への接触量を人為的に増やして、バランスをとる必要がある。

子どもにとって意味のある生活体験が欠けている場合、使い分けをさせようと思っても思うようにいかないことが多い。次のラフラー－エンジェルの話はそのいい例である。ラフラー－エンジェルは父親も母親もイタリア生まれのイタリア人であるが、家では父親が外国語である英語を使い、母親がイタリア語を使って息子を育てたのである。

> 「息子は、父親に英語で話しかけられて、すべて理解しているのに、答えはすべてイタリア語だった。ところが、4 歳のときにドイツに行って、アメリカ人の子どもと毎日午後遊ぶようになり、初めて英語に興味を示すようになった。『英語でこれ何て言うの?』と聞くようになり、母親が答えないと、自分で英語のような音のことばを作り出して、ぶつぶつ言っていた。しかし、イタリアに帰って近所の保育園に通うようになったら、英語に対する意欲はまた消えてしまった。」(Raffler-Engel, 1965; Saunders, 1983 に引用されたもの)

また親の意図に反して、子ども自身のことばの選択や心的態度でうまくいかないこともある。いろいろな事例があるが、日本語が非常に上手なアメリカ人の父親に、ある日突然「お父さんはアメリカ人だから、僕、日本語で話すのはやめて英語で話すよ」と自ら英語に切り替えた男児(5 歳)もいる。動作ふるまいが派

手なイタリア人の父親を恥ずかしく思ってイタリア語使用を自ら拒否したイギリス人女児（7歳）、母親がドイツ語（現地語）を習おうとしないため、ドイツ語を習うこと自体が母親への背信であると信じるムスリム（イスラム教徒）の女児（8歳）など、子どもの言語使用にはその子の心的態度が微妙に絡んでくる。子ども自身がその気にならなければことばは伸びないので、子どもがことばを話そうとしなくなった場合には、一歩踏み込んでその原因をさぐる必要がある。

1人1言語の原則

　タシュナーは子どもたちのことばの発達を振り返って、バイリンガルの発達過程を3段階に分けている。
（1）第1段階（誕生から2歳ごろ）
（2）第2段階（2歳から3歳6カ月）
（3）第3段階（3歳6カ月から9歳）
　（1）はことばを話し出す前の「ゆりかご時代」、（2）はことばを話すようになって、幼稚園に行くまでの「子ども部屋時代」、そして（3）は生活の場面が幼稚園、学校へと広がった「子ども部屋時代」の終わりから、「遊び友達時代」、そして「学校友達時代前半」である。そして、特に第1段階では、父親と母親がそれぞれ異なった言語で話しかけるとよいとタシュナーは言っている。これは「1人1言語の原則」と言われ、昔から支持する人が多い。この原則の提唱者の1人と言われるフランスの言語学者ロンジャは、次のように説明している。

>　「子どもには何も教える必要はない。覚えてほしいことばで必要なときに話しかけていればいいのである。要はそれぞれのことばをそれぞれの人が代表することである。」（Ronjat, 1913: 176）

　アメリカの言語学者レオポルトは娘ハイドガルドを英語とドイツ語のバイリンガルに育てたことで有名であるが、この原則にのっとって家の中でドイツ語と英語を使っていたという。その結果、ハイドガルドは幼稚園に上がるまで、父親と母親とが同じことばを話す家があることすら知らなかったという。どこの家でも父親はドイツ語を話し、母親は英語を話すものだと思っていたそうである。
　一方「1人1言語の原則」に対する批判もある。使い分けそのものが、子どもの心理的な負担になり、知的面、情緒面でマイナスになる、あるいは父親と母親がそれぞれ違うことばを話すと、家庭の不和の原因になるというのである。同じ1人1言語でも、両親が両方のことばが分かっていてことばを使い分けるのと、父親か母親のどちらかが1つのことばしかできないから結果として1人1言語にならざるを得ないのとでは事情が異なり、後者の方は家庭不和の原因になりかね

ない。いずれにしても、一概にこの原則そのものが悪いというわけではなさそうである。また、「1人1言語の原則」は何のルールもなく、どちらのことばも出たとこ勝負という「自由放任型」より、2言語の分化を助け、ことばそのものの発達に役立つが、子どもの年齢が上がるにつれてより柔軟性のある態度を親が示す必要があるという意見もある。特に学校で使っていることばが英語で、家庭で使うことばが日本語というような2言語使用の場合は、学校で英語で経験したことを日本語で話すのは難しいものである。このとき、親が「1人1言語」に固執しすぎると、子どもは語学力不足のために親とは学校のことを話したがらなくなる。このような場合はむしろ親の方が意図的に学校言語を使用して子どもとの交流を保つ必要があるという。そして、その後で自然な形で日本語で同じテーマについて話し合いの場をつくり、積極的に足りない語彙を補ってやる。つまり親自身がバイリンガル使用のモデルになり、両方のことばを使って見せながら、子どもの語学力不足を意図的に補うべきだという意見もある（Noguchi, 1996）。

1人1言語の原則か自由放任型か

　カナダのベインらは、カナダのアルバータ州、フランスのアルザス、香港のバイリンガル児（計88人）を対象とした調査で、1人1言語有利説を実証しようとした。幼児に「親から親へメッセージを伝える」というタスクを与えて、その伝える力を3つのグループに分けて比較検討したのである。この3つのグループとは、例えば、フランスのアルザスの場合、
（1）家庭で「1人1言語の原則」にのっとって、親がフランス語とアルザス語を使っている幼児たち。
（2）家庭で両親がフランス語とアルザス語を使うが、特にその使い方は決まっていない自由放任型の幼児たち。
（3）フランス語またはアルザス語のモノリンガル。

　「親から親へメッセージを伝える」という伝言ゲームは、1人の親の伝言をもう1人の親に伝えるタスクである。
　この結果、それぞれのグループの得点は、（1）が69.7%で最も高く、次は（2）で55.7%、（3）は55.0%であった。つまり、「1人1言語の原則」のバイリンガルが「親から親へメッセージを伝える」というタスクでは最も優れており、「自由放任型」のバイリンガルとモノリンガルとではそう変わらなかった。また、どの環境（カナダ、フランス、香港）のバイリンガル児も46～48カ月になると、明らかに相手によってことばを選んで、コントロールしながら使う力においてモノリンガルよりも優れており、その傾向は、すでに22～24カ月から見られた

という (Bain & Yu, 1980)。バイリンガルが話し相手のニーズにより敏感であることは、すでに指摘されていることであるが、「自由放任型」でもモノリンガルよりわずかではあるが優れていたという点は興味深い。

父親と母親の接触量の差

1990年代の終わりごろ、マイアミ大学のバイリンガル研究グループが「1人1言語の原則」について実態調査をし、興味深い結果を出している。対象になったのは、親がバイリンガル育成に熱心な新生児24人。親に依頼して0歳から4歳までスペイン語（L1）と英語（L2）との接触時間の記録をとってもらったところ、父親と母親では接触量に大きな差があったという。接触量の割合が父親と母親で同量というのは皆無で、母親70％、父親が30％という比率であった。また、2歳から4歳までの間の変化が激しく、2歳でバイリンガルになった子どもは、接触量のアンバランスのために4歳くらいまでに英語のモノリンガルになる。一方2歳くらいまで英語の接触が少なかった子どもは、4歳くらいまでの間にバイリンガルになる傾向があったという（Pearson, 1996年3月3日　電子メールによる情報）。アメリカのように英語が圧倒的に優勢な環境では、放っておけば消えていく運命にある少数言語は、家庭で保護しないと、バイリンガルには育ちにくいということを如実に語っている。

接触量の差で問題になるのは、父親との接触が少なすぎることである。この場合は、前にも述べたように質で補う以外に方法がない。いつも子どもと一緒にいる母親と違って、父親との接触は子どもにとってはより意味があり、特別なごちそうのようなものであると言われる。「父と子の緊張感に満ちた交流の時間が、十分接触時間の少ないことを補ってあまりある」、「父親は忘れられた子どものことばの発達への貢献者」とまで弁護する人もいる。1日数分でも、また1週間に1度でも、まともに相手になって子どもとの「質の高い交流の時間」（quality time）を持つことが望ましい。同じ部屋にいても、自分はテレビを見ていて、子どもの話は「ふんふん」と生返事というタイプの交流は禁物である。特に日本語のように男性の話し方のスタイルと、女性の話し方のスタイルが違うことばの場合は、父親のインプットは不可欠である。大学生になって見上げるほど背の高い、体格のいい青年に、女ことばで話されると戸惑ってしまう。まじめな話だが、大学で日本語を教えていると、女性ことばが習慣化した日系の男子学生が実際におり、相手に合わせて話体を変えることができるようになるのには、何年もかかるのである。

親の語学力とバイリンガル

　以上は国際結婚家庭の二言語使用であるが、両親とも日本人であって日本に住んでいる場合はどうだろうか。この場合は「話し手」による区別の代わりに、「場所」や「時間帯」などで２つのことばの使い分けの工夫をせざるを得ない。例えば、おやつの時間になったら母親が英語のCDなどを聞きながらおやつを食べたり、毎晩ベッドの脇で母親と一緒に（日本語の本に加えて）英語の本やお話を聞いたりするなど、子どもに分かりやすい使い分けをするといい。カナダの幼稚園の話であるが、教室の入り口に２つの袋がかけてあり、１つの袋は「英語の舌」を入れる袋、もう１つは「フランス語の舌」を入れる袋である。もちろん袋の中には、「フランス語の舌」や「英語の舌」が入っているわけではない。実は何も入ってはいないのである。にもかかわらず園児はフランス語の授業のときには自分の口から英語の舌を取り出して英語の袋に入れ、フランス語の袋からフランス語の舌を取り出して自分の口に入れるという動作を、教室に入る前にするのである。そして、授業が終わって教室を出るときには、逆にフランス語の舌をはずして袋に返し、英語の舌を取り出して口に入れて帰るのである。これなどは、「場所」によることばの使い分けを幼児にも分かりやすく示した例である。

　両親がネイティブ・スピーカーでない場合は、バイリンガルを育てるのは無理だと思う人が多い。実際にそうだろうか。ネイティブ・スピーカーでない場合は、あきらめた方がいいのだろうか。ネイティブ・スピーカーでなくてもバイリンガルが育つということを実証した記録がいくつかある。よく知られているのは、オーストラリアのタスマニアに住むドイツ語教師サンダースの話である。父親は英語が母語であるが、家の中ではドイツ語を使い、母親は英語を使って２人の息子を育てた。ドイツ語が外国語であるために、父親自身がドイツ語の勉強を続ける必要があり、短波放送のニュースなどを聞きながら自らのドイツ語のレベルアップもしなければならなかったという。父親は息子たちが小学校へ通うようになっても、毎日ドイツ語の本を読み聞かせ、練習問題を自分で作って２人の息子にやらせ、ドイツ語で読み書きまでできるように育てたそうである。この子どもたちにとってドイツ語は父と子の交流のことばであり、秘密の暗号のようなものであった、と次のように語っている。

> 「父親がドイツ語のネイティブ・スピーカーであるかどうかは、子どもにとってはどうでもいいことであった。父親にドイツ語で話すということが、生活のなかで当たり前のことだったのである。他人には人為的なことに見えても、家庭のなかではごく自然なことであった。父親と遊ぶ

とき、議論をするとき、父親に忠告を求めるとき、許可を求めるとき、慰めてもらいたいとき、話を聞いてもらいたいとき、ドイツ語がそのことばであった。」(Saunders, 1983)

サンダースはドイツ語の教師であったから、ドイツ語には自信があったのだろうが、外国語に不得手な親はどうすればいいのだろうか。子どもをバイリンガルに育てるなどという望みは捨てた方がよいのであろうか。一概にそうは言えない。ネイティブ・スピーカーでないということがかえって強みになることもある。

親の語学力が低い場合

もちろん親の語学力が低い場合は、いろいろな工夫が必要である。まず自分の語学力不足を過剰意識せずに、前向きに子どもと一緒に外国語を学習するというスタイルで臨むとよい。子どもは親の後ろ姿を見て育つというが、親が一生懸命努力をしているのを見て、そのことばは大事なもの、やる価値のあるものというメッセージが子どもに伝わるのである。また自分もやってみようという意欲にもつながっていく。さらに自分自身が苦労して学んだ経験があるので、子どもの苦労が分かるということも大きな強みであろう。母語話者の場合はこの経験がないため、子どものちょっとしたことばの誤りに過敏に反応しがちである。

親ができることは大きく分けて2つである。1つは、外国語の学習のきっかけづくりである。ちょうど世界的に知られている音楽教育の「鈴木メソッド」のように、習い始めは親が率先して楽器を弾いて見せ、「面白いよ」、「やってごらんよ」という導火線をつくる。しかし子どもが真剣になって楽器をやり始めると、子どもの伸びの方が早くて、親はついていけなくなる。そして次の親の役割はコーチ、あるいはモニターである。子どもの生活設計をし、規則正しい練習をさせることである。このときには、親が適度の期待を持つことが大切である。親が期待しすぎるのもよくないし、また全く期待しないのもよくない。

これはカナダに赴任してきたある家族の話であるが、中学生、高校生の上の兄たちよりも小学5年生の末子の方が英語の習得が早いと両親が思い込んでおり、末子が一言でも英語を話すと親がちやほやする。そこで末子はその親の期待に応えるべく、1カ月もしないうちに英語らしきものを話すようになった。しかし実際は日本語の文に英単語を詰め込んでいるだけであり、このような混用の習慣がついてしまったがために、かえって正確な英語の習得に時間がかかったという。これは親が過度の期待をしたために、外国語の習得がスムーズにいかなくなった例である。

日本で子どもが英語を習う場合、もう3カ月も英語の音声を聞かせているのだから、何か反応があってもいいのではないか、毎週塾に通っているのだからそろ

そろ英語を話してもいいのではないか、というような根拠のない過度の期待を親が持つことがある。これは禁物である。英語圏で毎日英語に接触して暮らしていても、英語が話せるようになるのには2年もかかるのである。日本で塾に通って英語を習ったり、毎日英語のCDを聞かせたり、DVDやテレビを見たりしているだけで話せるようになるということはまず考えられない。あくまでも英語を聞き取る耳をつくり、英語に親しみを持たせるという基礎づくりに徹し、根気よく学習を続けて、20代の初めくらいまでに高度の英語力が身につくように願うという長期的構えが必要である。

英語を習った経験がある親は、自分と同じように子どもも英語を学ぶものと思い込む傾向がある。これもカナダの話であるが、幼稚園で英語が分からなくて苦労している娘がいじらしく、熱心な日本人の母親は教師から絵本を借りてきて、毎晩一生懸命日本語に訳してやった。この場合「訳す」ということが、子どもに適した英語の学び方であるかどうかはこの母親には全く疑問にはならなかったようである。しかし実際は、一緒に絵を見て楽しく話し合ったり、英文を読んで聞かせたり、直接英語に触れさせたりして、子どもの自然習得の力に任せる方がずっと適しているのである。それに英語は、「お母さんも知っている大事なことば」というメッセージも暗に伝わるのである。

この女の子はその後ストレスがたまってチック症が始まったという。

いい聞き役になる——チザードの実験

語学力がない親でも、いい「聞き役」になることならできる。タシュナーも「1人1言語の原則」に加えて効果があったのは、「何ですって？」と聞き返すストラテジーだったと言っている。何とか子どもに話をさせるきっかけをつくり、いい聞き役になるということは、語学力が不足している親にもできることである。これは、ロンドンの2,000人近くの親を対象とした2年間の教育実験であるが、親が聞き役になることが子どもの「読む力」の伸びにプラスになるということを実証したものである。この親たちは英語を話すことも読むこともできない、外国から移住して来た親たちである。6つの学校の生徒（6～9歳）に、まず一斉に読みのテストをしてレベルを確かめた上で、(1)教師と親が提携して、学校で読んだものを子どもが家で両親に読んで聞かせたグループ、(2)読みの遅れている子どもを放課後残して教師が補講したグループ、(3)は何の介入もしなかったグループである。この結果、親が聞き役になった(1)のグループが、明らかに読みの伸び率が最も高かったという。(2)の教師による補講は(3)と比べてほとんど効果が見られなかった。チザードらは子どもの教育に両親を巻き込むことにより、親も子どもの教育に参加できたという満足感が持てたし、また子ど

もは両親に聞いてもらうということが誇りにつながり、学習への動機づけにプラスになったと言っている（Tizard 他 1982）。もちろんこれは人的資源（学歴、職業、英語力）が少ない家庭を対象としたもので、日本人の家庭に直接参考になるものではないかもしれないが、語学力が低い親、バイリンガルではない親のあり方として示唆に富むものである。

幼児期のダブル・リミテッド現象

　母語の基礎が完成する2歳から4、5歳の間に母語のノーマルな発達が阻まれると、言語発達全体が遅れてしまい、2言語環境の犠牲者になる可能性がある。そのなかでも、2歳から4、5歳までの幼児がいちばん危険率が高い。子どもは文句を言わないから、大人が知らず知らずのうちに過度の異言語体験を強いることがある。

　ぽーんと全くことばの通じない環境に入れられたとき、幼児はいったいどうするのだろうか。だんだんに毎日少しずつ新しい環境に慣らされるというのであれば問題はないが、急転直下、突如としてことばが全く分からない環境に長時間押し込まれたら大変である。今まで聞いて分かったことばが急に分からなくなるのだから、パニック状態に陥る。困惑のあまり、まわりの状況に無反応になったり、大暴れしたり、意味もなく泣き出したりして体で抵抗を示す。それでも家庭で親が十分にその子の相手になり、母語での交流が継続されているならよいが、そうでないと家に帰ってもぼーっとして、何の反応も示さなくなる。つまり、ことばのインプットはあっても、アウトプットをする機会が全くなくなった状態である。うつろな目をしてふらふらするというので、ニューヨーク在住のカウンセラー、カニングハム久子はこれを幼児の「ぼうふら現象」と呼んでいる。こうなると子どものことばの発達全体が遅れてしまう。日本でも教育ママがバイリンガル教育という名のもとに、1日中のべつまくなしに英語で話しかけたり、英語の歌やお話を聞かせたりしたら、子どもがだんだん反応を示さなくなり、「ぼうふら現象」が現れる可能性がある。

　海外に出ると、大人はいろいろな理由で幼い子どもをこのような状況に追いやる。「幼いから何も分からない」からどこに置いておいても同じと考える母親もいる。あるいは「早くから英語に慣れさせた方がいいから」という教育的な理由で、外国語の保育園や幼稚園に入れる場合もある。また「英会話学校に通いたい」など、親の勝手な都合で、子どもを終日地元の保育園に預けることもある。もっとも深刻な事態は、両親が生活苦のために朝早くから夜遅くまで「働かなければならない」、しかも英語が全く分からないという状況である。肉体労働で疲れ切っ

た両親は、家に帰っても自分自身が疲労困ぱいしているために、子どもの相手をする気力も時間もない。このため、子どもは自分の気持ちを表現したり、意思を伝えたりする機会を剥奪された状況に陥る。こうなると母語の発達は停滞し、また外国語の習得もうまく進まないのである。

このような母語の発達遅滞をここでは幼児期の「一時的ダブル・リミテッド現象」と呼びたいと思う。これはあくまでも一時的な現象で、環境が変わり必要なことばの刺激が与えられれば、正常に戻る可能性を十分持っている。

では、実際に幼児の一時的ダブル・リミテッド現象とはいったいどういうものなのだろうか。具体例を通して見てみよう。1）はスウェーデンの4歳児（スクットナブ-カンガスより引用）、2）はアメリカの4歳児（カニングハムより引用）、3）は私自身が観察したカナダの4歳児の例である。

1 スウェーデンのフィンランド人男児

この男児はスウェーデン生まれ。フィンランドから移住し、スウェーデン語ができない母親は朝7時から午後5時までクリーニング工場で働く。生後8カ月からスウェーデン語の保育園に入る。母親が1日の肉体労働で疲れ果てているため、家に連れて帰っても親子の会話はほとんどない。母親はこの男児がフィンランド語を話さなくなったことには気がついているが、たぶん保育園でスウェーデン語を使っているからだと思っている。保育士たちは、「スウェーデン語を訛りなくすらすら話すが、語彙が限られており、保育園の子どもたちや職員が話すことが理解できないことがある」という。集中力を欠き、突如として暴れ出したり、暴力をふるったりすることが時々ある。つまり感情をことばで表現できずに、直接体や動作で示そうとするという（Skutnabb-Kangas, 1981）。

2 ニューヨークのタクヤ

タクヤ（4歳）がクラスで初の、そしてたった1人の日本人だった。間もなく、タクヤの「ぼうふら現象」が始まった。半年が過ぎ8カ月過ぎても「ぼうふら現象」が続いていた。その頃になって、ようやくタクヤの言語発達の奇妙な歪みが、教師と親の注意をひくようになった。ナースリーの英語環境の中で、タクヤは相変わらず黙していることが多く、プログラムの終りに「バイバイ」というのが精一杯。おとなしくてあまり手はかからないが、園児の仲間入りはほとんどしない。ところが、帰宅して日本語の環境に戻ると、絶えず独り言を言う。日本語のような英語のような得体の知れない言葉（母親の言）を発して、母親の日本語による話しかけにも、ポカンとした表情でチラと注意を払うだけで、独り言に閉じこもってしまう。そこで英語で話しかけると、「イヤッ」と拒否反応を示す。ある日、

たまりかねた母親が、「ちゃんと返事をしなさい」と、怒鳴ったら、「チャント、ヘンジヲシナサイ」と、そっくり真似ただけ。ちなみにこの母親はタクヤに話しかける、というより急かせるための命令が多く、童謡を唄ってやったことはほとんどなく、童話を読んで聞かせることも、あまりしてやっていなかった（カニングハム 1988: 78）。

3） トロントのマリ

4歳児のマリは、母親が家で和文タイプのアルバイトで忙しく、家にいてもほとんど話しかけてもらえず、いつもテレビの前に座らされている。夕方片言の日本語を話す日系人の父親が帰ってきて、公園に連れていってもらう。父親は日系3世で英語の方が強いが、母親のたっての願いで不得手な日本語でマリと話す。4歳になって幼稚園に入ったある日、私のところに市の教育委員から電話がかかって来た。「英語とも日本語とも分からないことばを話す日本人の子どもがいるが、日本語がどのくらいできるか調べてほしい」という依頼だった。教師は子どもの話すことばが母親にも分からないらしいので、心配になったという。マリが国語絵辞典の絵を指して言うことばはほとんど理解できなかった。見当がついたのは「たごま」（卵）くらいで、何かぶつぶつ独り言を言っているが、日本語とも英語とも判別しがたい。クラスでは仲間遊びができずいつも教師の後を追いかける。教師は社会性も言語の発達も2年遅れという結論を出した。日系人の父親が自信のある英語で話しかけ、母親が日本語で子どもと対話をしていたら、日本語も英語も話せる健常児に育っていたに違いない。一方的に耳に入るテレビの英語を聞いて、自分なりにことばをつくってしまったらしい。いかにインプットに加えてアウトプットのチャンスを与えることが重要であるかを示す例である。

幼児の母語離れに関するアメリカの調査

アメリカでは、当時幼児の早期母語離れが大きな問題になっていた。20世紀後半、ブッシュ政権の下で「学校教育を早くから始めることがマイノリティ言語児童の学力低下問題の解決になる」という考えで、3歳～4歳児の幼稚園教育が始まったため、原住民や移住者児童生徒の母語離れの時期が早まり、ダブル・リミテッド現象に悩む幼児が膨大な数に上っていた。これは深刻な問題だというので、300人以上の研究者がボランティアでグラント（研究費の補助金）なしの"No Cost Research"に乗り出したという。この調査では、690人（1,001家族）のスペイン系移住者児童生徒を（1）英語で幼稚園教育を受けた子どもと、（2）母語で幼稚園教育を受けた子どもに分けて比べてみたところ、予想どおり、（1）

は英語への置換の時期が早められ、それによって親子のコミュニケーションに断絶が生じ、特に両親が英語が分からない家庭では子どもが大きな損害をこうむっているという。カリフォルニア大学（バークレー校）のワング‐フィルモアは次のように述べている。

> 「子どもの年齢が低ければ低いほど、母語が影響をこうむる。幼稚園時代、つまり5歳以下の子どもの場合これは特に問題である。この年齢では英語のように社会で重要視されていることばの影響に抵抗できるほど、母語が安定した状態にはなっていない。英語はステータスの高いことばである。社会で広く使われることばである。小さい子どもはまだ名声とか社会的ステータスについては何も知らないが、社会に受け入れられたい、そのメンバーになりたいということには敏感なのである。彼らは英語力なしには、学校の英語の世界に参加できないことを感じとり、それを習得し（その過程で）母語を諦めてしまうのである。……もし受け入れられたければ、彼らは英語を学ばなければならない。なぜならばだれも彼らのことばを学ぼうとはしないのだから。」（Wong-Fillmore, 1991a: 342）

アメリカで、幼児期に母語離れを強いられる子どもは、1978年には360万人であったが、2000年には520万人になったという。このような少数言語の子どもの教育問題はアメリカだけでなく、カナダはもちろん、外国人労働者に頼っている先進国一般に見られる傾向である。ちなみに、当時ヨーロッパにいる外国人労働者は1,400万から1,500万人で、ドイツやフランスでも労働力の10％は地中海地域の国々からきた労働者に頼っており、その子どもたちの数は全体で500万人と言われていた。またユネスコの調査でも、ヨーロッパの学齢期の子どもの3分の1は移住者の子どもであり、このうち学校に行かない子どもは70万から80万人、この子どもたちのことばの力は母語も現地語も4年遅れであると言われた。そのため3分の2は学校を中退し、心理的、社会的問題を抱え、犯罪率、自殺率が高いという。筆者の住んでいるカナダのトロント市は、移住者や外国人就労者が集中している大都会で、家庭言語が英語ではない児童生徒数は60％以上に達している。日本もこの点では先進国の仲間入りをし、2014年の文科省調査によると、公立の小・中学校および高等学校、特別支援学校の外国人児童・生徒の数が全国で7万3,000人を越え、その中で実際に日本語指導を受けているのは約2万9,000人だそうである。

日本の外国人児童生徒とダブル・リミテッド現象

日本のように日本語が圧倒的に強い環境では、ちょうどアメリカで起きている

母語離れが、そのまま同じような形で日本の学校に入った外国人児童生徒に起こる可能性が高い。1年ほど前にブラジルから日本に来たという8歳の男児ロペスの状況を見ても、来日11カ月目ですでに母語への自信を失っている。観察者の話によると、ロペスは来日11カ月で、まだ日本語は「起立、礼」などの決まり文句くらいしか言えない。何か日本語らしき言葉をもごもご話しているが、まだ友達や教師には通じるものではない。一方母親の話によると、ポルトガル語を忘れることをこぼしており、すでにポルトガル語で手紙が書けなくなっていたそうである（大浜1995）。

　日本の学校に入った子どもが母語を忘れる速度は驚くほど速い。ロペスが母語を忘れ、日本語話者になるのも時間の問題である。親自身日本語が不自由で、子どもから日本語を習おうとする状態であるため、家でのポルトガル語使用もおろそかになるし、地域のポルトガル語維持教室はまだ開かれていない。ロペスはこの時点ですでにフラストレーションがたまっており、学校の教師が「あんなおとなしくていい子だったのに、この頃急に暴れたり、わめいたりするんですよ」とこぼしていた。当時ロペスは仲間と話し合うことばを持たず、一方で母語ももどかしいといういわば一時的「ダブル・リミテッド現象」のただ中にいたわけである。

幼児のダブル・リミテッド現象にどう対処するか

　幼児のダブル・リミテッド現象は、親や周囲の大人の姿勢が変わり、年齢相応のことばの刺激が与えられれば、健常児に戻るのが普通である。前出のタクヤなどはそのいい例で、よきカウンセラーの力を借り、親の努力で軌道修正をして、正常に戻ったケースである。タクヤの成長ぶりをカニングハムは次のように語っている。

> 「残念なことに、この母親は、どの唄もみんな同じメロディーにしてしまう特技を持っていたので、日本から指導書つきのテープを取寄せた。だが、唄って踊って楽しくなるはずのセッションが、最初の数週間は散々な結末になることも、珍しくなかった。きちんとした集中力を躾けてもらっていなかったタクヤを、予定の行動にひきこもうと、母親がやっきになり過ぎた気配がある。そのうち、下の子供が上手に仲間入りするようになったとたん、タクヤは自発的に「母の生徒」から「妹の先生」に、役変えしてしまった。妹に一歩先んじる誇り、妹と共有する時間の充実が、タクヤに集中力をつけ始め、母親が読んでやる童話を暗唱するようにもなった。母親の命令口調を、タクヤの目線にまで降りた話しかけに変えた。特に情緒的な日本語で、フィーリングを確かめ合うかたわら、語尾まではっきりした話し方をし、「なぜ？」という問いを親の方から投げかけて、タクヤの考える力を養う一助とする等も心掛けた。また、そ

の間に、できる限り、近所のアメリカ人児童との交遊も計るようにした。
　やがて1年。タクヤは5歳余り。完璧ではない発音も残っているが、日本語の確かな成長と共に、訳の分からない「ひとりごと」は消滅した。近所のアメリカ人児童と庭を走り回っている顔つきには、「ぼうふら現象」の片鱗も見られない。玩具の取り合いで、「イッツ、マイン」（ぼくのだよ）と、アメリカ人児童を相手に、英語が自然に口をついて流れ出るようにもなった。
　この頃、タクヤは母親が彼の言葉に、十分耳を傾けないと、「ちゃんときいてよ」とむくれるほど、コミュニケイションを求める子供に成長していた。その年、タクヤは現地校の幼稚園に入園した。
　5歳のレベルで考える道具としての日本語が確立し、「心」の状態を或る程度、説明できるレベルの日本語を話し、日常茶飯事の原因と結果の関連を処理できるレベルの日本語を涵養した後のタクヤは、「日本語」というひとつのゆるぎない基盤を源に、「英語のとりこみ」を始め、今度こそは、英語の保育環境にうまく適応していくであろう。明るい二度目の挑戦であった。」（カニングハム 1988: 80-81）

　以上の例で分かるように、幼児のダブル・リミテッド現象はことばによる交流が正常に戻ると自然に解消する一時的なものである。1つのことばがノーマルに発達すれば、それを土台にもう1つのことばも伸びていくのである。

2 言語の干渉

　日本で育つモノリンガルの子どもでも、日本語を間違って使うことがある。きっと幼児のこんな間違いを耳にしたことがあるだろう。
　「きれくない」（きれいじゃない）
　「好きくない」（好きじゃない）
　「（これおばあさんが）あげたよ」（くれたよ）
　「今来るよ」（いま行くよ）
　こういう日本語の間違いは子どもの成長とともに、自然に消えていくものである。よく言われるように、子どもはまず大きなルールをつかみ、それに当てはまらない例外的なものは後回しにする。大まかなところができるようになってから、あとの細かい点はことばを使いながら自分で矯正していくようである。上の例でも、「赤い」「おいしい」「重い」の反対は「赤くない」「おいしくない」「重くない」、つまり「い」で終わることばは「〜くない」になるという漠然としたルールがまず子どもの頭の中で構築されるようである。だから、「い (i)」で終わる「きれ

第4章　家庭で育てるバイリンガル　79

い（kirei）」や「好き（suki）」は「きれくない」「好きくない」となる。子どもの方がずっと論理的なのである。しかし、実際に「きれくない」「好きくない」と言ってみると、周りの親やきょうだいに即座に「きれいじゃない」「好きじゃない」と直されるので、ああこの場合は同じ「い」で終わるけれども、「〜じゃない」と言うらしいと理解するわけである。その他の２つの「あげる＝くれる」、「来る＝行く」は対のことばで、最近東京都内のある小学校で１年生から６年生まで計36名の会話のサンプルを集めたが、母語話者の２年生でも「くる」と「いく」の混同が見られた。また「あげる＝くれる」のように人が自分に対して使うことばと、自分が相手に使うことばがあると、人が自分に使うことばの方をまず真似して使ってみるようである。「ただいまー」ではなく、「お帰んなさーい！」と言って元気よく家に帰ってくる米国生まれの子を見たこともある。

　バイリンガル環境で２言語に触れて育つ子どもの場合は、日本語のこのような間違いに加えて、２言語の干渉（interference）による間違いが現れる。これは２言語に接触する場合避けては通れないものである。親や教師は、このような間違いが次々出てくるということを覚悟しなければならないし、またそれに上手に対処する必要がある。基本的には、発達途上に起こる問題であり、それぞれのことばが強まれば自己修正され、干渉は徐々に消えていくものである。また２言語への接触量や刺激が非常に違う場合は、弱い方のことばに間違いが残る。干渉が多く現れることが弱いことばの証拠とも言えるのである。

　明らかに英語の影響と思われる誤用を息子の６歳の語録から拾ってみると、次のようである。

「トランプ遊ぶ？」（トランプする？）	Play cards?
「今覚えた」（思い出した）	Now I remember.
「首が痛いのをもらっちゃう」（首がいたくなる）	I've got pain in the neck.
「チャンスとらない」（危ないからやらない）	I won't take chances.
「この本せまいよ」（この本はうすい）	This book is thin.
「かぜがある」（かぜをひく）	I have a cold.
「もう一度聞く」（もう一度頼む）	I'll ask (him/her) again.

　英語は、いずれも使用頻度の高いhave、get、take、play、come、goなどの基本動詞で、それに対応する日本語が複数というケースである。例えば、英語の'play'は日本語では「遊ぶ」「（トランプを）する」「（テニスを）する」「（ピアノを）弾く」「（トランペットを）吹く」などに対応するが、子どもはまず「遊ぶ」ですべてをまかなおうとし、何度も訂正されてだんだんにそれぞれの状況に合わせて日本語の動詞が選択できるようになる。英語のwearなども間違いが予想さ

れることばである。日本語では、「(服を) 着る」「(帽子を) かぶる」「(靴を) はく」「(指輪を) はめる」「(ネクタイを) する」に対応するが、そこまで分化するまでに、「靴を着る」というような日本語が現れる。つまり、まず「着る」だけですまそうとするのである。逆に日本語の方が意味範囲が広く、英語の方が細かく分化している場合は、英語の方に干渉が起こりやすい。例えば、日本語の「はやい」(意味上・表記上は「速い」「早い」の区別があるが、音声上は同じ)に対して、英語には early と fast の2つがある。このような場合は、英語の方に間違いが現れるようである。

　親の耳には以上のような単語レベルの干渉が目立つが、実は、単語や慣用表現ばかりでなく、音声、構文、意味、表記、文化その他の面でも干渉は起こっている。たとえば、音声面でいうと、息子の場合は日本語の「シ、ジ」とか「シャ、ジャ」などの摩擦音に英語の影響が見られ、摩擦量が多過ぎて重たい音になりがちであった。これが7歳ごろまで続いた。このような場合は、その場その場で、さりげなく正しい音を与えて言い直しをさせていると、直っていくものである。そこで叱ったり、命令調で言い直させたりするのは禁物である。文法面では一般的に言って、6〜7歳くらいまでに基本文型の習得が大体終わると言われているが、息子の日本語の場合もそれはある程度言えたようである。ただし、日本語特有の「受け身形」や「使役形」、「やりもらい(あげる、くれる)」、「自動詞」「他動詞」の区別などの習得には、かなり時間がかかっている。

　構文や複合動詞でもいろいろな干渉が現れた。例えば、次の(1)、(2)は7歳のときの誤用である。

(1)「戸へ行く」(戸のところへ行く)　　I'll go to the door.
(2)「すわり上がる」(きちんとすわる)　　sit up

　(1)は、「へ」という助詞は場所を表す名詞(家、駅、部屋など)と一緒に使えるが、普通名詞(戸、黒板、いすなど)と一緒に使うときには、「ところ」のような場所を表す名詞を必要とする。英語ではそのような必要がないので、(1)のような間違いが起こる。(2)は複合動詞の例で、これは英語の直訳(sit「すわる」と up「上がる」)である。

　表記法の上でも干渉は起こる。日本人の子どもが英語の教師に「この英語の書き順教えてください」と言ったというエピソードがある。また学校で板書をするとき、日本では、右はじから書き始めるのが普通であるが、海外の学校へ行っていた子どもは、左のはしから右に向かって書き始めたりするのもその例である。親は気がつかないことが多いが、行動面でも摩擦は起こる。例えば、英語圏で生まれ育った子どもには、日本の家に上がるときに靴を脱ぐ、トイレでスリッパを

はき替える、また学校で上ばきにはき替えるなどといった習慣は、なかなかなじめないものである。逆に、英語圏に来た日本人の子どもの何気ない行動が、現地校の教師に誤解されることがある。「あの子は私を見ると、必ず避ける」などという現地校教師の不満は、よく聞いてみると、日本人の子が廊下ですれ違うたびにていねいに黙礼をしていただけだったというケースもある。

　２言語の干渉は、子どもの年齢とも関係があり、言語形成期前半の子どもの方に干渉がよく現れる。カミンズ、スウェインらと一緒に行ったトロント補習校児童の英語と日本語の調査でも、小学２年生の場合は被験者の73％まで発話のなかに単語レベルの干渉が見られたが、3年生になると67％、5、6年生で43％という結果であった。学年が上がるにつれて明らかに干渉の頻度が減ってくる。

　また年齢によって干渉の持っている意味合いも変わるようである。年少児の場合は、干渉は子どもが積極的にことばを構築しようとしている証拠であり、タシュナーが言うように、「創造的なプロセス」(creative process) の一環とみることができる (Taeschner, 1983)。しかし、年長児になると、意識して意図的に英単語を混ぜて話すというケースも観察された。つまり、語彙不足に対処する１つのストラテジーと見られるものである。これは子ども自身がチョイスとして選んで、その効果をねらって使用する英語使用である。またアメリカンスクールやインターナショナルスクールなどの環境では、英単語の混用が１つのステータスシンボルになることもあるし、また海外で日本人家族が集住している場合などは、英語のなかに日本語の単語を混ぜて話すというのが、その集団の子どもたちの仲間ことばになる場合もある。

　最近では、２言語の干渉というようなマイナス面ばかりを強調せず、プラスの転移 (positive transfer) もあると同時にマイナスの転移 (negative transfer) もあるという考え方に変わってきている。２つのことばにアクセスができ、自由自在に間髪を入れずに２つの言語をリソースとして活用できるのがバイリンガルの特徴である[1]。従って、どうしたらプラスの転移を最大限にし、マイナスの転移を最小限にとどめるかがバイリンガル教育の１つの課題である。

親の在り方

　ここでバイリンガルを育てる上で望ましい親の在り方をまとめておきたい。前章で明らかなように、子どもの母語が社会の主要言語の場合と少数言語の場合とでは、親の在り方がかなり異なる。そこでまず初めに (A) 家庭で外国語の力（例えば、英語力）を育てる場合の親の在り方の問題（母語が主要言語）を考え、次に (B) 家庭で母語（例えば、日本語）を育てる場合（母語が少数言語）のポイ

ントをまとめておきたい。

A　家庭で外国語を育てる場合（母語が主要言語）

　国内で外国語を育てるということは、母語である日本語に加えて、新しい言語を少しずつインプットしていくという作業である。あくまでも「日本語プラス外国語」という立場を忘れてはならない。そこで親の在り方としては、例えば以下の５つに留意する必要がある。

（1）20代を目標に長期的構えで

　「うちの子は語才がないから」とあきらめてしまう親も多いが、語才はつくり出すものである。日本人がよく子どもにピアノなどを小さいときから習わせるように、上手に外国語に触れさせてその力を育てることは、たとえ、結果としてバイリンガルにならなくとも意味のあることである。ピアノを習ってもみんながピアニストになるわけではないのと同じである。外国語に触れるということ自体がことばの発達に刺激になるし、またことばそのものに対する気づきや理解を深めるのである。また、定期的に英語を学習することが、集中力を高め、根気を育てること、異文化への興味を育てることにもなる。

　子どもはことばの真似の名人である。テレビで聞いた"Come on!"などをさっと真似して使うのは子どもならではである。しかし、この場合、よく分かって使っているのではない。ちょっと英語を一言、二言使ったからといって、ぬか喜びは禁物である。外国語をものにするのには、長い時間がかかり、何とか学習を続けて、高校や大学での海外留学などと組み合わせて、20代にバイリンガルに育てるという長期的構えが必要である。バイリンガルになる道は１つではなく、いく通りもの道があり、短距離で行くことが最善というわけではない。親が根負けせず、「日本語も外国語も大切」という姿勢で臨むとよい。子どもの外国語学習は微々たるものの積み上げである。また習得した語学力は短命で、目をかけてやらないとすぐに消えてしまう。西町インターナショナル・スクールの元副校長北村房枝は、一見遅々として進まないように見える子どものことばの習得を評して、「それでも花は咲く」と言っていたが、そういう気持ちで続けることが肝要である。

（2）楽しい交流が主、ことばはおまけ

　8、9歳くらいまでの子どもの外国語学習は、あくまでも子どもの年齢相応の興味を中心に、子どもの知的、心的発達にプラスになるものでなくてはならない。そのため、外国語を真っ向から教えようとするのではなく、おまけとしての語学力を狙う方が効果的である。例えば、キャンプをするにしても、楽しいキャンプ

生活そのものを目的としたもので、たまたま英語を使うことになっているため、英語もおまけとして使えるようになったという具合である。水泳や、ドラマ、理科教室などを目的としたもので、英語をコミュニケーションの道具として使うというのもいい方法である。楽しい体験や知的探究の道具として、外国語に触れるのがいちばん質の高い接触になるのである。

　子どもに家庭で英語を教えようとすると、いろいろな問題に遭遇する。子どもが嫌がって、レッスンの時間になると逃げていってしまう、必ずお腹が痛くなるなどはよくある症状である。こういう場合は、子どもに親が無理なことを押し付けている可能性があるので、大人の方がまず反省し、あの手この手で子どもが興味を持つように工夫する必要があろう。また英語嫌いというわけではないのに、全く話そうとしない子どももいる。よく観察してみると、日本語でも口数が少ない。母親が親切すぎて、次々に子どものニーズを察して先回りしてしまうために、子どもがことばをニーズに合わせて自ら使うチャンスが奪われているのである。このような子どもは英語でも会話力が伸びないので、まず日本語で生き生きとことばを使う機会を十分に与える必要がある。

（3）あくまでも「日本語プラス英語」の自然習得を目指して

　英語力を高めたければ、しっかりとした日本語力がまず必要である。国内の場合は、年齢相応の日本語力を強めながら、同時に英語力もゆっくり育てることが可能である。そのために必要なのは、活発な親子のやりとりである。日本語でしっかり会話ができるということが前提になる。アメリカのガーダーは、児童を長年扱った経験をもとにして、子どもへの対し方の鉄則（Golden Rules）を提唱している。幼稚園や小学校の教師を対象としたものであるが、家庭でも参考になるのでその要約を掲げておく（Gaarder, 1977）。

　　○教師（または親）は世界にはそのことばしかない、またその子を教えるのは自分しかないというように、自信を持ってそのことばを使って自然に話しかけ、行動すること。
　　○ことばそのものを決して教えようとしないこと。子どもにとって意味のある活動に子どもを巻き込んで、新しいことばを必要不可欠な唯一のことばとして使うこと。
　　○2つのことばをはっきり使い分けること。これは子どもが後に2つの言語、文化を異なった体系として把握する上で最も基本的なことである。
　　○教師（または親）は、1つのことばを使ってもう1つのことばを教えてはいけない。例えば、訳すとか、もう1つのことばで説明するとか、2つのことばを交互に使うとか。もし教師が常に1つのことばで話し、すぐにも

う1つのことばでその意味を付け加えたり、2つのことばを交互に使ったりすると、新しいことばを習う理由を子どもから奪ってしまうことになる。なぜならば数秒待っていれば、苦労しなくても子どもに意味が分かってしまうからである。

○子どもに音節ごとに区切ってゆっくり話す習慣はやめなければならない。これは子どもはノーマル・スピードでは理解できないという大人の間違った推測に基づく。特に「外国語」として意識する教師、ことばの力が不十分な教師に起こりがちであるが、教養のあるネイティブ・スピーカーもよくすることである。

○新しいことばを教えるということは、単語を教えることではない。また2つのことばを比べてみて習いやすい順に学習項目を並べたりするのは無駄なことである。このような努力は理論的でもっともなことのように見えるが、実は（子どもの場合は）非生産的である。

　ここで大事なことは、外国語を使わなければならないニーズづくりが教師、親の第1の役割だとしていることである。それも大人が人為的に整理したものに触れさせるのではなく、トータルな自然な形で、しかも子どもにとって大事なこと（例えば、交差点の信号機の3色など）をテーマにしてそのことばと接触すべきだと言っている。とかく、子どもに外国語を教えるというと、色を表すことば、身の回りの物の名前、お天気のことば、体の部分の名称、動作のことばなど、単語の意味範疇を中心にカリキュラムを立て、そういう単語が言えると英語ができるようになったと思いがちである。自然習得の場合は、年齢相応のリズム遊びや絵本、ゲームや劇遊びなどを通して言語全体に触れさせることが大事である。

（4）大事な読み聞かせ

　読み書きまでできるバイリンガルを育てるためには、子どもへの「話しかけ」と「話し合い」に加えて、どうしても必要なのが（絵）本の「読み聞かせ」である。子どもが本の読み聞かせを通して文字に興味を示し始めるのは遊び友達時代である。この時期に、日本語の本の読み聞かせに加えて、英語の本も読み聞かせる必要がある。親が英語の発音に自信がない場合は、CDつきの絵本を使うとよい。読むといっても、ただページの初めから終わりまで文字を読むだけでなく、表紙の絵や挿絵について話し合ったり、何が面白かったか親が感想を言ったりするといった、親子のやりとりが大切である。普段の会話では使わない、書きことばの語彙を使うことになるし、物語の世界を通して、していいこと、してはいけないことの区別、つまり価値観、倫理観念も教えることができる。また文字のうらに、目には見えない面白いストーリーの世界があるという気づきも大事である。

子どもの感受性、思考力を高めることにつながるからである。また読み聞かせは、スキンシップを通して互いの暖かみを感じ合うことができ、親子関係にも大きなプラスになる。絵本や物語に限らず、子どもが興味を持つものであれば、図鑑でも写真集でもよい。

幼児英語教室や英語学習を目的としたプレスクールがうなぎ上りで数を増す日本国内では、さまざまな教材が開発され、その教材を使いこなすことが、即英語教育の第一歩という印象を与えかねない。しかし、本を読むことが好きな子を育てることが、読み書きまでできるバイリンガルになるための日本語力と英語力の基礎づくりになるので、(絵)本の読み聞かせを学習の中心に据えるべきであろう。

(5) 学習仲間を大切に

前にも述べたように、バイリンガルづくりは時間のかかるものである。そのために親の方が息切れしてしまわないように、親のためにもまた子どものためにも、仲間とさまざまなサポートが必要になる。

幼児の場合は、アルクから出されている家庭用教材「エンジェルコース」などは、早くから英語に触れさせたい親に大変役立つ。また幼児を対象として出されている家庭用教材や情報誌も役に立つであろう。子どもの仲間づくりには、プレスクールをはじめ、英語も使う幼稚園・保育園、民間の英語学校・英語教室、サマーキャンプ、サマーキャンプ海外版なども活用できる。また日本は英検Jr.(旧児童英検) など、テストを受けて英語力を査定することが盛んであるが、バイリンガルを育てるのであれば、バイリンガルの立場からつくられたテストが望ましい[2]。例えば、注2の図12のような日本語と英語のフィードバックが親には役立つ。今後は、英語だけでなく、日本語と英語の両言語を視野に含めた、2言語を同時に発達させるための絵本、お話、その他が開発される必要があろう。

B) 家庭で母語を育てる場合（母語が少数言語）

異言語環境の中で、家庭で親が子どもの母語（日本語）を育てるのは、決して生易しいことではない。それは何度も繰り返し押し寄せる大海の波に精いっぱい抵抗するようなものである。周囲にモデルとなるものがないから、親は否応なしに子どもの日本語の教師にならざるを得ない。子どものことばは親の鏡と言われるが、親自ら率先して日本語を使い、過度に英語（現地語）を混ぜた「混用型」の2言語使用は避けなければならない。ただし、ここで気をつけなければならないことは、親が母語話者であるがゆえに、かえって無意識のうちに子どもに心理的圧迫を加えてしまうことである。親の手で社会の主要言語へのシフトを早めてしまう結果にもなりかねないのである。子どもの気持ちを理解し、子どもの日本

語に対する心的態度がマイナスにならないように注意する必要がある。

　トロントの日系高校生36名に「家でどんなことばを使いますか」という質問をしたことがある（詳しくは第9章参照）。彼らの答えは親の家庭での在り方の反省材料としてたいへん面白い。

（1）親が英語を習っているので、時々英語を使ってあげる。（→親への思いやり）
（2）日本語で話していて、相手が分からなそうな顔をしたら英語を使う。（→コミュニケーションを円滑にするため）
（3）親におこづかいをもらったり、何か頼むときは、親が喜ぶことば（日本語）で、急ぐときやけんかしているとき、言いにくいことは英語で言う。（→自分にプラスになるようにことばを選択）
（4）トピックによって、英語で話したり、日本語で話したりする。（→話題によることばの選択）
（5）日本人のお客さんが来たときだけ、日本語を使う。（→話し相手によることばの選択）
（6）おばあさんが一緒に住んでいるので、おばあさんとは日本語で話すが、他の家族とは両方使う。（→相手がモノリンガルかバイリンガルかによってことばを選択）
（7）単語につまったときは、英語の単語を混ぜる。例えば「university で credit を get する（大学で単位を取る）」。（→語彙不足のために起こる英語使用）
（8）日本語を使わないと叱られるし、使って間違えるとまた叱られるから、英語を使う。（→心理的圧迫から逃れるための英語使用）

　以上のような例を通して、子どもがそれなりの理由や事情があって、ことばを選択しているのが分かる。従って、親は、自分の立場で子どもに日本語使用を押し付けるのではなく、子どもの立場に立って、あの手この手で子どもの日本語使用を促すというストラテジーが必要である。特に親が留意すべきことをまとめると、次の6つになる。

（1）間違いに対して寛容であること

　もし外国語であれば、子どもが一言でも話せばほめるのに、自分のことばとなると、親はどうしても減点法で見てしまうものである。自分で苦労して学習した経験を欠くため、また自分のことばだからかもしれないが、間違いが気になり子どものささいなことばの誤りでも、「どうして自分の子がこんな変な日本語を使うのか」、「どうしてこんな簡単なことが言えないのか」とつい叱ってしまう。子どもの方はどんなに努力しても、完璧な日本語は話せない、親の期待に応え親

を満足させることは不可能だとあきらめてしまいがちである。

　前に言及したタシュナーの「何ですって？」という反問ストラテジーなどは、子どもが日本語を使うべきところで英語を使ったり、日本語の間違いがあったりしたときに役に立つものである。これを使うと「もう一度日本語で言いなさい！」とか「もう一度！」とかいうような命令口調で言い直しをさせなくてすむ。子どもの方も「何ですって？」と言われて、親が本当に分からないのではなく、日本語で言いなさいという意味なのだ、あるいは自分が何かおかしな日本語を使ったのだと分かる。ことばの選択の誤り、ことばそのものの誤りに対して親がちょっとした心配りを欠くと、子どものやる気を無くさせたり、心理的な圧迫を与えたりするのである。先の（8）がそのいい例である。常に正しい言い回し（モデル）を即座に、さりげなく、大したことではないという感じで言い添え、心理的な圧迫を避けるようにすべきである。サンダースは2人の息子の誤りを観察し、精神的に不安定なときに弱い方のことばに間違いがより多く見られたと言っている。

（2）モノリンガルの立場で非難しない

　バイリンガルの子どもは相手のことばに敏感で、相手への思いやりから自分の手持ちのことばを選んで使い分ける。この話し相手への微妙な心づかい（communicative sensibility）がバイリンガルのプラス面の1つである。前出のトロントの日系高校生たちの例でも、子どもが家で英語を使うのが、英語で苦労している親への思いやりである場合もある。また親に取り入るときには親の喜ぶことばで、反発するときには相手が不得手とすることばで、という使い分けもする。またバイリンガルは相手の語学力をさっと見抜いて、モノリンガルなら相手の分かることばで、しかし相手がバイリンガルの場合は、自分の楽なことばでというように、相手によって言語の選択をし、必要に応じて適宜使い分ける。これもまさにバイリンガルの強みである。このような特徴をモノリンガルの立場から見て非難してはならない。モノリンガルの立場を押しつけるのではなく、むしろ使い分けの力をうまく誘導するために、親が使い分けの約束事やルールをつくって、交通整理の役を務める必要がある。

（3）しつけの一部としてのことばの使い分け

　ことばの使い分けのルールをつくって、その使い分けのしつけをきちんとつけてやるのが親の役割である。ことばは、ニーズに応じて意識せずにとっさに飛び出してくるものであり、話者自身がコントロールしにくいものである。親が日本語で話しかけるのに対して英語で応じる、という場合は、「日本人とは日本語、外国人とは英語」というルールをつくって、日本語で話しかけられたら日本語で

応じるということを礼儀として守るように指導する必要がある。もちろんこの場合、トピックによって話しにくいことと話しやすいことがある。前にも触れたように、例えば、英語の幼稚園や学校から帰ってきた子どもに、「今日は、学校、どうだった？」という質問をすると、経験はすべて英語でしてきているので、なかなか日本語になりにくい。このような質問に答えるには、親の助けが大いに必要であり、このような場合には親が惜しみなく必要な単語や言い回しを与える必要がある。日本の親はしつけというと、お辞儀の仕方とか、客への挨拶とか、丁寧なことばの使い方などをまず考えるが、多言語環境で必要なのは、ことばの選択のしつけである。

（4）親の偏見が子どもの偏見の元

　海外の生活には、不便なこと、不満なことがたくさんある。特に、現地語の不自由な親が海外で生活するとなるとなおさらである。あれやこれやで愚痴のひとつも言いたくなる。愚痴だけならまだいいが、往々にしてその国の批判、学校に対する不満、ひいては隣近所の人の悪口まで飛び出す。このような批判や不満や愚痴を聞かされる子どもは、それをどう受け止めるのだろうか。自分自身で判断できない年齢の子どもは、親がもののはずみで言ったことをまともに受け取り、現地の学校へ行くのがいやになったり、英語に積極的に挑戦するのをやめてしまったりするケースも実際に起こっている。親が2言語環境のよさを認め、積極的に現地の人々と交わろうという姿勢を見せれば、子どももそれにならって積極的になるのだが、その逆の場合は親の言動が原因で不適応になることもある。親が生き生きと異文化の生活を楽しんでいるのを見れば、子どもも自分の体験を肯定的に受け止めるようになる。「さあ、これからいっしょに、日本ではできない素晴らしい体験をしよう」「こういう考え方をする人もいるんだ」と前向きに捉え、子どもの不安を取り除く必要がある。

　次に挙げるのは、親の在り方がいかに子どものことばの習得に影響するかがよく分かる例である。リディア（ドイツ在住）は、ドイツ系スイス人の父親とインド人の母親を持っている。

>　「リディアはモズレム（イスラム教徒）の娘として育ち、家族の価値観とライフスタイルを持つことが期待されている。母親はほとんど外出せず、付き合いと言えば近所に住む親戚だけ。ドイツ語を習得するためにクラスに出席することは考えられないことで、3年住んでいるというのに挨拶程度しかできない。リディアは平均的な知力がありながら、ドイツ語がちっとも進歩しない。クラスでは引っ込み思案で孤立しており、同じモズレム系の2人の女の子としか付き合わない。モズレムの父親の

要請で、男女が混じる水泳、遠足、見学などは免除され、また学校外で
　　　　　の級友とのコンタクトは禁止されている。にもかかわらず、父親はリ
　　　　　ディアがドイツ語が上達し、いい成績をとることを期待している。面接
　　　　　で分かったことは、リディアは母親と近く、母親がロールモデルであり、
　　　　　ドイツ語ができるようになることは母親への背信を意味したのである。」
　　　　　（Aghadani, 1996: 2）
　リディアが親から押しつけられている心理的な壁は厚く、その壁を取り除かな
い限り、リディアのドイツ語習得も、現地校への適応も進みそうもない。
　ガードナーというカナダの心理学者は子どものことばの学習における親の役割
は２つあると言っている。１つは直接的な役割で、もう１つは間接的な役割であ
る（Gardner, 1984）。直接的な役割とは、子どもの宿題を手伝ったり、「勉強し
なさい」と促したりすることで、間接的な役割とは、親が意識せずに持っている
ことばや文化への価値観である。親が大事だと思っていることばは子どもも何と
か学習して親を喜ばせたいと思うようである。従って、親が、両方のことばが大
事だというしっかりとした認識を持ち、それを態度にも表すことが、子どもにとっ
て大切なのである。

（5）いい聞き役になること

　親の役割の１つは、いい聞き役になることである。特に母語保持の場合は、い
い聞き役になることによって、会話力を保つと同時に、間接的に読み書きの力も
強めることができる。元玉川大学教授の正善達三は海外で日本語を育てようとす
る親に音読、朗読を勧めて、次のように言っている。
　　　　　「一日に一度、必ず、子どもは家庭で朗読の勉強をすることです。特別
　　　　　な材料はいらない。自分が学校で習っている教科書を朗読すればいい。
　　　　　毎日、大きな声で朗読を続ければ、必ずお母さんから、日本語で話しか
　　　　　けてこよう。つまり自然に、母と子の日本語会話も生まれよう。そして、
　　　　　いつの間にかお母さんも加わって、母と子の二人読みが生まれよう。と
　　　　　にかく、一日に一度、家庭のなかに日本語が高らかに響くように朗読を
　　　　　させることです。」（正善 1986: 12）
　音読が非常に効率のよい母語保持の方法であることは、私自身の経験でも言え
る。特に、接触時間が少なく、何とか接触の質で補おうとする場合には極力音読
を勧めたい。音読は子どもの読む力の発達レベルを知る上でかけがえのない機会
である。まだ文字を１つずつ拾って読む段階か、文字の塊、つまり単語として読
める段階か、あるいは「リンゴ　は……」、「リンゴ　が……」のように単語と助
詞がついて句として読める段階か、あるいは１文として読める段階かなどである。

また読むということは、字面を追うのではなく、文の意味を追いながら次に何が来るか予測しながら読むものである。このため、語句に分析する力、まとまった文として読む力、さらには段落に分ける力、意味を予測する力などという、日常の対話では培うことのできない力を伸ばすことができる。さらに音読は、日常茶飯事の会話には出てこない、より抽象的な語彙を増やすことにもなるし、もちろん漢字の読みの練習にもなる。発音の矯正にもまたとないチャンスであるし、何よりもいいのは短時間でできることである。ただ、親が内容に興味を持って、じっくり聞いてやることが肝要である。

(6) 学習仲間と親のための情報網

　子どもが大きくなるにつれ、親が心して努力しなければならないことは、仲間づくりであろう。この意味で現地の日本語学校や、塾や文化団体の活動などを活用する必要がある。トロント大学の博士論文に、トロント在住の日系高校生（大学生を含む）46人を対象に、日本語力、英語力、そしてアイデンティティとの関係を調べたものがあるが、それによると日本語力にいちばん関係の深かった要因は、日本語の学習を通して得た友だち・仲間であったという。この被験者たちは、ほとんどが家で日本語を使用しており、週末に日本語学校に通っていた子どもたちであるから、これは非常に面白い結果である。またもっと面白いのは、日本語を話す仲間がいることは、英語力とはマイナスの関係になっているが、英語力と日本語力は有意の関係にあるので、結局は日本語で話す仲間がいることが、英語力にも日本語力にもプラスになるということである（桶谷1995）

　バイリンガルを育てようと思う親にも、長期戦に耐えるために仲間が必要である。親の仲間づくりは、地域を中心としたものが望ましい。またインターネット上にはさまざまな情報交換の場やバイリンガル教育・母語教育に関する研究所がある。次ページのサイトは、母語の大切さを訴える最近の情報サイトである。

バイリンガル子育てに役立つウェブサイト

「世界子育てネット Sweet Heart」
http://www.sweetnet.com/
両親の母語が違う場合や海外で子どもを育てる場合の情報交換や友人づくりのために。

「わたしのコトバ（家庭言語）を守ろう！」
MyLanguage? Hold on to your home language!
http://www.ryerson.ca/mylanguage
カナダのライアーソン大学幼児研究科で継承語教育を教える Roma Chumak-Horbatsch 教授の「家庭言語の大切さ」を訴えるパンフレット（日本語訳あり）。

ハーモニカ
多文化・多言語背景の子どものためのポータルサイト（「ダブル・リミテッド相談室」へアクセス可能）。
http://harmonica-cld.com

関西母語支援研究会
母語・継承語について考える研究会。
http://education-motherlanguage.weebly.com

母語・継承語・バイリンガル教育（MHB）研究会
母語・継承語・バイリンガル教育について考える会。
http://www.mhb.jp

注：1）最近は、バイリンガル児の言語能力はモノリンガルを2つ合わせたものではなく、2言語を課題や目的、相手に応じて、統制かつ調整しつつ流動的に使い分けるユニークな言語能力という点に注目し、ダイナミックに2言語を交差しながら使用することをトランス・ランゲージング（translanguaging）と呼んでいる。(Garcia, 2011; Valesco & Garcia, 2014 他)

2）例えば、カナダ日本語教育振興会が開発した『バイリンガル会話力の三面評価——OBC 実践ガイド』は、日本語と英語の両方のことばの力を定期的に診断して、それらの伸びをモニターしようとするものである。(カナダ日本語教育振興会 2000; 中島 2015)。内容は10分くらいの母語話者との対話やロールプレイで、ことばの基礎面、対話面、認知面の口頭能力をみようとするものである。結果は点数で示すこともできるが、以下に示したように、親へのコメントを中心に2言語の発達状況を示すこともできる。もう1つは、中島・櫻井（2012）の『対話型読書力評価』である。幼児・小学生のL1とL2の読書行動、読解力、読書習慣を調べるツールである。

図12 ●「年少者用のバイリンガル会話テスト」父母のための評価表

日本語	English
コメント	Comments
評価者	
考えをまとめて話す力	
対話をする力	Tester
基礎的なことばの力	

第5章
イマージョン方式のバイリンガル教育

Contents

イマージョン方式の原型
セント・ランバート小学校で始まった取り組み
イマージョン方式のいろいろ
トロント市のイマージョン教育
英語力、学力が犠牲になるのでは？
成功の要因
フレンチ・イマージョンの問題点
卒業生の声

第4章では、家庭を中心にバイリンガル子育てを考えてみたが、今度は学校教育を中心にしたバイリンガル育成を考えてみよう。まず、2言語に堪能な人材を学校教育の中で人為的に作り出す試みの例として、カナダのイマージョン方式のバイリンガル教育を紹介したい。これは家庭で英語を使っている子どもたちが、学校でフランス語と英語の両方を使って学習することによって、つまり家庭言語と学校言語を使い分けることによって、英・仏バイリンガルに育てようとする取り組みである。

　家庭で使う言語と、学校で使うことばが違うということは、日本人には奇異なことと思われるかもしれない。しかし、歴史を振り返ると、紀元前の大昔から必要に迫られて人類が行ってきたことである。これは十分考えられることで、まず文字で書き表すことのできることば、つまり表記法が確立していることばの数は限られていたし、教育が受けられることばの数が少なかったため、家庭言語と学習言語が違うということはごく普通のことであった。

　言語学者マキーは、バイリンガル教育の起源は紀元前3,000年ごろまでさかのぼることができると言っている（Mackey, 1972）。同じ学校の中で2つの言語が使われた最も古い例は、シリアで発掘された2カ国語で書いた学習用の板で、ユーフラティス川の下流のある地域で使われたスメル語とエブライト語のものだったそうである。ギリシャ・ローマ時代でも家庭言語と学校言語が異なるのが普通だった。古代ギリシャで政治的な要職や管理職につくには、ギリシャ語を学ぶ必要があったため、ギリシャの周辺の地域でも学校言語はギリシャ語だったそうである。

ローマ時代になっても、エリートの子どもたちはいぜんとしてギリシャ語による教育を受けることが期待されており、ルイスによると「ギリシャ語による教育は子どもの知的発達の基礎づくりとして重要だと考えられたばかりでなく、子どもの母語の力を向上させる一手段と考えられた」そうである（Lewis, 1977: 62）。

　それがローマ帝国の時代になると、植民地の統一を図る必要から、学校でラテン語を強要するようになり、その伝統はその後ずっと続き、16世紀のナショナリズムの台頭に伴って、イギリスでは英語、フランスではフランス語というように、各国でその国のことばが教育に使用されるようになった。それでも、家庭言語と学校言語の役割は異なることが多く、家庭では土地の方言、学校では国のことば、あるいはその地域で最も優勢な方言が使われるのが一般的で、その状況は現在でもあまり変わっていない。

　イマージョン方式のバイリンガル教育はこのような歴史的な流れのなかで、人為的に家庭言語と学校言語との使い分けをさせることによって、バイリンガルを学校教育を通して育てようという、新しい20世紀の試みであった。そしてこれは日本でも応用可能なものであり、実際にこの方式を応用した日本語・英語のバイリンガル教育を取り入れた私立校（例えば、加藤学園＝静岡県沼津市、ぐんま国際アカデミー＝群馬県太田市）が生まれている。このような取り組みは、自然習得が可能な子ども時代を有効に活用する意味でも、また日本の国の言語資源を豊かにする一方法としても参考になるものである。

イマージョン方式の原型

　イマージョンというのは、"immerse"という動詞から来たことばで、「そのことばの環境にトータルにひたる」という意味である。「外国語に囲まれてそこから出られない」状態と言ったらいいだろう。イマージョンの反対はサブマージョンで、これは英語の"submerge"という動詞から来ており、同じ状況だが、「溺れて浮かび上がれない」「埋もれてしまう」という意味が含まれている。例えば、外国人の子どもが日本語が全く分からない状態で日本の小学校や中学校に編入した場合は、まさにサブマージョン状況である。同様に日本人の子どもが英語力のないままアメリカの学校に入った場合もサブマージョンである。要するに、ネイティブ・スピーカーである現地の子どものための学校にことばが分からないままボーンと投げ込まれ、授業についていくために四苦八苦するという状況を指すのである。こういう状況では、強い子は何とか泳ぎきることができるが、弱い子は溺れてしまう可能性が高い。

　これに対して、イマージョンは人為的に習得させたい言語の環境づくりをして、その中に子どもを投入するのである。自分1人だけがことばができないのではなく、クラス全員ができないのだから、教師も当然いろいろな授業の工夫をする。また親や当人の自由選択でこのようなクラスに入るので、子どもの心構えも前向きになる。従って、成功率も高いのである。また理科、算数、社会などの主要教科の授業言語として使うため、普通の外国語の授業では到達できない、高度の認知・学力面の語学力も習得できる。ただ問題は、あくまでも人為的に言語環境をつくり出すところである。教師はフランス語の母語話者でもクラスメイトは全員英語話者であるため、同年齢のフランス語話者とのじかの接触がないため本当の意味での文化学習ができない。さらにクラスの仲間だけで通じる「教室方言」ができたり、一歩学校の外に出るとそのことばを使う場がないなど、いろいろな課題がある。しかし、それにもかかわらず、もともとカナダで始まったこの方式は、現在アメリカ、オーストラリア、ヨーロッパ、アジアなど、日本も含めて世界各地で広く応用されている。

　イマージョン方式のバイリンガル教育は1967年にカナダで始まってすでにほぼ50年を経ているが、その形はほとんど原型のままである。子どもの語学教育専門家スターンは、イマージョン方式のバイリンガル教育を次のように定義している。

　　　「児童・生徒の第1言語や全人格的な発達を犠牲にすることなく、第2
　　　言語力を高度に伸ばすために、学校教育の全部、または一部を第2言語

を使用して行なう学校教育である。」(Stern, 1972: 1; 1976)

要するに、小学校のカリキュラム全体でフランス語と英語が両方高度に強まるように計画を立てて、フランス語を必要な量だけ授業のコミュニケーションの道具として使用することによって、カナダが必要とするフランス語と英語に堪能な人材を育てようという取り組みである。

実際にどのような計画を立てるかというと、幼稚部・小学校低学年では、フランス語を使って全教科（学校によってはある教科のみ）の授業を行い、まずフランス語の基礎づくりをする。フランス語の会話力がある程度ついて、読み書きもできるようになったら、英語での教科学習の時間をだんだんに増やしていく。そして、小学校高学年になると、だいたいフランス語での授業と英語での授業が50％ずつになるように割り振るというのである。どの教科をフランス語で教えるか英語で教えるかは、フランス語で教えられる教師がいるかどうかというような現実的な問題が先行するようで、特に決まった形はない。また後で詳しく述べるが、フランス語、英語の使用時間の割合も地域により、また学校により多少の違いがある。だいたい、100％フランス語使用（幼、小1、小2、場所によって小3まで）、70％フランス語使用（小3、小4）、50％フランス語使用（小5、小6）が典型的な型である。

同じイマージョンでも、今ではいろいろ変形がある。50％以上外国語を使っている幼少期から始める場合を「早期トータル・イマージョン」、50％以下の場合は「パーシャル・イマージョン」、小4、小5で始めるのを「中期イマージョン」、中学から始めるのを「後期イマージョン」、さらにある教科だけフランス語で授業を受けるのを「補強フレンチ（Extended French）」と呼んでいる。これらの呼び名も、プログラムの種類も州によって多少異なる。一方、イマージョンと平行して、日本の英語教育のような１つの教科としてのフランス語教育も行われている。この外国語としてのフランス語教育は小学校から始まり、高校まで一貫して行われているが、これを「コア・フレンチ（Core French）」、集中的に行うコア・フレンチを「インテンシブ・フレンチ（Intensive French）」と呼んでフレンチ・イマージョンと区別している[1]。

イマージョン方式の原型はカナダのフランス語圏の主要都市モントリオールで始まったものである。ご存じのように、カナダはフランス語圏（主にケベック州）と英語圏からなる国で、首都のオタワはフランス語圏と英語圏を眺めることのできる丘の上に人工的に建設された町である。公用語が英語とフランス語で、缶詰、袋詰めの食料品には必ず２カ国語のラベルが貼ってあるし、飛行機の機内アナウンスもカナダに入るやいなや英語とフランス語になる。このように英語とフランス語が一見平等の地位を占めているかのように見えるが、現実は英語がカナダの

主要言語で、フランス語が少数言語である。英・仏語が公用語というと、どこの町でも英語とフランス語が使われていると誤解されやすいが、決してそうではない。図13で分かるようにフランス語が使われるのは非常に限られた場所だけである。2011年の国勢調査によると、ケベック州では、フランス語話者が州の人口の80％近くを占めているが、一歩ケベック州を離れると、ニューブランズウィック州の31.6％を除いては、その数は取るに足らない。しかもフランス語を家で話すカナダ人は減少傾向にあり、カナダ全体でフランス語人口が占める割合はたった21.3％で、ケベック州以外では3.8％に過ぎない（図13）。

イギリス人よりも先にカナダに来たという建国の経緯から、ケベック州が他の州とは違った特別な政治的地位と権利を要求し、そのため連邦政府との政治闘争が繰り返されてきたが、ケベック州がカナダともとを分かって独立する可能性が減少しつつあるのがカナダの現状である。

イマージョン方式のバイリンガル教育は、カナダが1つの国として存続するための政治的、社会的ニーズから出てきたものである。2つのことばを公用語とす

図13 ●ケベック州とケベック州外のフランス語話者数

（Statistics Canada 2011 より作成）

るカナダでは、2言語に堪能な人材を必要とする。例えば、首相候補になるためにはまずバイリンガルでなければならないし、モノを売りたければ英語とフランス語の説明書が必要、バイリンガルの販売員も必要である。このようにカナダでは、バイリンガルになるということが、実利的な目的を伴うものなのである。

セント・ランバート小学校で始まった取り組み

　イマージョン方式の原型は、フランス語圏の主要都市モントリオールの郊外にある公立のセント・ランバート小学校で1965年に始まったプログラムである。そのころケベック州には熱狂的なフランス語支持者が多く、『二人の孤独』というヒュー・マクレナンの小説で象徴されるように、フランス系カナダ人とイギリス系カナダ人の間に静かな革命（Quiet Revolution）が起こっていた。このためフランス語圏に住むイギリス系のカナダ人は極めて不安定な状況に置かれ、かれらにとってフランス語の力の獲得は死活の問題だったのである。イギリス系の親たちは、これからフランス語圏で生活していかねばならぬわが子たちの将来を案じ、何とかして生活に密着したフランス語を身につける方法はないか、しかも速く習得する方法はないものかと頭を悩ませた。そして相談にのってもらったのが、言語習得の臨界期説を唱えた脳外科医ペンフィールドと、マギル大学の言語心理学者ランバートだったのである。このように、イマージョン教育のきっかけをつくったのは、地元の親たちであり、親たちの熱意が学校当局を動かして世紀の教育実験が始まったのであるが、上記の2人のモントリオール在住の学者が、初めからコンサルタントとして加わり、その理論的根拠を与えたということもその成功の大きな要因と言える。

　その頃カナダのフランス語教育は、幼稚園から毎日20分か30分というような、いわゆる教科としての外国語教育であった。これでは不十分、何とかしてフランス語を集中的に強化したい、ネイティブ・スピーカーと同じレベルまで引き上げる方法はないかというのがイギリス系カナダ人の親たちの共通の課題であった。親たちは一丸となって運動を始め、2年後ついに学校当局を動かし、1965年9月に初めての実験クラスが公立の幼稚園に開設された。募集人数はたった26人だったが、当日は希望者が殺到し、5分で定員に満ちたそうである。この実験は大成功に終わり、その後「イマージョン方式」と呼ばれてカナダの各地に広まっていったのである。

　具体的には、10年後の1976年には全国で1万7,763人、1990年の調査では25万6,000人となり、1996年には37万8,000人で、全国の小学生の9.8％が親の選択で公立小学校のフレンチ・イマージョン教育を受けていた（Canadian

Parents for French 2015)。それが 2013 年になると、38 万 4,000 人という状況である。当初は、家庭で英語をきちんと使う子どもたちを対象としたエリートの子どものためのバイリンガル教育という性格を持っていたが、最近では広く一般に誰でも参加できるようになっており、このためフランス語が第3、第4言語である移住者の子どもが増えている。カナダ生まれのカナダ人児童生徒と比べて、移住児童生徒はモティベーションと学習意欲においてより優れており、また複数言語を話す親が多いため、子どもにも複数言語を期待する傾向が強いという (Mady, 2007)。親たちの組織 Canadian Parents for French は、現在でも全国組織として存在しており、毎月ニューズレターを発刊している。

イマージョン方式のいろいろ

イマージョン方式は過去 50 年間に地域のニーズに合わせていろいろな変形が生まれ、その主な形態は次の6つである。ちなみにカナダの義務教育は4歳から 16 歳の誕生日までであるが、その区分は州によって異なる。オンタリオ州の場合は、2・8・4制とでも言える制度で、2は幼児教育 (preschool)、8は初等教育、4は高等教育である。幼児教育は1年目を JK (junior kindergarten)、2年目を SK (senior kindergarten) と呼ぶ。初等教育は1年から8年まで、高等教育 (secondary school) は9年から 12 年までである。また初等教育の最後の2年が中学校 (middle school) として独立しているところもある。日本とは異なり、幼児教育も義務教育の一部になっているが、教育予算カットのため、2年間の幼児教育が1年間のみになっている州もある。しかし 2013 年頃から幼児教育が新たな注目を集めるようになり、公立小学校に全日制幼稚園 (full-day kindergarten) を併設するところが増えている。

1) 早期トータル・イマージョン (early total immersion)

セント・ランバート小学校と同じ形のもので幼稚園 (JK) は英語のみ、幼稚園 (SK) から小学校低学年までは、フランス語のみである。まずフランス語で読み書きを習い、フランス語の基礎ができてから、英語による授業を少しずつ取り入れていく。英語授業の導入の時期は地域やプログラムによって異なり、2年生、3年生といろいろである。つまり、幼稚園 (SK) では、教師はすべてフランス語を使って教えるが、園児は自由で、英語を話してもフランス語を話してもかまわない。このように十分に沈黙期 (silent period) を与えたあとで、1年生になると子どもにもフランス語を使うことを強要する。そして、全体でだいたい 5,000 時間の接触量を与えるようにプログラムを組むのが常識となっている。ち

なみにカナダの小・中学校の年間授業数は小学校で810時間、中学校が920時間であるから、5,000時間というと、幼稚園から5／6年生までということになる。以上を4つの段階に分けて表にまとめると表3のようになる。また各学年でのフランス語を使う授業時間と英語を使う授業時間との比率は表4に示した。

表3 ● 早期トータル・イマージョンの4つの段階

段階	学年	特徴	留意点
4	高3－中3	バイリンガル保持	L2を継続して保持発達する
3	中2－小2／3	バイリンガル発達	L1とL2の力をバランスをとって伸ばす
2	小2／3－幼（5歳）／小1	L2基礎作り	集中してL2の力を伸ばす
1	幼（4歳）	L1補強	L1をしっかりさせる

表4 ● 早期トータル・イマージョンの2言語の使い分けの比率

高校	G12 G11 G10 G9	教科別補強フレンチ	
中学校	G8 G7	仏50%	英50%
小学校	G6 G5	仏70～80%	英20～30%
	G4 G3		
	G2 G1	仏100%	
幼稚部	SK	仏100%（ただし園児は英語使用可）	
	JK	英100%	

2 パーシャル・イマージョン（partial immersion）

　幼児から初等教育を通じて、午前か午後の授業をフランス語で行い、その他の授業は英語で受けるという形態である。両言語の比率は50％ずつで、どの教科をフランス語で教えるかということについてはトータル・イマージョンと同様、定型はない。実際問題としてパーシャル・イマージョンは、両言語が混乱する子どもが最も多く、効果が上がらないという理由で、カナダではほとんど見られなくなっている。ただし、母語のリテラシーを高める必要のある先住民教育、移住児童生徒教育、ろう児・難聴児教育などのマイノリティ言語教育には幅広く取り入れられている。日本や米国の日本語と英語のイマージョンもほとんどこの形態である。

3）中期イマージョン（delayed immersion/middle immersion）

　小学校１年から週20～40分のコア・フレンチ（Core French ＝外国語としてのフランス語）の授業を受けてきた小学生に、小学校の中学年からフランス語使用の算数、理科、社会などの教科授業を導入する形である。例えば、オンタリオ州の場合は、小学４年生と５年生の勉強をすべてフランス語で行い、６年生から英語の時間が毎日１時間ぐらい入る。そして７年生から早期トータル・イマージョンの生徒と合流して、高校までイマージョン教育を続けて受ける。

4）後期イマージョン（late immersion）

　小学校１年から週20～40分のコア・フレンチ（Core French ＝外国語としてのフランス語）の授業を受けてきた小学生に、中学校でフランス語使用の授業を導入し、80％フランス語、20％英語で２年間授業を受ける形態である。これまでの調査によると、子どもがそれまで受けてきたコア・フレンチの授業時間が多ければ多いほど、効果が上がるという。１年目は教師が一方的にフランス語を話すという授業だが、１年半を過ぎるころからだんだんと生徒のフランス語の発話が増えて授業にも積極的に参加するようになるという。このプログラム修了後、高校で地理や歴史など特定の科目だけフランス語で授業を受ける。つまり（5）の「教科別補強フレンチ」と同じ形で、フランス語による教科学習を続ける。

5）教科別補強フレンチ（extended French）

　コア・フレンチでフランス語をずっと学習してきた学生に、高校になってから特定の科目だけフランス語で授業をする形態である。この方法は経費の面でもいちばん安上がりである上、それまでに蓄えたフランス語力を保持する方法として、最も効果的であると言われる。早期トータル・イマージョンの卒業生は、この形でフランス語力を維持するのが普通である。最近では小学校レベルでもこれを導入するところがあり、日本の英語教育にも応用されていい方式の１つと言えよう。例えば、オンタリオ州では、毎日40分のコア・フレンチに加えて、４年生から社会科の授業の一部（例えば、環境問題）をフランス語で受ける。７年生からは、さらにそれを３科目に増やし、１日に少なくとも３時間はフランス語で教科を学ぶようになっている。

6）トライリンガル・イマージョン

　英語とフランス語以外のことばも同時に伸ばそうとする場合はトライリンガル・イマージョンとなる。ケベック州やオンタリオ州の私立学校で行われている

形態である。例えば、トロント市の郊外にあるジャイルズ校では、約2時間フランス語を使った授業、次の2時間が英語を使った授業、そして最後は生徒のチョイスにより、日本語か中国語で授業を受けることになっている。他のイマージョンと同じように、まずフランス語の基礎ができるまでは、フランス語に力を入れ、その基礎ができたところで英語の授業を増やしていく。それに加えて、21世紀が必要とする主要言語である、中国語、日本語、アラビア語（3言語から1つ選択）の力も同時につけようというのが創立当時のジャイルズ校長の意図である。トータル・イマージョンでは、中学生になるまでにフランス語の接触時間が5,000から6,000時間近くなるが、トライリンガル・イマージョンでは、フランス語・英語がそれぞれ3,000時間、そして第3言語である日本語は1,000時間くらいである。日本語クラス在籍の1年生から3年生までの実態調査では、大体3年目くらいになると、日本語である程度の発話が可能になるようであった（中島他1998）[2]。

トロント市のイマージョン教育

1つの例として、トロント市の教育委員会が現在どのような形でフランス語教育をしているかを見てみると、4本建てになっている。早期イマージョンを併設している学校が50校、中期イマージョンが3校、後期イマージョンが10校である。その他教科別補強フレンチが中学1年から高校にかけて盛んで、1日の約3分の1（例えば、フランス語、歴史、地理などの3科目）が、フランス語を使った授業になっている。また小学校4年（G4）から高校1年（G10）までの6年間はフランス語が必修で、すべての子どもがフランス語を何らかの形で学ばなければならない。ちなみにトロント市はカナダの中で最も移住者子弟の多く住む人口412万の都市で、家庭での英語の接触が十分ではない移民の子どもの数が60％を越える。英語の基礎が弱いと、フランス語の基礎づくりにも時間がかかることを考慮に入れて、今では早期イマージョンで小学校3年まで100％フランス語を使用して、基礎固めをするところが多い。

○ ブラウン校（Brown Junior Public School）の1日

トロント市中心部に近い住宅街にあるブラウン校の1日をのぞいてみよう。この100年の歴史を誇る公立小学校でトータル・イマージョン教育が始まったのは1972年。現在普通の英語プログラムとイマージョンプログラムが併設されている。SKからG6（幼稚園の年長〜小学6年生）まで、各学年2クラスずつのフレンチ・イマージョンプログラムが開設されている。

まず4〜5歳児のクラスに入ると園児が三々五々、積み木、水遊び、古着コーナーなどで遊ぶなか、教師のフランス語の声だけが高らかに聞こえた。教師は徹底してフランス語のみ、園児はフランス語が強要されず、使用言語は自由である。教師の話では、個人差があり、教師の真似をしてフランス語を使おうとする園児もいれば、すべて英語で押し切ろうとする子もいるそうである。フランス語で教師と園児の信頼関係が成り立つかどうかに筆者は関心があったが、顔の表情や声の響きで十分コミュニケーションが成り立っていることが分かった。小学校1年生になると、教室でフランス語を使うことが期待される。教頭の話では、約1年半沈黙期が続き、9月に5歳で入学した子どもが1年生の2学期（11月頃）になると、フランス語がぽつりぽつりと出てくるそうである。

　次は小学1年生のフランス語の読み書きである。教師がジェスチャー豊かに何か説明していたが、後半になると3年生が静かに教室に入ってきて、それぞれ1年生とペアになり、持参したフランス語の本の読み聞かせを始めた。異年齢学習である。L2を使用するために子どもが萎縮したり、学習困難に陥っている様子は全く見られなかった。教師の話では、まだよく分からないフランス語で授業を受けるからこそ、それだけ考える力、予測する力、類推する力がつくそうである。

　3年生から英語による授業が加わり、社会は英語、算数と理科はフランス語で学んでいた。英語の授業が加わると、子どもたちの緊張度が下がり、フランス語を苦労して学ぼうとする意欲が崩れる傾向があるそうである。5〜6年生になると、L2使用の授業とL1使用の授業が一日おきになる。その日はフランス語の授業の日で、読んだ本のレポートの発表の後、フランス語の読解と文法の練習問題をしていた。教師は徹底してフランス語を使い、生徒も活発にフランス語を使って授業に参加していた。当番の子どもだろうか、さっと英語に切り替えて、フランス語ができない筆者に話しかけ、椅子をすすめてくれたのが印象的であった。

　校長の話によると、いちばんの悩みは教師の確保で、州認定の教員免許を持ち、しかもフランス語が十分できる教師が不足していること。また「どういう子どもをフレンチ・イマージョンに受け入れるのですか」という質問に対しては、フランス語は全くできなくてもよいが、プログラムに入る前に子どもの第1言語（英語）で成功している子、つまり母語が十分発達していることが肝要だという答えであった。

英語力、学力が犠牲になるのでは？

　フレンチ・イマージョンのような人為的なことばの使い分けで、どのくらいまでバイリンガルの力が育つのだろうか。毎日使っていればフランス語の力は伸び

るかもしれないが、英語の力や学力が犠牲になるのではないだろうか。当然こういった一連の疑問が出てくる。

フレンチ・イマージョンは必要に迫られて始まった試みとはいえ、世紀の大実験であったため、父母も教師も行き過ぎと言えるほど多大な関心を示した。セント・ランバート校でもイマージョンの生徒を対象に英語テスト、フランス語テスト、学力テストが毎年繰り返された。テストの種類も語学力、学力テストにとどまらず、心理テスト、知能テスト、と多岐にわたり、ランバートも「われわれは、あらゆる機会をとらえてテストをした」と述懐している。また、イマージョン方式を初めて取り入れるためにはテストの結果を示して父兄を納得させる必要があり、それらの結果をもとにして、カナダ全国でイマージョンの成果が試されたと言っても過言ではない。現在では、カナダばかりでなく、アメリカ、オーストラリア、アジア、ヨーロッパなどでもこの方式のバイリンガル教育が応用されるようになったが、総体的に言えることは、外国語の力は当初期待していたほど高度には発達しないが、学力ではモノリンガルに劣らず、母語の読解力ではモノリンガルよりも高くなる傾向があるというのが一般的な見解である。日本でイマージョン方式の英語教育をしている私立校でも、教材は日本の教科書の内容を英語に訳したものを使用しているそうで、そうなると学力の面でもそう遅れはとらないだろうということが容易に想像できよう。

1 フランス語（外国語）の力

まず早期トータル・イマージョンの子どもたちがどのくらい外国語としてのフランス語の力を習得するかというと、聴解力や読解力は、フランス語のモノリンガルと比べて、ほとんど優劣のつけがたいところまで伸びるそうである。会話力の方は小学校6年生くらいで、だいたいネイティブ・スピーカーに近づくが、文法の正確度や、社会言語的配慮（丁寧さのレベルなど）では足りないところがあるという。要するに、L2を学習言語として6、7年使うと、受容面ではネイティブ・スピーカーと同じくらい、表出面ではネイティブ・スピーカーに近い力がつくということである。表出面が弱いとはいえ、フランス語で十分面接が受けられるくらいにはなるので、毎日40分だけのコア・フレンチと比べると雲泥の差がある。一方、パーシャル・イマージョンは接触時間が少ないため、トータル・イマージョンほどの効果が上がらないし、また前に述べたように2言語が混乱する子どもが出やすい。また中学1年、2年でフランス語だけで学習する後期イマージョンでは、母語である英語の読解力の基礎がすでにしっかりできているためか、時間数の割には、読解力の伸びが非常に速いという。

フレンチ・イマージョンの諸形態を比較対照することによって、子どもの外国

語教育、特に、学習開始年齢と学習効果との関係について多くの示唆が得られる。スウェインの研究から1つ例を挙げてみよう (Swain, 1987)。この研究は、オタワ、モントリオール、トロント市教育委員会の、5歳からイマージョンを始めた早期イマージョンの生徒と12歳で始めた後期イマージョンの生徒を、聴解面と認知・読解面に分けて比較したものである。対象になったのは次の2つのグループである。

(A) 早期イマージョン —— 幼稚園から小学校1年までフランス語を100％使用して授業を受け、2年から5年まで80％、6年生から中学2年まで50％で現在中学2年生になった児童生徒。フランス語への接触時間はトータルで4,000時間以上である。

(B) 後期イマージョン —— 小学校1年から毎日30分のコア・フレンチ、中学2年で70％、中学3年から高校1年で40％、フランス語を使って授業を受けてきた高校1年生で、これまでほぼ1,400時間くらいのフランス語に接触している。

フランス語の聴解力と読解力の結果は、表5に示したように聴解力では (A) の早期グループの得点の方が高いが、読解力では (B) の後期グループの方が、接触時間が短いにもかかわらず高度のフランス語の読解力が習得できていた。他の研究でも同じような結果が出ており、後期グループの方が読解力において発達が早く、早期グループは聴解、会話力がより優れるという。

表5 ● 早期イマージョンと後期イマージョンの聴解力・読解力の差

	(A) 早期イマージョン (4,000時間)	(B) 後期イマージョン (1,400時間)
聴解力	15.2	12.0
読解力	14.8	18.2

中期イマージョンに関しては、ハート、スウェインらの研究 (Hart & Lapkin & Swain, 1992) によると、5年生の時点で、早期トータル・イマージョンのフランス語はパーシャル・イマージョンよりも優れているが、小学校4年生から100％で始めた中期イマージョンの子どもたちには劣っているという結果が出ている。これは非常に示唆に富む結果で、オンタリオ州では、これらの研究成果にもとづいて、パーシャル・イマージョンはやめ、中期イマージョンを取り入れている。特に家庭で英語への接触量が少ない移住者児童生徒の場合にはまず英語力の基礎づくりをし、それから3、4年生でフランス語を集中的に学習する方が無難だという考え方である。

さらに全国的な規模で各種イマージョンプログラムを比較したターンブルらの

研究（Turnbull & Lapkin & Hart & Swain, 1998）を見てみよう。カナダ7州のクラス数48、全生徒数1,160人を対象に、高校卒業時のフランス語の力を言語の受容面と表出面とに分けて、イマージョン方式の開始時期とトータルな接触時間によってどう異なるかを調べたものである。2つの言語領域、【A】文章反復（聴解力）と認知要求度の低い会話力と、【B】意見を述べるなど認知要求度の高い会話力、読解力、作文力、クローズテストの結果を比較したところ、【A】では早期トータル・イマージョンが明らかに有利、【B】では有意差が出なかったという。つまり開始年齢が早いトータルイマージョンの方が基礎的な会話力や聴解力では有利であるが、認知要求度の高い言語領域では、中期、後期イマージョンの方が有利とまではいかないが、学習時間が短いにもかかわらず習得度が高いということである。そしてその理由は、L1の熟達度が高いため、L1からL2への転移が期待できるからだと結論づけている（詳しくは中島 2011: 58-61）。

2） 英語（母語）の力

次に英語力はどうかというと、もちろん低学年の間は英語の授業がないので、英語の読み書きではネイティブ・スピーカーに劣る。しかし、学年が上がるにつれて遅れを挽回し、5・6年生になると、読解力については英語だけで教育を受けてきた子どもたちを上回るケースも出ているという（Cummins & Swain, 1986）。要するに生徒の第1言語は犠牲にならない上に、相乗効果でかえって第2言語の力が母語話者より高くなる傾向があるということである。

一時期でも読み書きがモノリンガルの子どもより遅れるということは、父母にとっては大問題で、このために小学校の1年から3年までの間にフレンチ・イマージョンを断念してしまう子どもの数も多い。オタワ市の教育委員会が行った2つの調査によると、イマージョン離れの原因が英語の読みと書きの遅れであると教師が認めたケースは、それぞれ64％（読み）、80％（書き）だったそうである（Morrison他 1986）。カナダのマニトバ州では、この点を考慮してフランス語で読み書きを教える前に、まず英語で読み書きを教えることにしているそうであるが、この点はまだ研究の必要な領域であろう。特に、日本語のように漢字習得に時間のかかることばを第1言語とする場合は、英語と同時に国語の授業を設けないと日本語の方が間に合わないかもしれない。ちなみに日本で英語のイマージョン教育をしている私立校では、1年生から「国語」の時間が毎日1時間設けられているようである。

3） 学力

受験という関門を突破しなければならない日本の場合は、外国語で勉強するな

んてそんな悠長なことをしていたら、理科や算数や社会などの主要科目の力がつかないのではないかと心配になるだろう。前にも言ったように、この点はどこの国の親も教師も気にするところで、カナダのイマージョンにしても学力に関する比較研究・調査が各地で行われ、これまでに1,000を超える調査研究があると言われている。結果がどうかと言うと、どの調査も同じで、長い目で見て、失う面はほとんどないという結論が出ている。もちろんフランス語で算数を習うというと、フランスの学校の算数のカリキュラム、あるいはケベック州のカリキュラムをこなす、といったことを想像する方が多いだろうが、現実はそうではなく、カナダの場合は州の文科省規定のカリキュラム（英語で書かれている）をただフランス語で教えるだけである。ことばは違っても同じ教科内容をカバーするのである。

また学力が犠牲にならないばかりでなく、2言語で学習する子どもは想像力・創造力が豊かで、思考の柔軟性に富み、言語分析に優れ、また第3言語の習得が速いというバイリンガルのプラス面も指摘されている（第11章参照）。

4 異文化習得とアイデンティティ

ことばと文化は切っても切れない関係にあるが、フレンチ・イマージョンの子どもはフランス文化もことばと同時に習得するのであろうか。イマージョンの子どもは、フランス人の教師が教室に入ってきたら全員起立、しかし英語母語話者のカナダ人の教師の場合は座ったまま、というような2つの行動様式を身につけていくという。しかし、それはあくまでも教師との関係で2つの違った期待にこたえ、違った反応の仕方を身につけるだけであって、フランス文化を習得したとは言いがたい。さらにアイデンティティはどうかというと、これは全く影響を受けないという。母語話者である子どもとの交流がないため、深い意味でのバイカルチュラルにはなれないし、またプログラムの目的がフランス語に堪能な英語系カナダ人をつくることであり、フランス語で学習してもフランス人になることが期待されているわけではないからであろう（詳しくは第10章 pp. 208-209 参照）。

成功の要因

以上述べたように、イマージョン方式のバイリンガル教育は、学力も母語も犠牲にせずに、必要な外国語の力を学校教育のなかで習得できるという1つの例である。子どもの語学教育専門家のスターンも言っているように、小学校レベルの外国語教育の試みはこれまではイギリスでもアメリカでもヨーロッパでもどれも不成功に終わっており、イマージョン方式のバイリンガル教育の出現によって初

めて成功したという（Stern, 1977）。しかも会話力だけでなく、読み書きを含めてかなり高度な外国語の力を獲得することが可能になったのである。これは画期的なことで、イマージョン方式はこれからも日本を含め、世界の各地で広範囲に応用される可能性を持っている。

　では、いったいその成功の要因となっているのは何なのだろうか。今後の参考のためにその主な要因を探ってみたい。まず第1に挙げられることは、ことばの「使い分け」がはっきりしていることである。学校では子どもに分かりやすいように、フランス語を使う教室や教師と、英語を使う教師や教室が決まっていて、学校の中で「使い分け」のしつけをされる。家庭ではほとんどの子どもが英語を使っており、家庭では「英語」、学校では「英語」と「フランス語」という使い分けになっている。また教師は英語とフランス語のバイリンガルであるが、子どもに接するときはモノリンガルになり、「1人1言語の原則」に従って行動するので子どもには分かりやすい。

　プログラムの設定としては、普通の外国語のプログラムに比べて、毎日のフランス語の接触量が圧倒的に多いことがその特徴である。一方、英語との接触も家庭環境その他周囲の環境の中で十二分に与えられるため、フランス語で学習した知識は英語でも活用できる。例えば、英語とフランス語のように同族語の多いことばでは、フランス語で本が読めるようになった子どもは、英語の読みも学校で教わらなくともある程度までできるようになるのである。このように、「聞く」、「読む」では相乗効果が見られ、両言語とも高度に伸びる傾向があるが、一方、表出面の「話す」、「書く」となると2言語の干渉が残り、なかなか語彙や構文や表記の正確度において年齢相応の母語話者レベルに到達しないのが普通である。

　もう1つ大事な点は、イマージョン方式のフランス語教育を受けるかどうかという選択が当人や親の選択に任されており、押しつけられた2言語使用ではないことである。それにクラス全体が一斉にゼロからフランス語を始め、ネイティブ・スピーカーの中にことばのできない子どもがぽつんと混ざるという外国人児童生徒や移住児童生徒が経験するサブマージョンではないことも、心理的な面で成功の一因になっている。

　さらに教授法としては、徹底して機能的アプローチをとっており、クラス内でのコミュニケーションの道具として外国語を授業で使っていることである。完全に自然習得に任されており、文化や文法を分析的に教えるということはほとんどしない。あくまでも教科の内容が分かるか分からないかに焦点が絞られているため、フランス語のことばの間違いはほとんど問題にされず、自己修正のチャンスが十分与えられること、またプログラムの初めにフランス語使用を強要せず、沈黙期（silent period）を十分与えていることも大切である。クラシェンは、沈黙

期は最低１.５年くらいは必要だと言っている（Krashen, 1982）。そして、何よりも大事なことは、フランス語を教科学習のツールとして使うため、高度の認知面（ALP）の外国語の習得になっていることである。

　もう１つ指摘したいことは、親も教師も社会も、三位一体で両方のことばの力を同時に伸ばそうという姿勢を持っていることである。公用語教育の一環としてバイリンガル教育を受けることの価値が社会一般に認められ、ネイティブ・スピーカーに近い高度のフランス語力を身につけることが望ましいと思われていること、そして各州の文科省がそれぞれ親のための手引書（A Parent Guide）を発刊して親のサポートと協力を得られる態勢になっていることである。また教師自身もバイリンガルが多く、生徒の前ではモノリンガルのように振る舞うが、子どもの母文化・母語を理解し、バイリンガルになる過程における悩みや問題を共有していることも成功要因の１つである。

　小学生を対象にした語学教育は、中学校、高校でどう継続できるかが問題になるが、幼児から大学まで一貫してフランス語の学習が続けられるように教育体制が整っていることも非常に大事なことである。もちろん十分とは言えないが、オンタリオ州の例で見ると、両親や当人が希望すれば、フランス語を使った教育が幼児から大学まで一貫して受けられるようになっている。例えば、トロントには２つの大きな大学があるが、トロント大学では、フレンチ・イマージョンを終えてきた学生のためにフランス語を使って文学や歴史などを教えるプログラムが設けられているし、ヨーク大学の場合は、フランス語のキャンパスを特設して、継続してフランス語で授業が受けられるようになっている。

フレンチ・イマージョンの問題点

　イマージョン教育は小学校教育を通して「読み書きまでできるバイリンガル」を育成しようとする画期的な試みであるが、全く問題がないかというと、そうではない。専門家の評価でも、クラシェンのようにイマージョン教育こそ「理想的な語学教育」と言って激賞する学者がいる一方、「教科学習が必ずしも外国語学習に適しているわけではない」と言う批判的な見解もある。問題となる主な点は、次の４つである。いずれも学習仲間にフランス語の母語話者不在ということに起因する課題である。

１）間違いが訂正されず、教室内方言ができること

　ことばの間違いを注意されたり、訂正されたりする機会が少ないため、間違いが定着してしまう。また英語も分かる仲間同士の間でフランス語を使うので、安

易に英語を混ぜて通じる混用型の2言語使用になりがちだという。一応毎日の学校生活に必要な最低限度の会話力がつくと、それ以上に高めようとする内発的な動機がなくなる。そのため、教室内だけで通じる教室方言ができ、正確度を欠くフランス語で間に合わせようとする傾向がある。

また、どうしても教室内で使われることばの機能が限られるので、偏りが出る。例えば、フランス語の時制（テンス）は英語と比べると種類も多く複雑であるが、教室の中ではある動詞の形（例えば未来形）はほとんど使うチャンスがない。またフランス語では、相手が親しければ"tu"と呼び、改まったときには"vous"と呼ぶが、改まった場面が教室内ではほとんどないため"vous"の用法はなかなか身につかないという。つまり、教室内での自然接触だけでは不十分な面をどうするかという問題である（Harley, 1989）。

2） 聞く力と話す力の差

教師が視聴覚教材・教具を駆使して、手とり足とりで教えるため、教師中心の授業になりがちである。そのため生徒の「聞く」力はネイティブ・スピーカーと同じくらいまで伸びるが、「話す」力は思うようには伸びない。つまり、聞く力と話す力に格差ができてしまうのである。また聞く力があると言っても、実際によく調べてみると、実は単語や文法が全部分かって聞けているわけではない。分からないところは聞き流したり、細かいところは分からなくても、だいたいの意味を推察するという力が発達しているのである。うまく表現ができなかったり、聞き取れなかったりしたときにジェスチャーを使って示すとか、英語の単語を混ぜるとか、人に助けを求めるとか、あの手この手のコミュニケーションの方略に長けているという。また「話す」力にも問題があり、一見、人とのやりとりはスムーズだが、よく分かって使うというよりは、「使いながら試す」という傾向があるという（Harley, 1991）。また、語彙の面では、頻度数の高い動詞、例えば、「行く」（'aller'）、「する」（'faire'）を繰り返し使う傾向があるという。またスウェインは、対話はスムーズではあるが、まとめてきちんと段落を作って話す力は弱く、小学3年生と6年生のイマージョンの子どもの発話を調べたところ、全体の発話のなかで、きちんとした長文の発話（sustained output）は、14％に過ぎなかったという。従って、「まとまった内容について発表する」チャンスをもっとつくる必要があるし、アクティビティを中心とした学習者主導型の授業を取り入れる必要があると言っている（Swain, 1987）。

3） 文化学習を伴わない

ネイティブ・スピーカーは教師だけ、家庭ではフランス語を話す親・兄弟がい

ないし、町の中でもフランス語を聞くチャンスがないので、フランスの言語・文化の直接経験、特に同年齢のフランス語の母語話者との交流が欠けている。この欠点を補うために、夏休みを利用してホームステイをしたり、フランス語圏に行って夏のコースを取ったり、ケベック州の学校との交流プログラムなどを通して、生きたフランス語に接触したりすることの必要性が一般的に認識されており、実際に交流プログラムが盛んに行なわれている（Genesee, 1987）。

4） 習っても使うところがないため、保持するのが難しい

フレンチ・イマージョンのいちばんの悩みは、教室の中で使うだけで、一歩学校を離れると習ったフランス語を使う場がないことである。また、小学校で一生懸命フランス語を学んでも、進学する中学や高校で続けてフランス語を学ぶプログラムがない学区域では、せっかく苦労して習ったフランス語の力が消えてしまう。これは子どもの言語学習の宿命とでも言えるものであるが、学校制度全体の体制が整っていないところでは、小学校時代の語学力を基礎に外国語に堪能な人材にまで育てあげるのが非常に難しい。

卒業生の声

ケベック州から最も離れたアングロサクソンの町、ブリティッシュ・コロンビア州ヴィクトリア市のフレンチ・イマージョンの卒業生（第1期生）について、カナダの新聞、The Globe and Mail が特集を組んだことがある（1994年11月5日付）。1972年に早期イマージョンに参加、14年後残留組14人がマウント・ダグラス高校（Mount Douglas Senior Secondary School）を卒業した。その14人にインタビューをしたところ、全員が異口同音に「いい経験だった」と言ったという。しかし、フランスに観光旅行に行って、フランス語が役に立ったという卒業生は多いが、フランス語が現在どのくらい仕事で役に立っているかというとほとんど生かされていなかった。仕事で実際にフランス語を使っているのは、現在カナダ海軍の本部に勤務しているオタワ在住の男性と、多国籍の患者が集まる病院の看護師だけであった。フランス語のレベルについて聞くと、男性は、「数分の会話であれば、フランス語が僕の母語でないことは分からないが、5分以上話すと、語彙不足がばれてしまう」という。

ことばは使わなければ忘れてしまうから意味がないかという質問に対して、「そうは思わない、学習経験として大変よかった」という答えが圧倒的に多かったという。これに対して、最後までフレンチ・イマージョンにとどまっていた生徒が全員「とてもよかった」と答えたのは、どちらかというと当たり前だという見方

もある。不平・不満分子は途中で英語だけのプログラムに移動するのが普通だからである。中学３年で移った学生の１人は、その間の事情について次のように述べている。

> 「英語が犠牲になっているようで、いやになりました。やはり英語力の回復には長時間かかったし、今でも英語力不足を感じます。でも、これはぼくの個人的な問題で、プログラムの問題だとは思いません。僕は『ことば』より『数』の方がくみしやすいタイプなのでね」。

確かにフレンチ・イマージョンは、すべての子どもに適しているわけではない。しかし、ビクトリア州教育委員会の担当官はあくまでも前向きで、プログラムの数が少なすぎて親の要望に応えることができなくて残念、もっとフレンチ・イマージョンの数を増やすべきだと言っている。

オタワのフレンチ・イマージョンを出て、現在大学院生になっている21名に電話でインタビューをした調査があるが、ここでも同じような結果が出ている（MacFarlane & Wesche, 1995）。図14に示したように、フレンチ・イマージョンに対する満足度は高く、その90％が、もしチャンスがあったら、自分たちの子どももフレンチ・イマージョンに行かせたいと答えている。また、どのプログラムを選ぶかということに対しては、ほとんどが後期イマージョンの卒業生であるにもかかわらず、早期トータル・イマージョンを望む者が最も多く（68％）、次が中期イマージョンであった（当時まだ設立されていなかった）。

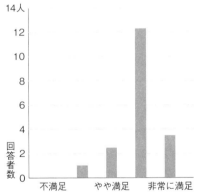

図14 ●フレンチ・イマージョンに対する満足度

（MacFarlane & Wesche, 1995: 267 より作成）

もう１つ大切なことは、フランス語話者、フランス語コミュニティその他に対する態度がイマージョン教育を経験することによって変化したかどうかということである。「イマージョン・プログラムを経験することによって、あなたの態度は変化したと思いますか」という問いに対して、態度がより肯定的になったと言ったのは、フランス語話者に対して74％、フランス語コミュニティに対して79％であった。しかし、ケベック州のナショナリズムに対しては、態度が変化したと答えたのは11％にしか過ぎなかったという。もちろん、フレンチ・イマージョン教育を受けたからケベック州のナショナリズムに対して前向きになったのか、もともと前向きだったからフレンチ・イマージョン教育を受けたのか、その

因果関係は分からない。しかし、カナダのイマージョン方式によるフランス語教育が、英語圏とフランス語圏との溝を何とか埋めるために、その解決方法の１つとして始められたものであるから、この点から見るとその目的がある程度達成されたと言えよう。

注：1）「コア・フレンチ」と「インテンシブ・フレンチ」と「教科別補強フレンチ」に関しては、「年少者英語教育とバイリンガル教育」（第6章 pp. 124-126）で詳しく扱っている。

2）ジャイルズ校の3カ国語教育は創立当初は日本語のみ、のちに中国語が加わったが、現在は中国語のみとなっている。

第6章
年少者英語教育とバイリンガル教育

Contents

小学校英語教育に賛成する理由
小学校英語教育の4つの課題
学力も高める「日・英バイリンガル教育」の勧め

日本の英語教育が転換のときを迎えている。小学校の国際理解に関する学習の総合的学習時間の一部として3・4年生から英語活動を始め、5・6年生で英語を教科とするということは行政側の大きな動きである。このようなフォーマルな学校教育機関の変化に加えて、塾、サマーキャンプ、体験入学、親子留学など、ノンフォーマルな教育の面でも、年少者が英語に触れる機会が増えている。中でも就学前幼児を対象とした保育園やプレスクールなどの英語教育施設の急増は顕著である。興味とやる気さえあれば、スカイプを使って英語話者と交流したり、通信教育を受けたり、IT技術を活用したさまざまな取り組みが可能になり、わが子を英語も使える日本人に育てるのも決して夢物語ではなくなった。

　先日トロント補習授業校の中学生から質問を受けた。意見文発表会で「日本人にとって小学生からの英語教育は必要か」について発表するのだという。質問は「日本人にとって小学生からの英語教育は必要だと思いますか」、「その理由を教えてください」の2つである。この男子は小学校4年生のときにカナダに来たというが、当人にまず意見を聞いてみたところ、大賛成、そうすればカナダに来てこんなに英語で苦労することはなかったと思うということだった。

　本章では、バイリンガル教育の視点から、小学校における英語教育導入、英語の教科化に向けて、筆者の賛成意見とその理由を述べ、次に小学校英語を成功させるための必要条件と課題について述べる。本来ならば大学生・成人も含めて英語教育全体を論じるべきであるが、本章では年少者に絞り、バイリンガル教育の対象となりうる言語形成期の幼児、小・中学生のための英語教育に焦点を当てる。

小学校英語教育に賛成する理由

　日本のように言語資源が少ない国では、日本語以外の言語教育をなるべく早期に始めて、国益につなげるべきだと筆者はかねがね思っている。理由を6点選ぶと次のようである。

① 自然に言語を学べる言語形成期をフルに活用するべき

　言語形成期は、母語（または第1言語）が形成される2歳くらいから14〜5歳までのことである（第2章）。この年齢の子どもはことばを使いながら自然に覚えていく。ある親から「日本語は自然に覚えるけれども、第2言語である英語は、きちんと教えないと覚えないのではありませんか」と聞かれたが、実際はどうなのだろうか。前章で詳しく述べたが、イマージョン教育の現場に行ってみると、L2（フランス語）が全くできなかった5歳児が小学校1年になると、だんだんと話すようになるのが手にとるように分かった。教師がフランス語を使って授業をしていると、家ではL1（英語）しか使わない子が教師とのやりとりに応えるという形で、フランス語が口から出るようになるのである。
　環境が与えられれば、母語と同じようにL2を使いながら覚えるという、この自然習得の力は、言語形成期の終わり、すなわち思春期に入るころに衰退していく。日本の公教育の中の英語教育全体をこの面から振り返ってみると、この驚異の自然習得の力を全く活用することなく、その力がなくなる中学生から英語教育を始めていたことになる。この意味で、近年の小学校英語教育導入の一連の動きは、言語形成期の子どもの力を活用した取り組みの第一歩として評価できる。もっとも英語を使いながら覚えるという特徴を無視して、発音練習や文型練習などを繰り返して英語を教えこもうとすると、子どもの持つ自然習得の力は全く発揮されないので要注意である。

② 英語学習は英語力と同時に日本語（国語）力も強める
（L2からL1への転移）

　小学校への英語導入問題で必ずと言っていいほど浮上するのが、国語と英語との関係である。例えば「小学校から英語を教えれば、その影響を受けて、国語力が低下するのではないか？」という危惧である。しかし、小学英語の研究開発学校の実践記録（文科省 2014）を見ると、国語力が低下するどころか逆にプラスの影響が報告されている。

　　●日本語であいさつを交わすことなどが不得手であった日本人小学生

が、英語の時間に「自己紹介ゲーム」などが1対1で英語で（自己紹介が）できるようになると、日本語でも同じようにはきはきと対話をすることができるようになった。
- 英語を学ぶことにより、国語など英語以外の教科でも積極的にコミュニケーションをしようとする意欲、日本語できちんと話をしようとする態度が養われたり、日本語という言語に対する意識が高まる。
- 英語を行うことによって、国語の学力が低下したという結果は生じておらず、自分の考えを表現する力や日本語を使うことに対する積極性が育ってきている例が見られる。

ここで思い出していただきたいのは、2言語共有説を示す氷山の絵（第3章参照）と、転移が予想される5つの領域（pp. 42-44参照）である。上述の実践記録と5領域を照合してみると、1つ目が「コミュニケーション・スタイル」の転移（領域3）、2つ目と3つ目が各種「学習ストラテジー」（学習に対する態度、姿勢も含める）の転移（領域2）と考えられる。もし小学校でアルファベット文字の学習が始まっていたら、「文字と音との関係」（音韻意識）の転移（領域5）も起こっていた可能性が高い。

英語学習の初歩の段階では、発音や文型や文字の練習、つまり弁別的言語スキル（DLS）が中心になるので、日本語と英語のように言語差の大きい2言語間では、言語的要素の転移（領域4）はまず起こらない。実際に転移が起こる可能性があるのは、例えば、文型を覚えるのが得意・苦手といった意識、文字をきれいに書く、というような態度、姿勢、ストラテジー（領域2）の転移であり、上の3つの例はまさにこの面のL2からL1へ、つまり英語から日本語への転移である。筆者自身バイリンガル会話調査や作文調査に関わってきたが、転移は年齢が上がるにつれ、また2言語の力が伸びるにつれ、ダイナミックに、また流動的に起こることが観察されている（Nakajima, 2015）。例えば、初期の段階では、日本語作文で文字が乱雑な子は英作文でも文字が乱雑というようなケースによく遭遇したが、学年が上がって読解力や作文力が伸びる段階になると、教科学習言語（ALP）の転移（領域1）が見られるようになる。例えば、日本語で全体の構成のしっかりした作文が書ける子は、英語でも構成がしっかりした作文を書く傾向があるということである。

母語の存在というものは、従来外国語習得の足を引っ張るもの、干渉の原因となるものというマイナス面が強調されてきたが、最近は英語と国語の相乗効果、つまりプラス面に関する意見も出されている。例えば、文科省の教育課程部会、外国語専門部会の資料[1]には、「国語と英語の相乗効果をねらうべきである。英語についての指導により国語によい影響を及ぼし、また、国語から英語によい影

響を及ぼすというフィードバックの発想が重要である」と言う前向きの意見も出されている[2]。

ところで「国語力」は、「日本語力」とどのように異なるのであろうか。簡単に言うと、国語力とは、「高度に、また広領域にわたって母語を駆使する力」であり、国語科とは、日本語が話せる子どもに「母語集団の価値観、考え方、感じ方を言語を通して伝える母語・母文化教育」である（第12章 pp. 237-239 参照）。これに対して日本語力とは、「基礎的な日本語の力」である。バイリンガル教育では「基本的な日本語の力」に加えて、「国語力」が必要であるが、国語教育には他国の言語・文化と比較して日本語・日本文化の特徴を捉えるという対照言語、対照文化の視点を欠くので、意図的にこの視点を取り入れる必要がある。

日本語と英語のように言語差が大きい2言語の転移についてはまだ分からないことが多い。英語とスペイン語のように、言語構造や語彙構造が似ている2言語の場合は、転移を実際に観察できるが、言語差が大きい2言語の場合は、目に見えない領域1の「概念的な転移」が中心になり、それが、いつどこで、どのように起こるかは観察できない。最近は、いつ起こるか分からない転移をただ待つのではなく、人為的に転移を促進する教授アプローチ（具体的な指導例については p. 44 を参照）が提唱されている（カミンズ 2008）。

３　異文化理解と異文化受容

英語を学ぶということは、異文化理解を深めることにつながる。日本でも子どもが、英語母語話者である外国語指導助手（ALT）の英語の授業で、異文化を肌で感じ、その経験が異文化に対する偏見を取り除くことにつながる可能性が十分ある。親の中には、「学校で英語をコミュニケーションの手段として使わせると、子どもがいずれ英語人間になり、日本人としてのアイデンティティを持てなくなるのではないか？」という懸念もあるようだが、英語に接する量が、週1～2回程度という状況では、そのような心配は無用である。

実は、学校にいる時間の50%以上をフランス語（L2）を使って過ごす、フレンチ・イマージョンの研究でも、アイデンティティの形成でもっとも大事な役割をするのは学校ではなく、家庭だという結果が出ている（詳しくは第10章 pp. 212-214 参照）。日本の学校のように、英語に触れる時間が極端に少ない場合は、英語学習が原因でアイデンティティが揺れることはまず考えられない。日本語が主要言語である日本では、学校でどんなに英語教育を強化しても、家族の一員としてのアイデンティティがしっかりしていれば、「英語も使える日本人」というアイデンティティを持った人材の育成は可能である。

ただし、就学以前の家庭を中心にした英語学習となると問題が異なる。子ども

の目が覚めている時間、つまり生活時間の大半を英語を使って過ごす状況も起こり得るため、深刻な問題が起こりかねない。「家庭で育てるバイリンガル」（第4章参照）に詳しく述べたが、あくまでも日本語をしっかり育て、その上で余裕があれば、少しずつ楽しい歌やチャンツやダンスや絵本を通して英語にも触れるという姿勢を崩すべきではない。

さて、日本の英語授業の実情では、授業だけでは異文化理解につながっても異文化受容まではいかない。この点、フレンチ・イマージョンの子どもたちに関してランバートは、「かれらはフランス系カナダ人であると同時にイギリス系カナダ人でもあるが、フランス系カナダ人であるからといって、イギリス系カナダ人ではなくなるわけではない」、そして「フランス語はまるで2枚目のコートを手に入れるようなもので、2枚あればおしゃれもできるし、1枚のコートで退屈しないですむ」と言っている（第10章 pp. 208-209 参照）。つまり、行動面では、英・仏バイカルチュラルではあるが、心情面ではイギリス系カナダ人だということである。考えてみると、フレンチ・イマージョンが目指しているのは、フランス本国の本場のフランス語の習得ではなく、またフランス人のようになることを目的としているわけでもない。あくまでも目標は、公用語としてのフランス語が（仕事で）使えること、つまり実用的なフランス語力であり、フランス系カナダと英語系カナダが分裂せずに1つの国として存続することである。つまり、言語面では機能的バイリンガル、異文化受容では行動面のバイカルチュラルに留まると言えよう。日本の英語教育も国家戦略の一環として、幼児から20代の前半までを含む長期的視野のもと、異文化に対する深い理解を持ち、英語でも国際的に活躍できる機能的バイリンガル、行動面でのバイカルチュラルに近い人材の育成を目指すべきであろう。

ただ深い異文化理解は、異文化体験なしには育ちにくい。「英語教育は中学からで十分」という声も聞くが、行動面や心情面をともなった異文化理解ができるグローバル人材育成となると、中学からでは遅すぎる。言語形成期は文化形成期でもあり、言語形成期の異文化体験や異文化受容の経験がより深い異文化理解につながるのである。この意味で小学生や中学生に質の高い異文化体験を与える努力も重要である。

④ 複視眼的思考力と言語分析力を高める

外国語を学ぶということは、究極的には母文化と違う世界観、価値観を学ぶことである。異文化に触れることによって、ものごとを多面的に捉えることができるようになり、また外国語学習を通して、母語である日本語についても新たな気づきが生まれ、言語そのものに対するメタ認識が深まる。そしてこのメタ認識が、

第3、第4の言語の学習を助けることになる。つまり外国語を学ぶコツを掴み、外国語の学び上手になるのである。

バイリンガルに育つことのプラス面とマイナス面について第11章（pp. 224-227）に詳しい説明があるが、そのプラス面には、外国語学習にも通じるところがある。モノリンガル児と比べてバイリンガル児の強みと言える点を4つ選ぶと、つぎのようである。いずれも実証的研究の裏付けのあるものである。

（1）思考の柔軟性があること

解決を迫られる問題に当たったときに、英仏イマージョン教育を受けた子どもの方が、英語だけで学習しているモノリンガル児よりも、発想が豊かで、複数の解決方法を即座にスキャンできる思考スタイル、いわゆる拡散型思考（divergent thinking）を持つ傾向があるという。正しい答えが1つという単一的な思考スタイルと対照的である（詳細は pp. 228-229 参照）。

（2）言語に対する理解、言語分析力に優れる

バイリンガル児は1つの物に対して複数の言語に触れるので、ことばと物を切り離して「1対多」の関係で捉え、その関係を相対的に見ることができる。一方モノリンガル児は、ことばと物を「1対1」の関係で捉え、その関係が固定し、絶対的なものとして見る傾向がある。言語分析力も、バイリンガル児の方が、モノリンガルよりも優れているという。例えば、子どもにとって単語という概念は捉えにくいものであるが、「この文の中に語がいくつあるか」という「語の認定」テストをしたところ、バイリンガル児の方がモノリンガル児よりも単語を文中から抽出する力において、より優れていたという（詳細は pp. 229-231 参照）。

（3）相手のコミュニケーション・ニーズにより敏感である

「伝言タスク」や「ゲームの説明」をするタスクで調べたものであるが、バイリンガル児の方が、モノリンガル児よりも、相手のニーズにより敏感で、相手に対する配慮がより優れており、また人に伝える情報量が多かったという。バイリンガルは、話し相手やその場の状況に応じてことばの選択を迫られ、相手の理解を確かめつつ、必要があればもう1つの言語に切り替えるという状況でコミュニケーションをしているので、このような結果が出るのは当然と言えよう（詳細はpp. 231-232 参照）。

（4）言語によって人種偏見をしない

モノリンガルは、子どもでも大人でも、自分が理解しない言語を話す人に対し

ては、違和感を持ち、仲間意識が持てず、差別をする傾向が見られるが、幼少のころから複数言語に触れて育つバイリンガルは、異文化に対する受容度が高く、使用言語と関係なく仲間意識を持つ傾向があるという(詳細は pp. 232-233 参照)。

5) ダブル・リミテッドが出ないというプラス面

　家の中でも日本語、一歩外に出れば目に入るのはすべて日本語、買い物も日本語、テレビも日本語、学校でも日本語という、日本語に囲まれて育つ日本の子どもたちにとって、小・中学校で週に何時間か英語を習ったとしても、また放課後塾などで英語を学んだとしても、そのことが原因で日本語の発達が遅れたり、日本語の教科学習言語能力 (ALP) が伸び悩むということは考えられない。

　逆に、フレンチ・イマージョンのようなバイリンガル教育となると、2言語の到達度は桁違いに高くなるが、両言語が伸び悩むケースが出てくる。閾説 (p. 8 表1参照) に示したように、どちらの言語も学年レベルの学習をするのには不十分というダブル・リミテッドになる危険性がある。この意味で、日本の公立小・中学校の「外国語としての英語教育」は、実害のない無難な外国語教育と言える。確かに遅々とした歩みであり、成果の見えにくいプログラムではあるが、「継続は力なり」で、幼児から高校、大学まで継続して力を積み上げることによって、将来「花が開く」可能性があることが利点の1つと言える。

6) 国内の外国人児童生徒にプラス

　今後小学校の英語の教科化に伴って浮上する問題の1つが、外国人児童生徒への対処ではないかと思われる。学校側や教員・指導員の中には、外国人児童生徒が日本語の習得だけで大変な苦労をしているのに、英語まで強要するのは可哀想だ、無理だ、という危惧を持ちかねない。外国人児童生徒と一口に言っても、母語によって事情が異なるが、漢字で苦戦を強いられるポルトガル語、スペイン語などのインド・ヨーロッパ言語系の子どもたちにとっては、英語がくみしやすい教科となる可能性があるし、また日本人児童生徒も自分たちと同じようにゼロから学ぶのであるから、これはチャンスと、外国人児童生徒が英語に前向きに取り組む可能性もある。実際に2つのブラジル人学校で高校生を対象に行ったポルトガル語・日本語・英語のトライリンガル作文調査によると、学校で週一時限ずつ英語と日本語の授業があるが、地域で触れることができる日本語よりも、国際語である英語に対してより積極的で、英語の口頭発表力・作文力の得点の方が高かったという報告がある (小貫 他 2014)。

　実はカナダでも同じ問題があった。英語圏のオンタリオ州では、小学校4年からフランス語が必修になり、毎日40〜60分外国語としてのフランス語を習う

のだが、ESL の授業を受けている移民児童生徒にもフランス語を課すことの是非が議論の的になったことがある。その結果、特別配慮は全く必要がないという結論が出ている（Mady, 2007; Car, 2009 他）。例えばメイディは、すでに５年も学んでいるカナダ生まれの生徒（84名）と、カナダに来てまだ５カ月しか経っていない ESL 児（45名）のフランス語学習者（初級）に各種テストをして比較したところ、聴く力と書く力では、ESL 児の方がカナダ生まれの児童生徒より優れていたという。同じような結果が、フレンチ・イマージョンでも出ており、その理由としては、前に述べたように、移住者である親自身がマルチリンガルであること、教育熱心であること、そして子ども自身もフランス語が第３、第４の言語であり、豊かな言語学習体験を持っていることなどが挙げられている。

　日本でも、会話は流ちょうであるが、読み書きが学年レベルに追いつかず、教科学習言語能力（ALP）が伸び悩む多くの外国人児童生徒にとって、英語の授業を通して学習全体に前向きに取り組む子どもが少しでも増えれば、その子にとっても、また日本にとっても大きなプラスとなる。

小学校英語教育の４つの課題

　グローバル社会に向けての小学校英語教育導入には基本的に賛成だが、日本の学校が置かれている実情を考えると、課題の方が大きいと思う人は多いだろう。私もその一人である。どうしても条件つき賛成とならざるを得ない。ここで小学校英語教育に関する課題を４つ選んで指摘しておきたい。

１）英語だけでなく、複数言語の育成

　日本の公立小中学校で、どうして英語だけしか教えようとしないのかという疑問である。多様化が進む国際社会に伍していくには、さまざまな国の言語に堪能な人材が必要とされることは自明の事実である。選択肢として英語以外の外国語の学習を可能にするのは、時代の要請でもある。第７章で触れるが、米国のように国家的戦略という観点から連邦政府が危機言語を選ぶという方法もあるし、カナダのように地域の要望に応じて、国際語・継承語教育を通して複数言語を育成する方法もある。また EU 諸国のように、自国の言葉と隣国の言葉に加えて国際共通語である英語を学ぶという複言語主義（plurilingualism）[3]というあり方もある。もし日本が国家的戦略構想という立場に立つならば、近隣の言語として中国語、台湾語、韓国語ははずせないだろうし、EU 諸国、中近東、東南アジア諸国の言語も今後ますます国益にとって重要になっていくであろう[4]。もし国内の地域重視の立場に立てば、ブラジル系外国人児童生徒が多い集住地区では小学校

からポルトガル語、中国語系なら中国語が選択肢として学べる状況をつくるのも一案であろう。こうすることによって、国力につながる日本の言語資源を増やすことになると同時に、外国人労働者の定住化が進んでいる地域では、マイノリティ言語を母語とする子どもたちの大事な母語の保持・伸張につながる。

マイノリティ言語である母語は、家庭だけで保持・伸張するのはほとんど不可能に近い。家庭や地域や言語集団の努力に加えて、学校教育の中で母語を強める取り組みをすることによって、それがゆくゆくは日本語の育成にもつながり、不就学児や中学中退の数の減少に寄与するはずである。

2) プログラムを複線に

学齢期を通して高度の外国語の力を育て、異文化コミュニケーション能力を高めようという目標設定は、どこの国の外国語教育にも共通したものであろう。しかしその目標に向けて、単線で行なっているのが日本である。複線のプログラムを提供している国はいろいろあるが、その1つがカナダのフランス語教育である[5]。

カナダのフランス語教育と言えば、フレンチ・イマージョンのみが注目を浴びるが、実は、それも複線であり、第5章で述べたように、(1)「早期トータルイマージョン」、(2)「中期イマージョン」、(3)「後期イマージョン」という3つの選択肢がある。これに加えて、日本の英語教育にいちばん近い外国語としてのフランス語教育が、(4)「コア・フレンチ (Core French)」である。そしてイマージョン教育とコア・フレンチの中間に位置するプログラムが2つある。トロント市の場合、(5) インテンシブ・フレンチ (Intensive French) と (6) 教科別補強フレンチ (Extended French) である。親はこれら6つのプログラムの中から、自分の子どもに適したものを選択するのである。

(4)のコア・フレンチと呼ばれる「外国語としてのフランス語」は、毎日30〜60分の授業であり、州によって開始時期が異なる。オンタリオ州では4年生から中3までが必修となっているが、学校によっては幼稚部や1年生から始めるところもある。中3以降も継続可能であるが、実際に継続するのはコア・フレンチ在籍児童生徒の約3％に過ぎないという (Canadian Parents for French 2008)。

(5)のインテンシブ・フレンチは、6年生から選択できるプログラムで、名前が示すように1年分の内容を、集中的に半年で学ぶプログラムである。つまり、フランス語の授業がある学期とフランス語の授業が全くない学期があり、フランス語の授業がある学期には、週8時間もフランス語を学ぶ。それが終わると、フランス語の授業は次の学年に進級するまでないのである。ネトンらの研究による

と、授業の時間が長くなっただけグループ活動やプロジェクトワークが組み入れやすくなり、コア・フレンチよりずっと成果が上がるようになったという。特にALPの言語面を伸ばす上で効果的だそうである（Netton & Germain, 2005）。

（6）の教科別補強フレンチは、教科学習とフランス語学習を統合したプログラムである。例えば、社会科の一部である環境問題をフランス語で学ぶというもので、現在ヨーロッパで広まっているクリル（Content and Language Integrated Learning, CLIL）という「内容言語統合型学習」（渡部 他 2011）と一部重なるものである。フレンチ・イマージョンでは、複数の教科をフランス語で学ぶが、補強フレンチでは一科目だけフランス語で学び、他の教科は英語で学ぶ。この点がイマージョン方式と違うところである。

以上がプログラムに関する形態の多様性であるが、指導内容や指導方法にも多様性がある。近年注目を浴びているのは、エイム（Accelerative Integrated Method, AIM）というジェスチャーとストーリーと語彙学習を合わせたユニークなアプローチである。現在カナダの小学校の約33％、オンタリオ州の2,400校がこのアプローチを採択しているという。コア・フレンチでは、例えば「スーパーに行く」、「動物園の動物たち」というようなテーマ・アプローチが一般的であるが、エイムは、プログラム当初から、繰り返し使う語彙と文法（例えば、男性名詞や女性名詞、過去形など）をまずジェスチャーで覚え、ドラマ化されたストーリーを教師と学習者が一緒にジェスチャーをつけて語るというものである。「読み」は、大型絵本を使ってジェスチャーを交えて読み、ストーリーの質問に答えるという形で「書き」も教える（Maxwell, 2004）。身体表現、ストーリー、ドラマを組み合わせた、アウトプット中心のもので、小学生が喜んで授業に積極的に参加し、ジェスチャーを交えてフランス語を口にして楽しむ姿を筆者自身目の当たりにしている。最近アジア各地に広まりつつある幼児から小6対象のGrapeSEED[6)]という日本で作られた英語プログラムがあるが、歌、動作、リズムを駆使して英語の世界に子どもを引き込んでいく点で共通点があり、興味深い。

最近カナダでは、コア・フレンチに対する批判が高まっている（例：Cummins, 2014）。複数のプログラムのなかで、もっとも成果が上がっていないのが、毎日40～60分フランス語の授業を行なうコア・フレンチであるという。ラプキンら（2009）の調査によると、7つの州・準州の25のクラスに在籍する児童生徒574名を対象に、聞く・話す・読む・書くの4技能の調査をしたところ、フランス語を1年間学習した児童と、7年間継続して学んだ児童との間に、フランス語の力の差が見られなかった。つまり何年コア・フレンチを学んでいても、またいつ始めても、ほとんどフランス語の力はつかないということである。コア・フレンチは、日本の小学校の英語教育にもっとも近い形態であるだけに、週わずか数時間

という、いわゆる「さじで（少しずつ）食べさせる（'spoon-feed'）」という形態そのものに起因する課題について慎重に考えるべきであろう。まただからこそ、英語プログラムを複線にして、日本におけるもっとも効果的なプログラムの在り方を探るべきであろう。

3）ALT も含めた教師トレーニングの徹底

　小学校に英語を導入するのであれば、ALT を含めた教師養成が必要である。特に学校で英語に初めて触れる小学生には、もっとも優れた教師を配置して、子どもの英語学習に対する興味を大事に育てたいものである。前述の文科省（2014）の「今後の英語教育の改善・充実方策について〜グローバル化に対応した英語教育改革の五つの提言〜」にも、改革案として「国が示す教育目標・内容の改善」、「学校における指導と評価の改善」、「高等学校・大学の英語力の評価及び入学者選抜の改善」、「教科書・教材の充実」に次いで、「学校における指導体制の充実」を掲げている。そこで挙げられているのは、例えば大学の教員養成におけるカリキュラムの開発・改善の必要性、2019 年度までにすべての小学校で外国語指導助手（ALT）を確保すること、小学校教員が自信を持って専科指導に当たれるよう、「免許法認定講習」開設支援等による中学校英語免許状取得を促進すること、などである。しかし誰が実際に教えるかとなると、小学校中学年の英語活動では、「主に学級担任と ALT 等とのティーム・ティーチング活用による指導」、小学校高学年の教科としての英語では、「学級担任が英語の指導力に関する専門性を高めて指導する」、となっている。ということは、英語を教える資格も持つ小学校教員の養成につながる抜本的な改革の見通しははっきりとは見えてこない[7]。

　しかしながら、担任教師が、英語力の有無に関わらず、小学生の英語学習に何らかの形で関わることには大きなプラスがあることは確かである。筆者は、これまで日本の小学校英語の授業、海外の外国語としての日本語の授業、継承語としての日本語授業など、数多くの授業を見学する機会に恵まれたが、担任教師が興味を持って学習に前向きな態度を示す学級では、子どもも同じように興味を持って意欲的に取り組む姿が観察された。ちょうど親が英語ができなくても、子どもの英語力を育てることが可能であるように、脇役としての教師の役割は大きい。音楽教育の鈴木メソッド（第 4 章 p. 72 参照）のように、初めは一緒にヴァイオリンを弾くが、すぐに子どもに追い越され、そのあとは子どもに任せる、つまり導火線の役割を担うということである。

4）海外教育機関を利用した「体験入学」

　海外で育つ日本人児童生徒は、夏休みなどを利用して日本に帰り、親元の小中

学校などに一時入学させてもらって日本の学校を体験するということを、長年実践してきた。これを「体験入学」と呼ぶ。この「体験入学」によって、言語面でも文化面でも多くのことを子どもたちは学ぶ。自分の日本語力、学力を知る機会にもなるし、何よりもいいことは、海外で日本語学習を続ける意味が、体を通して理解できることである。特に日本の学校経験のない小学生には、学年レベルに近い学力を保持する上でも必要不可欠なものである。

　そこで考えたのであるが、日本で英語を学ぶ小中学生にも、同じような異文化体験ができないものであろうか。第8章に詳しく述べるが、世界各地には、日本の国の支援を受けている海外義務教育機関がある。2013年の調査では、世界55カ国に220もの補習授業校などの在外教育施設があるという。これらの教育機関をグローバルな視点で活用し、海外の日本人児童生徒と国内の日本人児童生徒とを結ぶことによって、小中学校の英語教育に資することも考えられていいのではないだろうか。例えば、英語圏の補習授業校と連携して、同じ学年の子どもの家にホームステイをしながら、その家の子が通う現地校に一週間体験入学させてもらい、実際に英語を使った生活に浸ってみるという試みである。保護者同伴も可能であろう。異なった学校文化を体験する意味でも、また日本で英語を学ぶ動機づけとしても、効果的ではないかと思われる。

学力も高める「日・英バイリンガル教育」の勧め

　選択肢の1つとして日本特有の日・英バイリンガル教育の実現を提案したい。カナダ発祥のイマージョン方式をそのまま日本に移植すべきだと言っているのではない。海外からの直輸入ではなく、日本の土壌に合ったもの、日本人の気質に適したもの、しかもこれまでのイマージョン方式の欠点を補ったものが独自に開発されなければならない。イマージョン方式のバイリンガル教育は、世界各地の先住民教育や消滅危機にあるマイノリティ言語の再生に驚異的な威力を発揮してきた。それは、言語形成期の年少者に適した形態だからであり、また言語を強めつつ学力を高める、最も費用のかからない[8]、全人教育だからである。

　筆者が提案する「バイリンガル教育」は、第12章(pp. 237-239参照)の国語と外国語の「バイリンガル教育A」(図28)に相当するものである。社会の主要言語である日本語と国際語である英語との組み合わせであるがゆえに、両言語が日本の社会で高く価値付けされているため、子どもにもその価値が分かりやすく、加算的バイリンガルを育成しやすい組み合わせである。また日本に根を下ろしている実例があることも強みである[9]。ただこれらの実例はいずれも私立校、あるいはインターナショナルスクールであるのに対して、筆者が提案するのは公教育

の中のバイリンガル教育である。学習意欲が強く、長期的にコミットする意志のある子どもを対象に、複線のプログラムの選択肢の１つとして提供するものである[10]。

外国語としての英語教育とは異なり、バイリンガル教育は学校全体の在り方が異なるため、視点の切り替えが必要である。イマージョンプログラムの核になる構成要素として従来挙げられてきたのは、以下の８点である（カミンズ 2011: 73）。

（１）英語（L2）を授業の媒介語として用いる。
（２）カリキュラムは地域の日本語（L1）のカリキュラムと同じ[11]。
（３）日本語（L1）に対して明らかなサポートがある。
（４）加算的バイリンガリズムを目標とする。
（５）英語（L2）への接触は主に教室内に限られる。
（６）プログラムに参加する時点で学習者の英語（L2）レベルがほぼ同じ。
（７）教師がバイリンガルである。
（８）教室文化は地域の日本人（L1）コミュニティと同じ。

外国語としての英語教育の初級レベルのプログラム構築では、教授アプローチがコミュケーション重視であるか、内容重視であるか、音声や語彙や文法のルールなどの弁別的言語能力（DLS）をどのような順序でどのような文脈で教えるか、などが議論の中心になりがちであるが、バイリンガル教育では、上の８項目のように、多岐にわたる学校教育の在り方自体が問題となる。

実践に当たって必要なこと

次に、実践に当たって、まず次の３点について検討する必要がある。

a）L1・L2 の使用時間の配分

バイリンガル教育では、まずどの教科を何語で教えるかを決める必要がある。例えば、午前の授業は英語、午後の授業は日本語という「半日切り替え型」、あるいは１日置きに授業言語を変える「隔日切り替え型」、プログラムの初期は L2 の基礎づくりに力を入れて、その後は徐々に L1 の使用量を上げていく、という「70％（L2）対 30％（L1）型」、または「90％（L2）対 10％（L1）型」、など、L1 と L2 をどのように使い分けるかについて、賢い選択をする必要がある（詳しくは第 12 章 pp. 243-244 参照）。

b）読み書き指導は、英語（L2）先行か、日本語（L1）先行か、同時進行か

　カナダのイマージョン方式では、まずフランス語（L2）で読み書きを教え、2年生（あるいは3／4年生）になってから英語（L1）の読み書きの指導を加える「L2先行型」である。これが可能なのは英語とフランス語の言語差が小さく、フランス語から英語への転移が想定できるからである。日本語と英語の場合にはどうであろうか。日本語の表記法が複雑な上に漢字習得に長期間かかることが分かっているためか、国内のイマージョン校のほとんどが「同時進行型」である。英語の読み書きの導入とほぼ同時に、1年生から国語教科書を使って日本語の読み書きを教えるのである。カミンズは、中国語・英語イマージョンプログラムの創設に対する助言の中で、最も歴史の長い加藤学園（1992年創設）の日英イマージョンプログラムに言及して、「中国語の特徴を踏まえて、日本の加藤学園がやっているように（幼稚園から6年まで英語66%、日本語33%〈Bostwick, 1999〉、プログラムの当初から中国語のランゲージ・アート（国語科に相当するもの）を教えた方がよい」と述べている（カミンズ・中島 2011: 77）。

c）「モノリンガル教授ストラテジー」か、「バイリンガル教授ストラテジー」か

　バイリンガル教育は、教科学習と言語習得を統合したアプローチと言われるが、実際に、「統合する」とはどういうことだろうか。カナダのイマージョン方式では、算数はフランス語、社会は英語というように、教科によって授業言語を切り替える。ところが、近年この方式が「モノリンガル教授ストラテジー」として批判の的になり、それに替わる「バイリンガル教授ストラテジー」が推奨されている。

　「モノリンガル教授ストラテジー」は、まるでモノリンガルに教科を教えるのと同じように、選択された言語の使用が強制されるために、「平行線上のモノリンガリズム」(parallel monolingualism)、あるいは「二人の孤独」(two solitudes)[12]と呼ばれる。それぞれの教科で母語話者レベルに達することが目標とされ、つねにモノリンガル児と比べてマイナス評価がなされるために、「複数の言語ができる子」というアイデンティティが育ちにくい。これに対して、「バイリンガル教授ストラテジー」は、両言語をリソースとして学習者が自由選択で言語を使う機会が多く、2言語間の転移が起こりやすいし、また言語への気付きや言語に対するメタ認識が育ちやすいという。

　では、「バイリンガル教授ストラテジー」とは、どのようなものであろうか。具体例を2つ挙げると、1つは米国の日英双方向イマージョンの例である。筆者が見学したのは年少児の理科の授業だったが、その日は州のカリキュラムに沿ってサボテン（植物）について日本語で全員が学んでいた。教師の話では、翌日は、

日本語で学んだことを英語で復習して、さらに学習を進め、その翌々日は英語で学んだことを日本語で復習をして、さらに先に学習を進めるという、「隔日切り替え型」の「2言語交互使用型」であった（Oketani 他 2014）。もう1つは、国内の New International School[13] の取り組みである。各学級に担任が2人（英語母語話者と日本語母語話者）配置され、例えば算数の授業では、授業を始めた教師によってその日の授業言語が決まるという、いわば「教師1人1言語型」の授業言語の使い分けである。

　以上の3点を考えたら、次はバイリンガル教育に必要な学校教育のあり方の大枠を作る必要がある。表6は、筆者が提案する「日・英バイリンガル教育」の特徴を、現行の「外国語としての英語教育」と対比して示したものである。

表6●現行の日本の英語教育と日・英バイリンガル教育

	日本の現行の英語教育	日・英バイリンガル教育
1. 到達目標	英語力の獲得（中卒時に英検3級程度以上、高卒時に準2～2級程度以上）[14]	年齢相応の学力と母語話者に近いレベルの2言語の獲得
2. 対象年齢	小・中・高・大学	言語形成期の年少者（幼・小・中）
3. 母語との関係	母語に関与しない	英語力の下支えとして、母語も同時に育てる
4. 言語習得の場と習得のプロセス	英語の授業で学ぶ	言語を教科授業の媒介語として使いながら学ぶ
5. 教科学習との関係	関係が少ない	教科学習と言語習得を統合したアプローチ
6. 教師の資質	小学校は主に学級担任と ALT、中学では主に英語教員	日本語母語話者教員と英語母語話者教員のコラボレーション
7. カリキュラム・教授内容・指導方法	英語科カリキュラムに準拠、指定の教科書を使用	各教科の教科書を調整して使用
8. 言語の対象領域	DLS（発音、語彙、文法、構文など）が中心	ALP（教科学習言語能力）が中心、正確度を期すために必要に応じてDLSも明示的に教える
9. 評価	英語力の4技能の評価	各教科の学力評価と2言語の評価（バイリンガル・アセスメント）
10. コードシフティングやコードミクシング等への対処	訂正する	グループ学習などでトランス・ランゲージングを奨励
11. 異文化との関係	異文化理解	異文化体験を含む
12. 認知面への影響	プラスもマイナスもない	大きなプラスがあるが、ダブルリミテッドになる可能性もある

バイリンガル教育というものは、「理論的な面は研究者や識者の間で自明のことになっているものの、どのようなバイリンガル教育が効果的で、どのような実践が最も望ましいかに関しては、社会的・政治的・社会言語的状況によって議論の余地があり、また調査研究が必要である」とカミンズ(2011)が言っているが、日本ではなおさらである。今後実践を通して多くのことを学ぶ必要がある。
　以上の12項目の中で、カナダのイマージョン教育とは違って、日本で課題となると思われる点は、次の4点である。
　第1は、英語教育では、音声や語彙や文法のルールなど弁別的言語能力(DLS)が指導の対象になりがちなのに対して、バイリンガル教育は、読み書きを中心とする教科学習言語能力(ALP)が中心である。イマージョン方式では授業の媒介語としてL2を使ってさえいれば、子どもは自然にL2を覚えるという前提、あるいは神話のようなものがあるが、明らかに教室内の接触だけでは習得できない面がある。言語差が大きい日本語と英語のバイリンガル育成では、発話や文章の正確度を高めるためにも、DLSの明示的な指導が一部必要であろう。しかし、それをどのようにALP中心のプログラムに組み込んでいくかは今後の課題である。
　第2は、バイリンガルに必ず起こるコードスイッチングやコードミクシングに対する対処である。近年これらに対する見方が大きく変わり、コードスイッチングやコードミクシングを訂正すべきものと見るのではなく、バイリンガル特有のユニークな言語行動、すなわちトランス・ランゲージング、として前向きに捉えるべきだという提唱がある (García, 2011)。バイリンガルは2つの言語を足したものではなく、2つの言語を状況や相手によってダイナミックに使い分ける力を持ったものとして捉え、両言語を自由に使う教育の場の必要を推奨している。ただ2言語の使い分けの習慣づけが必要な幼児や低学年に、どのようなインパクトを与えるかについてはまだ不明な点が多い。今後の実践や研究が待たれるところである。
　第3は、L2への接触が教室に限られ、学習仲間に同年齢のL2学習者とのインターアクションがほとんどないという問題である。カナダの場合は、フランス語圏であるケベック州との交流プログラムが盛んであるが、日本では何ができるであろうか。本章p. 127に述べた海外教育機関を利用した「体験入学」やIT技術を使った姉妹校・姉妹クラスとの交流、また3章(pp. 47-48)のアイデンティティ・テキストなどが、その解決の一助となるのではないかと思われる。姉妹校・姉妹クラスとの交流では、プロジェクトとして、インターネット上で学校紹介のDVDを公開したり、「地域の声を聞く」というようなトピックで調べ学習をし、発表し合うなど、さまざまな2言語を駆使した活動が考えられる[15]。
　第4はバイリンガル教師の養成である。ALPまで自由にこなせる英語力、国

語力を備えたバイリンガル教員が必要不可欠である。国際バカロレアプログラム修了者、海外・帰国児童生徒、海外日系人、インターナショナルスクール卒業生などを大事な教師予備軍として、新しい視点に立った教員養成が国の長期的ビジョンとして必要となろう。

　以上、日本の外国語としての英語教育の一形態として、学力と同時に2言語の思考力・創造力・伝達力と異文化適応能力を持った人材を育てるためのバイリンガル教育について考えてみた。日・英バイリンガル教育を幼児・小学生・中学生を対象に公教育のなかに導入することは、グローバル時代が要請する人材育成につながるとともに、日本の英語教育、国語教育、そして言語教育一般に大きく貢献することは確かである。

注：1）http://www.mext.go.jp/b_menu/shingi/chukyo3/015/siryo/06030217/003.pdf より（2015.11.01）

2）上記の文科省資料の一部に、「二つの言語が相互にプラスの働きをするためには、双方が一定のレベルに達していることが条件となると指摘されている（J. Cummins）」とある。カミンズは、管見の限りではそのような指摘はしていないので、何らかの誤解としか考えられない。

3）複言語主義は、欧州評議会（言語政策部門）が提唱する個々人が持つ能力・価値観を表す用語である。多言語主義（multilingualism）が複数言語が共存する社会的状況を指すのに対して、個人がある程度の複数言語にわたる複合的な能力を持ち、それらをコミュニケーションに使うという価値観を意味する (細川・西山 2012)。ヨーロッパでは 1990 年代より母語以外に2言語を使うヨーロッパ人の形成を目指して複言語主義を理念とする言語教育政策が推進されている。

4）日本言語政策学会 (JALP) の多言語教育推進研究会 (2012) は、高校の選択科目として7言語（アラビア語，韓国・朝鮮語，スペイン語，中国語，ドイツ語，フランス語，ロシア語）を提唱している。

5）フランス語はカナダでは公用語であり、厳密に言えば公用語教育と外国語教育は異なる。ただし多くの子どもにとって、フランス語は日常使うことのない、いわゆる外国語であるため、ここで外国語学習の例として扱うことにした。

6）仙台明泉学園開発のもの（http://www.grapeseed.com/jp/）

7）文科省（2014）『小・中・高等学校を通じた英語教育強化事業』（資料2-2）による。ここで筆者が抜本的改革というのは、例えば、中学の英語教師を小学校に配置するのではなく、小学生向きの指導法に熟知した英語教師を養成、あるいは現場の小学校教員に追加資格を与える、というようなことを意味する。また ALT も母語話者であるという条件に加えて、年少者対象の TESLE の資格保持者に限るというような枠を設けることである。

8）例えば、教科を教える教員が英語も教えるので、別途英語の教員を雇う必要がない。それだけ費用が節減できる。

9）加藤学園（http://www.katoh-net.ac.jp/KatohHS/）、ぐんま国際アカデミー (http://www.gka.ed.jp/)、日本語と英語を学習言語とする New International School（http://newis.ed.jp/jpn/indexj.html）などがその例である。

10）第7章で触れているが、国内の外国人児童生徒の同言語グループの集住地区では、継承語・日本語・英語の「トライリンガル」教育が考えられるべきであろう。

11）日本の場合、文科省の各教科の現行学習指導要領に沿う形になるのが基本的な姿勢である。

12）「二人の孤独」とは、カナダの作家 Hugh MacLennan の小説（1945）の題名で、イギリス系カナダ人とフランス系カナダ人との亀裂を描いたものである。コミュニケーションの欠如のたとえで、言語教育では2言語間の転移の促進を視野に入れない指導法のことを指す（Cummins,

2005:588)。

13) 東京の池袋に 2001 年に開講された幼児から高校までのインターナショナルスクールで、英語と日本語の両方を学習言語として使うユニークなバイリンガル育成の教育機関である。ed.jp/pn/indexj.html

14)「生徒の英語力向上推進プラン」(文科省 2015) による。

15) Cummins 他 (2006) に IT を活用した姉妹校・姉妹クラスとの交流活動に関する豊富な情報と事例がある。

第7章
マイノリティ言語児童生徒とバイリンガル教育

Contents

米国の移民児童生徒教育
カナダの移民児童生徒教育
日本の外国人児童生徒——第2言語としての日本語教育

カナダ発祥のイマージョン方式のバイリンガル教育では、カナダの主要言語である英語を母語とするイギリス系カナダ人児童生徒を公立小中学校でフランス語環境に浸すというイマージョン方式であった。本章では同じイマージョンではあっても、母語が社会の少数言語である子どもたちに目を向ける。母語が社会の少数言語である子どもたちは、一括してマイノリティ言語児童生徒と呼ばれるが、最近は、文化的、言語的に多様な背景を持つ CLD（Culturally Linguistically Diverse）児という用語が使われることが多い[1]。一口にマイノリティ言語児童生徒と言っても、国や地域によって、対象となる子どもは異なる。本章では、まず移民大国である米国の移民児童生徒教育とカナダの移民児童生徒教育の状況を鳥瞰した上で、日本国内の外国人児童生徒の実態と課題について触れたい。日本に定着する外国人児童生徒を「母語プラス日本語」の加算的バイリンガル、加算的マルチリンガルとして育てることによって、日本の国の人的資源、言語資源をより豊かにすることができるからである。

　マイノリティ言語児童生徒に関しては、第2章の「母語」から「継承語」への移行（pp. 31-34 参照）、そして第5章のサブマージョン環境（p. 96 参照)で簡単に触れた。現地校の中に、その言語が分からないままポーンと放り込まれ、そこで生き延びるために一日も早く現地語を獲得しなければならない状況に追い込まれると同時に、親子のコミュニケーションを絶やさないために、目に見えて衰えていく母語を何とか保持していかなければならない。ということから、CLD 児に対する支援は、現地語をどう獲得するかという問題と、いかに母語を保持・伸張させるかという問題との両面から考える必要がある。

　サブマージョン環境で育つ子どもの現地語と継承語は、人間形成の上でも認知力の発達の上でも必要不可欠なものである。マジョリティ言語児童生徒のための英仏イマージョンや日本の英語教育は、どちらかと言えば贅沢品であるのに対して、CLD 児にとって現地語と継承語は必需品である。

米国の移民児童生徒教育

　米国でも「バイリンガル教育」、「イマージョン教育」という用語が使われるが、その内容は前章で述べたカナダのそれとは全く異なり、いずれもCLD児のためのプログラムである。まず各種「バイリンガル教育」、「双方向イマージョン教育」、そして「継承語教育」の実態についてみてみよう。

英語補強のための「バイリンガル教育」

　米国のバイリンガル教育とは、現地校で英語指導を必要とする移民児童生徒の英語補強教育のことである。ELL（英語学習者）と呼ばれる子どもたちが、英語で授業が受けられるようになるまで母語を使って教科学習をすることをバイリンガル教育という。確かに「母語と英語の2言語を使う教育」、という意味で「バイリンガル教育」ではあるが、目的は英語のモノリンガルの育成である。英語力獲得の過程で一時的に、つまり英語ができるようになるまでの母語使用であるため、「過渡的バイリンガル教育」、または「移行的バイリンガル教育」（Transitional bilingual program）と呼ばれる。

　ガーシア他の調査（2008）によると、米国の学齢期の子どもの11％に当たる450万人がELLであり、その半数が実は米国生まれだという。その多くは都市に集住、貧困率が75％、親の教育歴は中卒が50％だそうである。このような状況の中で、ELL対象のさまざまな取り組みがなされている。ただし、どの言語でもこのようなバラエティーに富んだプログラムが設置されているわけではなく、ほとんどが最多数を占めるスペイン語系移民の子どもたちのためのものである。

　実は、米国で母語継承のためのバイリンガル教育が始まったのはかなり早く、最も古い例は1937年にできたセント・ルイスのドイツ語と英語のバイリンガル学校と言われる。学校でどのような2言語の使い分けがされていたのか、家庭ではドイツ語、学校では英語であったのか、あるいは授業をドイツ語と英語を併用して受ける学校であったのか、詳細ははっきりしない。これらは、英語の公立学校ができる1年前にできたものだそうだが、1944年に移民法が制定され、ヨーロッパからの移民に終止符が打たれるまで、このようなバイリンガル学校が各地に広まっていたそうである。カリフォルニア、ニューメキシコ、フロリダにはスペイン語の学校、ダコタ地方にはノルウェー語の学校、サンフランシスコにはイタリア語、フランス語、ドイツ語、スペイン語の学校があり、いずれも移住者に随伴して米国に来た子どもたちの母語継承のための学校であった。第二次大戦後には、キューバ革命の難民、東ヨーロッパ人、カリブ海のキューバ人、プエルト

リコ人などの新しい移民の波が押し寄せたが、これら新移民は1世紀前のヨーロッパ移民とは本質的に異なり、アメリカ社会になかなか同化しないため、子弟教育に特別な教育的措置が必要であった。これが現在のアメリカの「バイリンガル教育」のそもそもの始まりである。

　1969年になると、サンフランシスコの中国人の親のグループが学校当局を相手に「ラウ対ニコラス」という訴訟を起こした。そのころ同市の中国系児童生徒は1,800人にも上ったという。ラウという中国人の子どもが学校でうまくいかなかったのは英語が分からなかったためであり、1964年の「市民の法的権利に関する法律」(Civil Rights Act) で保証されている人種、皮膚の色、出生によって差別されずに学校教育を享受する「均等の権利」が侵害されたと親が訴えたのである。この裁判は1974年に最高裁でラウ少年の勝利に終わり、その年に初めて「バイリンガル教育」なるものの枠組みが決まったのである。

　この「バイリンガル教育」は、連邦政府によって、「子どもの英語の力がつくまで、つまり、英語力がないために学年レベルの教育を受けられない場合にのみ、母語による学習を容認する」とされたが、実際の教育的内容になると地域の教育局の判断に任されたため、実態はばらばらであった。ELLの人数が多ければ「取り出し授業」になるし、少数の場合には、授業中そばに付き添って小声で助ける「入り込み支援」になる。形態ばかりでなく、母語使用の度合、母語による授業の内容もばらばらであり、米国のバイリンガル教育にまつわる政治的動きを詳しく追ったジャーナリストのクローフォードは、その著書『移民社会アメリカの言語事情』のなかで、「1985年のカリフォルニアの調査によれば、いわゆる2言語使用の授業で生徒の母語が使われるのは、平均授業時間の8％しかなく、全く用いられないこともしばしばであった」(Crawford, 1989: 330) と言っている。

　その後バイリンガル教育が政治問題に発展した。バイリンガル教育を支持することは、ゆくゆくはアメリカという国を英語系とスペイン語系に分断することにつながるという見方をする市民が多く、被害妄想的な根拠のない恐怖感から、バイリンガル教育への援助を減らすと同時に、英語以外のことばの政府刊行物まで制限すべきだというEnglish Only派と、これに反対するEnglish Plus派との政治的闘争が白熱化した。English Only派を支持する層が広まり、アメリカ国民の97％が英語を話しているにもかかわらず、22の州で英語が公用語であるという宣言をするに至った。そして小中高合わせてELLが140万人を超え、4人に1人がELL、しかもその大多数が中南米出身者というカリフォルニア州でバイリンガル教育廃止の是非を問う住民投票が1998年に実施され、賛成派が過半数を占めたのである。住民投票の対象となった「提案227」は、カリフォルニア州の公立学校における英語を母国語としない生徒に対し、入学初年度に「集中的な英語

教育」(Structured Immersion)[2]を施し、次の年から通常の授業に参加させるという内容の提案である。これに対してラテン系、中国系、その他の反対派団体から反対運動が起こったが、バイリンガル教育廃止の動きは阻止しがたく、アリゾナ州やマサチューセッツ州の住民投票でも「バイリンガル教育」廃止が決まった。

「早期移行型」と「後期移行型」

以上のような政治闘争を経て、「バイリンガル教育」と呼ばれた「過渡的/移行的バイリンガルプログラム」から、「発達型/維持型バイリンガルプログラム」へと発展していった。「過渡的/移行的バイリンガルプログラム」は、小学2年生くらいをめどに英語だけを使用するプログラムに移行するという「早期移行型」であったが、「発達型/維持型バイリンガルプログラム」は、5・6年生の間に移行する「後期移行型」である。「後期移行型」には、明らかに母語を保持・伸張することが目標の一部に入っている点に注目して、トーレス・グッズマン(Torres-Guzman, 2002)は、「母語剥がし、英語への置換を目標とする伝統的な早期移行型と比べて、発達型/維持型は、第2言語の習得と同時に母語を保持することを目的とする。そのため後期以降型は、児童生徒がすでに知っている言語にもう1つの言語を加え、両言語の学力を高めようとするものであり、究極的に学習者をより豊かにするプログラムである」と言っている。

その後ELL教育が直面した新たな問題は、2001年に制定された「落ちこぼれ防止法(No Child Left Behind ACT, NCLB)」という連邦法である。従来の初等・中等教育法の改訂版で、1994年に議会を通った学校教育の「説明責任」と全教科の「基準化」の流れを汲んで、州独自の教科別スタンダードの制定とそれに則った英語と算数・数学の州統一テスト(小学校3年以上)の実施を義務づけるものである。その場合、ELLも母語話者と同じテストを受け(入国1年目は免除)、同じ成果をあげることが期待された。この行き過ぎた画一性が批判の的になったが、同時に、これまで無視あるいは放置されてきたELLに対する期待度が上がり、カリキュラムの構成、授業、教師養成、評価などが改善されたという見方もある(Clewel & Murray, 2007)。

ユニークな双方向イマージョンプログラム(Two-Way Bilingual Program)

双方向のイマージョンプログラム(あるいは双方向バイリンガルプログラム)とは、公立小学校の学級を、例えばスペイン語系児童生徒と英語話者児童生徒ほぼ半数ずつで構成し、教師が英語とスペイン語の両言語を教科ごとに使い分けて学習をするというバイリンガル教育の1形態である。カナダのイマージョン方式は、教師1人だけが母語話者で、児童生徒のほぼ全員が非母語話者であるのに対

して、米国の双方向イマージョンは、クラスに母語話者がいるので、クラスメイトとの自然なインターアクションを通して英語話者はスペイン語を、スペイン語話者は英語を互いに学び合うことができるところが大きな特徴である。さらにカナダの場合は「1人1言語」の原則に則って、英語母語話者教師のクラスでは英語が授業言語、フランス語母語話者教師のクラスではフランス語が授業言語であるが、米国の場合は「1人2言語」で、1人の教師が算数はスペイン語で教えたり、社会科は英語で教えたり、という使い分けが一般的である。これに対して、2つの言語に限らず、さまざまな言語を母語とする子どもがいるクラスで、教師が、例えば午前中はスペイン語、午後は英語と、授業言語を切り替えて教える場合は、「一方向バイリンガルプログラム」(One-Way Bilingual)、あるいは「2重言語プログラム」(Dual Language) と呼ばれる。

双方向イマージョンは、1962 年にフロリダのマイアミ (Dade County) の小学校とニューメキシコの小学校で行われたものがそもそもの始まりだそうである。難民の子を対象とした学習プログラムに、英語話者の子どもたちが参加して、難民の子は英語を学び、英語話者はスペイン語を学んだという。マイノリティの子どもたちが英語やアメリカ文化を学ぶのと同時に、英語母語話者である米国人の子どもたちも、マイノリティのことばと文化を互いに学び合うことによって、マイノリティの子どもたちの学校内での社会的地位を高め、その結果として自分のルーツに対する誇りが育ち、母語離れ、母文化離れを防ぐという教育効果をねらったものである。クリントン政権のもとで大きく伸び、1999 年には 261 校、そして 2007 年には 338 校と確実に増えていった。ほとんどが小学校であるが、59 校は高等教育である。言語別に見ると、スペイン語と英語の組み合わせが 308 校と圧倒的に多く、フランス語 8、韓国語 4、広東語 3、マンダリン 2 と続き、州別に見ると、カルフォルニア州 100、テキサス州 50、ニューヨーク州 28 で、全体として 27 州にわたって存在したという (CAL 2007)。2015 年現在、日本語と英語の双方向イマージョンプログラムが 5 つ、米国の応用言語学センター (Center for Applied Linguistics, CAL) のリストに登録されている[3]。

双方向イマージョンプログラムは、連邦政府の援助を受けながら幼稚園から始めて、6 学年まで毎年 1 学年ずつ増やしていくという形である。教授内容、時間配分や教授スタイルの選択にはかなり自由がある。2 言語使用の時間的配分は、次に示すとおり、大雑把に言って 4 種類あり、実際には (c) の 50 ／ 50 モデルがいちばん多いという。

(a) 90 ／ 10 モデル
  5 歳児と小 1 は母語に重きをおいて英語との比率は 90% (L1)・10% (L2)、

小2～小6にかけてだんだんに 50％／50％に近づける。
(b) 80／20 モデル
5歳児と小1には 80%(L1)・20%(L2) で始めて、小2～小6にかけて 50％／50％に近づける。
(c) 50／50 モデル
幼児から小6まで一貫して、どの学年も 50％（L1）・50％（L2）というもの。
(d) Two-Teacher モデル
学級担任が2人、教科を一人は L2 を使って教え、もう一人は L1 を使って教える。2人で一緒に教える教科（例えば算数など）もある。

　以上は、プログラム全体の2言語に対する時間配分であるが、実際にどのように2言語を切り替えて使うかというと、「半日切り替え型」(half-day plan) と一日おきの「隔日切り替え型」(alternate-day plan) が多い。新しいものとしては (d) の Two-Teacher モデルで、イリノイ州 Schaumburg の Dual Language Program で近年取り入れたものである。日本の New International School が創立当初から実践している「教師1人1言語型」もこの形でよい成果をあげている。
　いずれにしても実際問題としては、地域や学校当局のさまざまな状況によって2言語の構成人数が均一ではないことが多く、ニューヨーク市の 60 校を対象に調査したトーレスグッドマンら（Torres-Guzmán 他 2005）は、内容のばらつきが大きくて、外国語教育の域を出ないケースが大多数だったという。また CAL の (a) と (c) を比較した調査では、英語の読み、算数では差はなかったが、全体としては (a) の方が母語がしっかり伸び、高度の2言語能力が育っており、母語を学校で授業言語として使うとそれだけ英語の伸びが遅れるという危惧が教師にも保護者にもあったが、それは払拭されたと言っている（Christian 他 1997; Lindholm-Leary, 2001）。2言語の読みの伸びに関して3つのプログラムを比較した研究では、(a) が母語で自分から本を読もうとする子がいちばん育つのに対して、(b) (c) はいったん英語で読めるようになると、自分から母語で本を読もうとしなくなる傾向が見られたという（例：Cloud 他 2000）。以上いずれも幼児期から小学校低学年にかけて、母語の方をより強めておく方が読み書きまでできるバイリンガルが育ちやすいということを示唆している。この点は漢字という難関に直面する日本人児童生徒にとって注目に値する結果である。英語の本がすらすら読めるようになると、漢字まじりの本を手にとろうとしなくなることがよくあるからである。

「早期移行型」「後期移行型」「双方向イマージョン」の比較

　早期移行型、後期移行型、双方向イマージョンを比較対照して、どのプログラムが長い眼で見てもっとも効果的かを調べたトーマス・コーリエの大規模調査がある。幼児から高校3年生まで5つの州の21万人を対象として地域の教育委員会の協力を得て、英語の読み書きの力、算数・数学、社会、理科の学力の伸びを縦断的に調べたものである。結果、3つの型の中で、「双方向イマージョン」がもっとも効果的でそれに続くのが「後期移行型」であったという。要するに母語の習熟度が高ければ高いほど算数や英語の成績が高く、欠席が少なく、学習態度がいいということである。さらに学齢期の途中で海外から編入する場合は、小学校4年くらいの母語の力を持つ子どもがL2での学力獲得に有利だという。「早期移行型」については、その他の集中英語支援も含めて、一時的に効果があがっても普通学級に戻ったときに母語話者とのギャップが大きすぎるという指摘をしている（Thomas & Collier, 2002）。

継承語教育の推進

　移民受け入れ国には、移民言語集団が自国の言語文化を守るための継承語学校が生まれるものであるが、米国も例外ではなく、2000年の国勢調査では、民間の放課後や週末の継承語学校が5,000以上あり、学齢期の40％が家で英語以外の言語を使用していたという。日本語学校についても例えばカルフォルニア州などには、長年にわたっていくつもの日本語学校を束ねた大きな組織があった（井川 1997-1998）。フィッシュマンは、このような民間の週末学校が、何百万人もの米国人のアイデンティティ形成に寄与し、アイデンティティ形成上の空白を埋める大事な役割を果たしてきたものとして公的に認められるべきだと言っている（Fishman, 2001）。継承語学習者（heritage language learners, HLL）がELLの別名のように使われるようになったのは、「バイリンガル教育」の廃止とほぼ同時で、2000年前後と言われる。継承語を高度の外国語のリソースとして認め、高校生、大学生を中心にして、「国家安全危機言語プログラム」でアラビア語、中国語、ウルドゥー語、ペルシャ語、ヒンディ語、韓国語の高度な力を持つグローバル人材の養成に乗り出したのとほぼ同時に、米国継承語全国大会（1999年）、継承語優先研究領域会議（2000年）が開かれ、その後継承語研究所（Heritage Language Institute, NHRC）が設立され、2003年から紀要 Heritage Language Journal が発刊されている。現在応用言語学センター(CAL)のホームページには、全米継承語学校に関するデータベースが公開され、情報交換ネットも稼働している。全米外国語教育組織（American Council on the Teaching of Foreign

Language, ACTFL）でも、2008年に継承語部会（Heritage SIG）が誕生している。

スタンフォード大学教授のValdés（2001）は、継承語の特徴を5点挙げている。
（1）技能がアンバランス。聞く力は強いが話す力が弱く、読み書きの力がさらに劣る。
（2）文法構造の1部が未習得。家庭で使うだけでは育ちにくい文型や機能がある。
（3）教科学習言語能力を欠くため、アカデミックな内容の話が困難。
（4）書き言葉とその文体の未習得。
（5）地域共通語特有の問題（＝方言の使用）が多い。

いずれも継承日本語学習者にも当てはまる指摘である。

視点を変えて「継承語話者」となると、その定義が多岐にわたる。Valdés（2001）は「家で英語以外の言語を話す家庭に育ち、その言語を話す、あるいは理解できるなど、その言語と英語がある程度使えるバイリンガル学習者」という出自と言語能力を英語との関係で定義している。これに対してハワイ大学の近藤ブラウン（Kondo-Brown 他 2006）は、HLLとは「外国生まれの両親またはその他の家族のメンバーとの家庭での接触を通して、主要言語以外の言語・文化を習得した学習者」とし、習得の場（家庭ベース）と習得方法（自然習得）で定義している。いずれの定義も言語文化集団との関係や揺れるアイデンティティの格闘などが見えてこない。家庭で継承語に接触した子どもがすべて継承語話者になるわけではないし、また近年増えている国際養子縁組、幼少時代を海外で過ごし、高度の現地語を獲得した子ども、先住民の子ども、健聴者の親を持つろう児などはどうなるのであろうか。ホーンバーガーとワング（Hornberger & Wang, 2008）は、この点に注目して「英語以外の特定の言語と家族あるいは祖先と繋がりを持ち、その特定の継承言語・文化を学習するかどうかを主体的に決める個人」という複数言語時代により適した定義をしている。継承語の定義においても学習者主体であるべきだと言っている。米国の継承語教育が中高生を中心にしていることから、自分自身の置かれている立場を客観的に見て、自主的に選択する力のある中高生の継承語教育に適したものと言える。

カナダの移民児童生徒教育

米国と比べて、カナダで英語指導が必要な移民の子どもたちには、どのような対策がとられているのだろうか。前述したように、カナダは教育が州の管轄であり、移住者の数が州によって異なるため、英語支援も継承語プログラムも州によっ

て状況が異なる。本章では、移住者が最も多い英語圏のオンタリオ州を中心にして、最後に中西部3州などで行なわれている国際語（継承語）パーシャル・イマージョンに触れる。

3種類の ELL 支援

カナダは、世界第2位の領土を持っているが人口が3,416万（2013）で、日本の四分の1、米国の10分の1である。このため毎年35万人近くの移民を受け入れる移民大国である。オンタリオ州には、国全体の人口の約3分の1が集まっており、移民人口が最も多い経済的・政治的・文化的中心都市トロント市では、学齢期の子どもの60％は移民の子どもだという。

オンタリオ州ではELLに対して、次の3つのプログラムで対処している。

● ESL（English as a Second language）
英語力は学年相当ではないが、母語が順調に発達している子どもたちが対象である[4]。「取り出し指導」の英語補強プログラムで、夏休みを利用したプログラムもあり、高校の単位になる「ESL歴史」や「ESL地理」というような支援つき教科クラスも開かれている。

● ELD（English Literacy Development）
英語の会話力はあるが、読み書きの力が低い6～16歳対象のプログラムで、英語は話せるが標準的ではない英語を話す子どもも含む。学習者としての自尊感情を高め、児童生徒のアイデンティティを大事にしつつ、読み書き活動を通してリテラシーとの関わり度を高め、高度のリテラシーを獲得しようとするプログラムである。

● LEAP（Literacy Enrichment Academic Program）
何らかの理由でノーマルな学校教育が受けられなかった4年生から高校生までの児童生徒を対象に、集中して学年相応の教科学習言語能力を取り戻すためのプログラムである。3年間継続可能。ある程度の会話力があること、やる気があって欠席しないこと、親の支援もあって学力が伸びる可能性のある児童生徒を、担任教師の推薦で受け入れる。LEAPには2つのレベルがある。センター方式[5]で1クラス20名の多学年編成。小・中学生は1日の50％、高校生は毎日3時間で、対象となる教科は小学生の場合、算数、理科、社会で、中学になるとそれに歴史と地理が加わる。英語力に焦点を当てる場合と学力に焦点を当てる場合がある。教授アプローチはテーマ学習で、担当教員たちが独自のモジュール教材を開発している。例えば、「平和」というテーマで、「平和とは何か」「文学作品の中の平和」「平和に向けての第一歩—平和週間の企画」という3つのモジュールが開発さ

れている。児童生徒の興味を引く、具体的なアクティビティがつまったものを目指しているという[6]。

　以上の3本のプログラムでカナダ、オンタリオ州では、日本の外国人児童生徒教育で課題になっている不就学児やダブル・リミテッドの子ども、また会話は流ちょうであるが、教科学習にはついていけない子どもに対処しているということである。

　この方式でどのくらい成果を上げているかというと、トロント教育局の年報によると、小学校低学年では算数と読みの力が母語話者と比べて約20％、書きでは30％下回るが、10〜11歳くらいになるとどの領域でも母語話者に近づくという。この結果から、移住者児童生徒への教育的支援は5〜19歳ではなく、5〜11歳、つまり幼児と小学生に焦点を当てるべきだという（Government of Ontario-News, 2007）。このようなかなり良い結果の背後にあるのは、カナダが技術を持った高学歴の移民を選んで受け入れていること、教育熱心なアジア系移民が多数を占めること、そして複数言語でリテラシーを獲得することから生まれる相乗効果が寄与していると思われる。さらに、過去の就学経験に問題があった子ども（children with limited prior schooling, LPS）に対して、継続して教育が受けられるように公教育の中で特別支援をすることを、州の文科省が施政方針として掲げていることも成功の要因の1つである。

◯ Thorncliffe Park Public School

　筆者が訪問したトロント市郊外のThorncliffe Park Public Schoolは、北米でもっとも移住者児童が多いと言われる小学校である。5歳児から小学校5年生までの在籍児童数が1,359人、そのうち家庭で英語以外の言語を使っている子どもが97％を占めている。カナダ在住年数では、カナダ生まれ47％、3年以上29％、3年以内14％、1年以内3％という状況である。実はこのような在籍児童の構成比が、図Aのように、学校のホームページに掲載されているのでまずびっくりしたが、学校の中に入るとさらに驚いた。それは、図Bのように複数言語による表示（例えば、トイレ）に加えて、学校独自の行動規範を示すキーワード（例えば、チームワーク、協力、正直など）が道路の標識のように廊下に掲げられていたことである。目前で両親が射殺されるなど、衝撃的な経験をしてきた子どもが多いそうであるが、さまざまな宗教を超えて、学校独自の共通の倫理観念や行動規範を創り出そうとしているところが興味深かった。

図A ●トロントの移民児童の多い公立小学校
　　　——Thorncliffe Park Public School の
　　　ホームページより

児童数　1,359 人（幼児〈5歳〉～小5）

家で英語以外の言語を使っている児童　97％
カナダ生まれ　　　　　　　　　　　　47％
カナダ滞在1年以内　　　　　　　　　 3％
カナダ滞在1～3年以内　　　　　　　　14％
カナダ滞在3年以上　　　　　　　　　 29％

図B ● Thorncliffe Park Public School の廊下の風景

10 カ国語で書かれたトイレの表示　　廊下の標識「HONESTY（正直）通り」　廊下の標識「TEAMWORK（チームワーク）通り」

Ontario Early Years Centres

　もう一点加えておきたいのは、移民の子どものための就学前教育である。0歳児から6歳児までを対象に、州政府が無償で提供する親と子のための母語リテラシーの基礎づくりのための民間学習機関がある。その1つが Ontario Early Years Centres（図C）である。現在トロント市に 250 カ所設置されており、移住者も含めて誰でも参加できる。目的は幼児期の母語の重要性を訴えるもので、遊びや読み聞かせを通して母語を育てること、親業（parenting）を学ぶこと、カナダの教育制度に関する情報提供、特別支援が必要な子どもの早期発見などである。午前と午後に分けて定期的にさまざまなプログラムを提供し、図Cのように、子どもと親（または祖父母）が一緒に自由に参加できるようになっている。

図 C ● Ontario Early Years Centres の様子

絵本の読み聞かせ　　　　　　　センター内の風景

継承語プログラム[7]

　トロント市には、継承語教育が、国際語教育という名称で開かれている。トロント地区教育委員会支援のものは次の3種類である。
（1）統合プログラム　学校のカリキュラムの中に組み込まれた統合プログラム（Integrated/ Extended Day Program）で、授業の合間を見て40分継承語学習をするものと、登校時間を40分延長して行うものである。言語集団（たとえば、イタリア語、広東語など）が密集して居住している地域の学校ではこのような形態が可能である。
（2）放課後プログラム　平日の1日だけ放課後2時間半行うもの。センター校があり、そこに他校からも興味のある児童・生徒が集まるという形である。
（3）週末プログラム　地域の言語集団が運営母体になって、土曜か日曜の午前中2時間半行うものである。生徒が25人集まれば開設することができる。
　この他、教育委員会の支援なしで、地域の言語集団が運営母体になって開かれる民間の継承語プログラムもある。
　（1）と（2）は、授業料は無料、（3）はコミュニティの運営母体が多少の授業料を徴収しているところもある。言うまでもなく参加は自由で、希望者すべてを受け入れなければならない。トロント市の場合、2016年度のプログラム総数は全部で535、登録生徒数は3万人だった。その内訳は（1）67プログラム（登録生徒数 3,524 人）、（2）265 プログラム（登録生徒数 7,037 人）、（3）348 プログラム（登録生徒数 3,136 人）、そして言語の種類は 51 に及ぶ。もっとも参加児童が多いのが（2）の放課後プログラムである。
　時間数としては、前に述べたように週 2.5 時間、年間トータルで 80 時間である。継承語プログラムは幼稚部から 8 年生（中学 2 年）までで、高校生になると、（1）、（2）、（3）を修了した生徒が、高校の単位となる「国際語」が取得できるようになっている。
　日本語のプログラムは（2）が1つ、その他はすべて州政府の補助金なしの民

間継承語プログラムである。日本語学校が3つ、幼児のためのプレイグループ、保育園・デイケア・親子教室などが15カ所以上、近隣の地域を含めると20数カ所にのぼる。

このように豊かな継承語教育の背後には、「多文化主義法」(The Multiculturalism Act) という連邦法がある。カナダは、1969年にフランス語と英語をカナダの公用語とする「公用語法」(The Official Languages Act) を制定、それとほぼ同時に1970年に「バイリンガリズムの枠内における多文化主義」政策を打ち出し、1977年に連邦政府の「多文化促進プログラム」が始まって、民間継承語クラスへの支援を開始、続いてオンタリオ州がそれに加えて州独自の継承語教育を開始している。その後1994年に継承語を「国際語」と名称を改めたが、その内容はほとんど同じである[8]。

カナダの継承語教育の特徴は、米国が世界危機言語を選んで国が必要とする言語能力を高めるという連邦政府主導型の方針であるのに対して、言語集団指導型と言えよう。あくまでも民間の要望に応える形で発展してきている。ただ課題もある。それは英語力と継承語の力の両方への目配りがなく、ばらばらで効率よく両者を育てるという視点に欠けることである。また家庭と民間の言語グループにその内容が任されるため、民間継承語のプログラムの数は多いものの、指導者の研修や教授内容の質の統一がとれていないことである。継承語教育全体の質を高める教師養成や教授法の開発が必要とされている。オブライアンらが「多文化主義法」の制定に先立って行なった全国調査で結論付けたように、「言語を(世代を越えて)保持するという仕事は、親の手を越えたもの」(Obrian, 1976: 176) であり、世代を越えて継承語を保持するためには、家庭以外の教育機関の支援を必要としている。

ここで、学校教育の中に組み込まれた継承語教育の取り組みを2つ紹介したい。

中西部の国際語バイリンガル/パーシャル・イマージョン教育

カナダの中西部では、アラビア語、中国語(マンダリン)、ドイツ語、ヘブル語、ポーランド語、スペイン語、ウクライナ語で、幼児または小学校1年から高校を卒業するまで、1日50％を越えない範囲で継承語を使った教科授業が公立小学校・中学校・高校で行われている。1970年代に首都のエドモントンで始まったものであるが、その後カルガリー市でも始まり、現在スペイン語、ドイツ語、中国語、ウクライナ語でバイリンガルプログラムが提供されている。ここで2つ具体例を紹介しよう。まずウクライナ語・英語イマージョン教育の例、次に最近急増している中国語・英語の国際語イマージョンプログラムである。

Delwood Public School（アルバータ州のウクライナ語イマージョン）

　カナダ西部の北の町、アルバータ州のエドモントンでは、ウクライナ語の半日パーシャル・イマージョンプログラムを公立学校の一部で行っている。1990年に見学に行ったときには、このようなプログラムが15校もあった。いずれもそれぞれの母語集団のコミュニティが州の文部省（Alberta Education）に申請することによって開設される。開設に当たっての条件は、幼稚園レベルをまずコミュニティの努力でやってみて成功したという実績があること、バス通学の世話などをコミュニティが行う力があることなどである。残念なことにアルバータ州の日系社会は小さすぎるため、日本語はこのような試みの対象になっていない。

　カナダのウクライナ人は当時すでに3世、4世の時代であり、家庭での日常語は英語になっており、ウクライナ語はほとんど使われていない。子どもたちはバスで町の各地からこの学校に通学して来る。午前は英語での授業、午後はウクライナ語での授業。同じ校舎の中に、フレンチ・イマージョンと英語だけのプログラムとこのウクライナ語パーシャル・イマージョンが併設されていて、校長の話では「複雑なようであるが、実はコスト削減になるし、子どもにもいい影響を与えている」という。ウクライナ語が英語、フランス語の公用語と肩を並べ、そのステータスが上がっていることが、一歩学校に足を踏み入れただけで肌で感じられた。また3つもプログラムがあると、子どもたちは自分の意思で1つのプログラムを選んでいるという実感があり、親の押しつけの継承語学習とは違っている。このようなプログラムを導入するためには、校長自らウクライナ語の集中訓練を3週間受けることが義務づけられている。

　このプログラムは幼稚園から高校3年まで州の文部省でその継続が保証されており、すでに3世、4世になったウクライナ系カナダ人の子どもがゆっくりとではあるが、確実にウクライナ語をものにしていた。世代を超えてことばと文化は伝承できるのだという1つの実例になるものである。

図15 ● Delwood Public School のウクライナ語イマージョン

幼稚部。後ろ中央が筆者

州の地理をウクライナ語で学ぶ2年生

中国語・英語の国際語イマージョンプログラム

　現在エドモントン市の公立小学校・中学校・高等学校の13校（小6校、中4校、高3校）、カルガリー市の4校（幼児から中3）に中国語イマージョンがある。1982年に幼稚園児33名で試験的に始まり、現在卒業生の総数は1,800人にのぼるそうである[9]。中国語ゼロの子どもも受け入れ、授業言語を午前と午後に分けて、それぞれの母語話者が教科を教えている。中国語で教える教科は、「中国語」（州が開発したChinese Language Artsというカリキュラム、日本の国語科に相当するもの）と算数・数学、音楽、図工、体育である。

　このプログラムの成果はどうかというと、鈴木（2013）によると、州の統一テスト（小3と小6）では、算数、理科、社会では州平均を上回る傾向があるが、英語力はやや低目の傾向だそうである。作文力に特化してみると、小3では中国語作文力が高いほど学力が高い傾向が見られたが、小6になるとその関係が消え、英語作文力と学力との相関関係が強くなっていたという。一方小6の中国語作文力が高い児童ほど、「民族的な誇りと（中国語に対する）付加価値」が高いことも分かったという。

　母語を失い、親子のコミュニケーションが途絶え、その結果アイデンティティが揺れ、情緒不安定、学力不振につながって、中退というサブマージョン環境に置かれたCLD児のことを考えると、民族コミュニティと家庭との協力のもと、公教育の中で幼児から高校までの一貫した50/50のプログラムで、母語による学習をすることによって、現地生まれの子どもも含めて民族ルーツを育て、英語と継承語が使えるカナダ人の育成に成功した一例と言えよう。教育委員会が幼児期から高校まで一貫したプログラムを公教育の中に設置していること、地域の中国語支援団体が通学バスの手配、奨学金設立、中国語の評価法開発など、積極的な参入をしていることも見逃せない。学校、家庭、コミュニティの三位一体の協力態勢が継承語教育には必要だということを如実に物語っている。

日本の外国人児童生徒─第2言語としての日本語教育

　移民大国であるカナダや米国ばかりでなく、移民政策を持たない日本においても、少子化・高齢化による労働力不足のために、外国人労働者をさまざまな形で受け入れざるを得ない状況にある。それに加えて、国際結婚の増加や過疎地における外国人花嫁など、いわゆる「外国人」に依存した形で国が存続するという事実は否めない。このような文化的・言語的背景の異なる「外国人」に付帯して入国してくるいわゆる「外国人児童生徒」、あるいは入国してから誕生する子ども

の教育は、どうあるべきなのであろうか。

単一言語志向の強い日本にとって、「外国人児童生徒」は「世界から日本社会に届いた宝物」と言った人がいるが、モノリンガル思考からマルチリンガル思考への転換に対して触媒の役を担う可能性を持っている。この子どもたちの日本語と継承語の両方を育てて、日本でも、また出身国に戻っても活躍できる、有能なバイリンガル人材を育てたいものである。

外国人児童生徒の実態

日本は、諸外国の中で15歳以下の子どもの割合がもっとも低く、総人口のわずか14.1％（720万人）である。このうち外国人児童生徒は、日本国籍を持った子も含めて73,289人である（文科省 2014）。つまり、日本人児童生徒のほぼ1％で、まだごく少数の子どもの問題であることが分かる。しかし、地域によっては親の仕事の事情、すなわち、地域産業や住宅事情との関係で、一部に集住する傾向があり、外国人児童生徒の在籍率が高い学校が多い愛知県、静岡県、神奈川県、群馬県などには、ポルトガル系児童生徒が70％以上という小学校もある。また大阪市・大阪府など人口の密集した地域では、子どもの文化的・言語的背景がより複雑になり、多言語・多文化、多国籍の子どもの問題を抱えている。全国的にみると、在籍児童生徒が「5人未満」という学校が8割を占める。言語数は全部で60以上、ポルトガル語、中国語、フィリピノ語、スペイン語の4言語で全体の82.7％を占める。

日本で外国人児童生徒と呼ばれるのは、言語背景の異なる日本在住者・定住者の子どもの総称であり、日本語力には問題のない在日朝鮮人や韓国人も含まれる。その中で日本語指導が必要となるのは、（1）中国残留孤児として帰国した者の末裔、（2）ベトナム・ラオス・カンボジア難民で、家族呼び寄せで来日したインドシナ系の子ども、（3）日系人就労者として来日したブラジル人やペルー人などの子ども、（4）過疎地のアジア系国際結婚の子ども、などである。リーマンショックと東日本大震災の後、上記の（3）は減少したが、一方で定住化が進み、日本に生まれながらことばの問題による低学力に悩む2世児が増えている。

第2言語としての日本語習得は、継承語教育と車の両輪として考えられるべきものである。日本語教育については次節で述べるが、両輪の片方である母語・継承語に関しては、文科省のホームページに全くその記述が見当たらない。国としての対策は、まだ一歩も踏み出していない状況と解釈すべきであろう。しかし、学校などで母語使用が禁止されているわけではないので、教育委員会、NPO団体、国際交流教会、住民グループによって、母語保持教室が開設されている地域もある。例えば大阪府の門真市の某小学校では、市教委の協力のもと、上記（1）の

中国系の小学生全員に正課の一部として中国語を教え、放課後にもBKD（本読み大作戦）[10]という多読支援をしているという。

また日本では、言語によっては「外国人学校」[11]という選択肢がある。リーマンショックや東日本大震災などの理由で経営困難に陥り、その数は減少傾向にあるが、ポルトガル語やスペイン語で教科学習をする、いわゆる母語保護学校であるため、母語は育つ。しかし、日本語は週数時間学ぶだけで、学習に使うわけではないので十分には育たない。「外国人学校」も、「日本の学校」と同じようにモノリンガルアプローチなのである。このため親は、子どもには日本語も母語も学ばせたいと思いながら、困難な選択を強いられるのが実情である。

第2章で述べたように、母語・継承語教育でもっとも大事な時期は、幼児から就学初期にかけてである。特に日本生まれの子どもは、この時期をはずすと母語が育ちにくい。母語が育たないと、ことばそのものの発達が遅れ、小学校高学年になって学年レベルの学習が難しくなる、というマイナスの連鎖反応が起こりがちである。また幼児期に来日した子どもも、保育園や幼稚園、あるいは託児所などで、母語が確立する前に集中的に日本語に触れることによって、言語そのものの発達が遅れる危険性がある。現在日本の外国人児童生徒対策は、義務教育機関に限られているが、それを幼児期、また高校レベルまで広げる必要がある。母語教育なしに日本語教育に集中することは、すなわちダブル・リミテッド予備軍の育成をしているようなものである。

第2言語（現地語）としての日本語教育

国内の外国人児童生徒の日本語教育は、年少者のための「第2言語としての日本語教育」（Japanese as a second language, JSL）である。第2言語教育は、外国語教育と同じ意味で使われることもあるが、狭義ではそのことばが使われている国で、日々の生活の中でその言語に触れながら学ぶことを意味する。つまり現地語教育である。外国人児童生徒のための日本語教育は、一歩家を出れば、毎日の生活で使う言語の習得であり、じかの接触によって付随的に起こる自然習得が中心になる。このため、JSLはあくまでも子どもの自然習得を助ける補強クラスと見るべきであり、成人のための第二言語習得のように、ゼロから教室で教えるという視点に立った教材や教授法は適していない。あくまでも子どもの自然な学びや気付きを大事にして、それを補助するという立場で指導する必要がある。具体的には、学級の中で日本人児童生徒との自然な交流の機会が十分あること、日本人児童生徒を交えたグループ活動などを通して自然な交流の場を設けることなどである。取り出し授業の必要性はもちろんあるが、このような自然な交流の場の必要性も、学校当局、教師間で認識されるべきであろう。

もう1つ忘れてはならないことは、年少者の JSL は、学校で教科学習をするためのツールの習得だということである。この点大人の第2言語教育とは異なる。一日も早く日本語ができるようになって、学級で日本人と肩を並べて学びたいと子どもが思うのは当然である。しかし、現実は厳しく、学年レベルの日本語、特に ALP の獲得には、少なくとも5年はかかるのである。日本では、この情報が一般常識になっていないために、教師も保護者も、そして子ども自身も無理な期待を持ちがちである。米国の5,000人以上の移住2世を対象に研究調査をしたポルトとラムバウトは、現地語・現地文化を習得する速度が、親の文化・言語の保持よりもはるかに越えると、不調和な文化受容が起こり、現地語も母語も伸び悩んで、結果としてダブル・リミテッドになりがちだと言っている（Portes & Rumbaut, 2001）。そして子どもにとって最も有利なのは、「選択的異文化受容」(selective acculturation) で、親の言語と文化を保持しつつ、世代間のつながりを保ちながらだんだんに文化変容していくことだという。教師は、日本人児童生徒を基準にして CLD 児を急がすのではなく、さまざまな支援を与えつつじっくり待つことが肝要だと、次のように述べている。

> 「…（急がせると）、第1に自尊感情が低下し、疎外感が高まる。第2に母語を流暢に話す力を失う。面接した児童の1人は、学校で自己認識と自己喪失の霧の中に追いやられ、（不完全な）外国語を話さなければならない屈辱感を味わう。（中略）このような状況が続くと英語（現地語）習得が不十分であるにもかかわらず、親とのコミュニケーションがとれなくなり、またコミュニケーションをとろうとする意欲も失うのである」(Portes & Rumbaut, 2001: 129-130)

日本語（L2）は滞在年数、母語（L1）は入国年齢

　日本語を含むバイリンガル教育の研究成果では、日本語の習得に影響するさまざまな要因が指摘されているが、個人要因（年齢や性格など）と環境要因（家庭や学校など）に分けると、個人要因の主要要因は滞在年数、そして母語の保持・伸張に影響を与える主要な要因は入国年齢である。要するに、日本語の力は大体滞日年数で推測でき、母語の保持率は入国年齢で予測できるということである。
　第3章で述べたように、また L1 と L2 は相互依存的関係にあるため、母語がしっかり発達している場合は、母語の力が下支えになるため ALP の獲得には5〜7年、母語の基礎が固まる前、すなわち8歳以前に国を越えて移動した場合には5〜9年かかると言われている。日本にはこのような認識がまだ一般に広まっていないし、また実証的な調査研究も少ないため、外国人児童生徒に対する支援が、極端に短い例（例えば、20時間のみ）がよく見られる。

実際に国立国語研究所のブラジル人児童生徒（小学生 220 名・中学生 22 名）の日本語とポルトガル語の OBC 会話調査によると、滞日 2 年目を過ぎると会話力が高得点に近づき、会話力と滞日年数とにかなりしっかりとした中位の相関が見られた。しかし、同じ会話力でも認知面となると、滞日年数よりは年齢との相関が強くなり、年齢が高い子ほど高度の日本語の会話力を獲得する傾向が見られた。一方、ポルトガル語の会話力は、滞日年数とはマイナスの関係で、入国年齢との相関がかなり高かった。小 2 が 100%、小 3 は 93%、小 4 は 88% というように、日本に来て 3 年くらいの間に母語の会話力がだんだんに落ちていくことが観察された。母語がしっかり確立している小学校高学年から中学生で来日した場合は、海外でも話す力の維持が可能であるが、母語の基礎の弱い小学校低学年で来日した場合は、よほど親が努力しない限り、あっという間に母語が後退していく。母語が未熟であればあるほど後退が速い（中島・スナス 2001）。
　では、日本生まれの子どもはどうだろうか。日本で生まれて、日本の保育園に通ったのだから、日本人の子と変わらないはずだと思う人が多い。ところが違うのである。最も分かりやすいのが語彙数である。日本人の子どもは小学校に上がる段階で約 5,000 の語彙があると言われるが、外国人児童生徒の語彙数は、生活環境によって大きく異なる。豊橋市教育委員会の築樋（2006）の調査によると、小学校入学時における日本語の語彙調査の正答率の平均は、「保育所・幼稚園」の児童（85 名）は 82.2% であったのに対して、「ブラジル人託児所」の児童（14 名）は 18.8% と大差が見られたという。一方「自宅保育（ポルトガル人）」（1 名）の場合は、日本語正答率 38%、ポルトガル語正答率が 84% という結果であった。このように生活環境の違いによって生まれる差は、小学校入学後、挽回することが難しく、高学年になるにつれて大きくなるというのが実態である。
　国としての幼児を対象とした日本語と継承語の指導方針が待たれるところである。と同時に、文科省が行なう外国人児童生徒に関する調査でも、滞在年数、入国年齢などの情報を含めたものが望まれる。

DLS 中心から ALP を目標とした長期的指導体制へ

　現在日本の外国人児童生徒への国の政策の問題点は、地方自治体任せで国全体としての一貫性を欠くこと、JSL 教師の資格認定制度がないこと、カナダの ELD や LEAP のような異なった教育背景に対処する複線の施策がないこと、などである。このために、多くの不就学児を排出する結果になっている。
　日本語指導に関しては、2000 年以降、かなりの蓄積ができてきている。まず日本語指導のための文科省の刊行物を列挙すると、「JSL カリキュラムのガイドライン」（小学生編 2001、中学生編 2007）、「外国人児童生徒受け入れの手引き」

(2011)、「外国人児童生徒教育研修マニュアル」(2014)、「外国人児童生徒のためのJSL対話型アセスメント—DLA」(2014)と、かなり豊かになった。さらに2014年に学校教育法施行規則が一部改正されて、日本語指導を必要とする児童生徒のための日本語指導が正課と位置づけられている。

「外国人児童生徒受け入れの手引き」には、日本語指導の形として「サバイバル日本語」、「日本語基礎」、「技能的日本語」、教科学習と関連したものとして「日本語と教科の統合学習」、「教科の補習」が挙げられている。外国語教育の一般的な傾向であるが、年少者JSLでもDLSが中心で、文字指導、漢字指導、文型指導、国語教科書の精読などが中心になっている。高いリテラシーを目標としたALPを育てる多読や読解・読書力指導や作文指導などまで届いていないのが実情である。カミンズが言うように、ワークシートなどでの練習を重ねれば獲得可能なDLSとは違って、図8の「マルチリンガル環境におけるリテラシー獲得の教育的枠組み」のようなALPを目標とした指導方針が必要となる。日本語と継承語で、読書と関わりながらALPの力をどのように獲得していくかが、今後のJSL教育の大きな課題と言えよう。

2014年に公開された「外国人児童生徒のためのJSL対話型アセスメント—DLA」は、ALPの力を推測するテストとして開発されたものであり、その意味で国内でも海外でもユニークなものである。このDLAの前身は、第4章の注2 (p. 92)で紹介したOBC会話テストとDRA読書力評価である。最近はOBC、DRA、DLAを使った研究成果が出てきており、日本という土壌での日本語と継承語の関係を知る上で貴重な資料となっている。これらの研究成果[12]が今後の政策にいかされることを期待したい。

マルチリンガル人材育成を目指して

現在日本の学校の外国人児童生徒の受け入れは、マイナス思考である。日本語ができない子、日本語指導が必要な子として、まるで欠陥児のような受け入れ方が一般的である。日本語の他に○○語も知っている子、というような前向きの受け入れ方ができないものであろうか。外国人児童生徒のルーツに対する誇り、自尊感情、アイデンティティを容認した上で「母語・継承語プラス日本語」と学力を育てる、加算的バイリンガルを目指した取り組みがなされるべきであろう。

少子化が深刻になりつつある日本では、外国人児童生徒も将来の市民となることを見据えた複線の言語教育を考えることが、日本の人的資源、言語資源づくりに繋がる。例えば、「日本語と英語と母語・継承語のトライリンガル育成プログラム」などが、選択肢の1つとして教育特区や集住地域で試みられてもいいのではないだろうか。このために当然必要となるバイリンガル教師の育成もさること

ながら、まずCLD児教育に関する基礎知識を、教育行政、一般教員、英語教師、日本語教師が共有することがまず第1の課題であろう。

注：1）CLD児の中には、国際結婚（家庭）児、ろう児・難聴児なども当然含まれるが、本書では北米の場合は移住児童生徒、日本の場合は外国人児童生徒に限ることにした。

2）Structured Immersion では、1年間のみの英語学習でその後英語を使って教科学習が可能であると考える。言語教育の常識を逸脱したものであり、学問的根拠のない、政治的判断と多くの識者が指摘している（例：Cummins, 1999）。

3）Center for Applied Linguistics（CAL）に登録されている日本語と英語の双方向イマージョンプログラムは、以下のとおりである。イリノイ州 Schaumburg の Thomas Dooley Japanese/English Dual Language Program、聖学院アトランタ国際学校の Dual Language Program、カリフォルニア州 Foreign Language Academies of Glendale の Dual immersing program と Dunsmore Elementary、ミシガン州 Livolia のマグネットスクール Niji-Iro Japanese Immersion Elementary School である。

4）母語チェックを受け入れ時点で全員に行なうのではなく、問題が起きたらチェックするという方針だそうである（ESLコーディネーターとの会話による）。

5）児童生徒が特定の時間だけ他の在籍学校から1つの学校に集まって、一緒に授業を受ける形のもの。

6）例えば Peace Talk: A Unit for Study in LEAP Classrooms（Valley Park Middle School, Fall, 2007）など。

7）継承語教育全体に関しては、「海外日系人とバイリンガル教育」（第9章）に詳しい。

8）この経緯については、カミンズ・ダネシ（中島・高垣訳 2005）に詳しい。

9）Edmonton Chinese Bilingual Education のニューズレター（2015）による（www.ecbea.org/about.php）。

10）BKDとは、大阪府の某小学校における、CLD児のための放課後読書指導である。本を自分で選んで読んで、あらすじを書き、それを成果物として提示・公開する。CLD児は60名（全校の24％を占め、ほとんどが中国ルーツ）。2013年に始めた取り組みで、本好きになること、教師と子どもがいっしょに楽しむ仕掛け作りがあること、成果物を提示して"わくわく感"を促していること、目標冊数を個々が設定していること、などが特徴である。中国語の本を読む子どももいるので、母語支援の一環ともなっている（永田 2015）。

11）2007年には全国に100近くあったブラジル人学校がその後80校前後に減っている（朴 2007）。

12）例えば、真嶋・桜井（2015）など。

第8章 海外児童生徒とバイリンガル教育

Contents

全日制の日本人学校とバイリンガル
現地校と補習校の組み合わせで育つバイリンガル
トロント補習校の調査
補習校生徒の2言語の発達
恵まれたバイリンガル環境——週末イマージョン
学齢期の移動に伴う一時的ダブル・リミテッド現象

グローバル時代を迎え、日本国籍を持つ在留邦人は85万を越えた。2014年に海外で学齢期を過ごした子どもの数は76,536人、日本に帰国した子どもは約11,000人という。親の赴任あるいは移住に伴って、海外で学齢期を過ごす子どもの数は世界的規模で増えている。このような親の海外在住に伴って海外で育つ子どもは、どのような教育を受けるのであろうか。

　国内ではこの事実がほとんど認識されていないが、日本は、海外に貴重な教育施設を持っている極めてユニークな国である。総務省行政評価局（2015）によると、まず日本人学校[1]が世界50カ国、88校93施設あり、その生徒数は2万1,027人にも及ぶ。次が補習授業校（略して補習校）[2]で、世界55カ国に204校、その生徒数が18,983人である。補習授業校は北米に集中しており、現在在籍数が12,225人で、補習校生全体の67.9％に達している。この他に、例えば慶応義塾ニューヨーク学園など、私立の全日制の在外教育施設が8校ある。以上のような義務教育レベルの日本の海外教育施設を利用せずに、現地の学校やインターナショナルスクールなどに通学している邦人子女が36,526人いる。さらに希望すれば、通信教育も受けることができる。これほどの規模の教育機関を海外に擁している国は、世界でもまれである。

　以上のような海外児童生徒教育が、過去50年近くにわたって蓄積してきた知見は、言語発達の面でも異文化教育の面でも実に豊富である。中でも日本語を1言語とするバイリンガル育成における貢献は実践においても、また調査・研究においても他の追従を許さず、そこで得られた

知見は日本の英語教育はもちろん、外国人児童生徒やその他のマイノリティ言語児童生徒のことばの問題を考える上でも、大いに参考になるものである。

　国際社会で活躍できる真の意味でのグローバル人材が要請される現在、海外で育つ子どもが日本にとって極めて貴重な存在となりつつある。もともと海外の教育機関は、日本企業の海外進出に伴い、学齢期の子どもが帰国の際に、問題なく日本の学校に復帰できるようにという目的で設置されたものであるが、今後は、グローバル時代が必要とするバイリンガル育成という観点から見直すときが来ているように思われる。この観点から現在の海外児童生徒教育を見ると2点大きな課題を抱えている。1つは在外教育機関が小・中学校の義務教育のみであり、バイリンガル育成にとってもっとも大事な幼児期が空白になっていることである。海外に在留する3～5歳に関しての情報は、2004年の在留邦人子女数調査（外務省）によると、その時点で幼児の数は2万近くにのぼっていた。にもかかわらず、当時幼稚部を設置している日本人学校は82校中14校（17.1％）に留まっていたという。もう1つの大きな課題は、教科学習言語能力（ALP）がもっとも強まる高校時代が空白になっていることである。2013年現在、高等部が設置されている補習校が204校中わずか62校（30.4％）、全世界で在籍数1,055人という現状である（2013年現在）。2011年になって初めて、中国の上海日本人学校に高等部が設置されたが、今後幼児から高校までの教育が海外でも可能になるように、さらなる改善が望まれるところである。

全日制の日本人学校とバイリンガル

　海外児童生徒をバイリンガルに育てるということは、母語である日本語（L1）と、その土地のことばである外国語（L2）をバランスをとって発達させることである。海外は外国語を育てるのには恵まれた環境であるが、マイノリティ言語である日本語の発達には適していない。従って、現地語を習得すると同時に、どのくらい母語保持に成功するかが問題の鍵となる。母語保持に関しては、ランドレイとアラードのモデル（第3章）で明らかなように日本語がその国でどのような立場にあるかによって対処の仕方が異なってくる。日本語の社会的地位の高いところでは、海外にいても日本語を保持・発達させることができ、外国語の習得がうまくいけばバイリンガルになるわけであるが、日本語の社会的地位が低い場合、あるいは日本語より社会的地位の高いことばとの接触量が圧倒的に多い場合は、母語離れが起こる。このような状況にある子どもたちの母語離れを防ぎ、アイデンティティを保護するための学校をフィンランドのスクットナブ-カンガスらは「シェルター・スクール（母語・母文化保護学校）」と呼んだ。海外児童生徒のための全日制日本人学校はシェルター・スクールの一例と言えよう。

　もちろん日本の全日制日本人学校は、帰国した際に日本の学校にソフトランディングできるようにという現実的なニーズから生まれたものであり、直接日本語・日本文化、アイデンティティの保護を目的としたものではないが、結果としては効率の良い母語・母文化保持学校になっている。しかし、バイリンガル、バイカルチュラルの人材を育てるという点から見ると問題がある。

　まず第1に、外国で生活していても高度の外国語の力が育ちにくいこと。しかし、学校を一歩出れば、さまざまな生の外国語に触れることができるので、小学校から外国語（現地語）の授業を入れて、語学教育に積極的な取り組みを見せている全日校も多い。バイリンガル教育の立場から見ると、カナダの補強フレンチのように、教科の一部、例えば社会科の一部などを視覚教材やITを駆使して、現地語で学ぶなどという大胆な外国語の取り入れ方をすることによって、もっと豊かで質の高い異文化体験が可能になろう。第2は、海外在住でも日本人だけでかたまり、自分のグループ（日本人）と他のグループ（外国人）の区別がはっきりした形になると、多文化共生教育につながらない。この壁が厚くなれば、子どもの一生に影響を及ぼす「人種差別」教育になる恐れがある。閉鎖的にならないために、地域に開かれた学校にする努力が必要であろう。第3は、義務教育のためにある全日制日本人学校であるため、前節で述べたように、母語保護を最も必要とする幼児期と高等部が非常に手薄だということである。特に高等部が設置さ

れていないために、現地のインターナショナルスクールへの転校を余儀なくされる高校生も多い。小・中・高一貫して「国語力」を保持伸張することが困難であり、大学進学の大きな障害となっている。

現地校と補習校の組み合わせで育つバイリンガル

　英語圏に来た多くの日本人児童生徒は、「現地校」と「補習校」の組み合わせで学齢期を過ごしている。もちろんニューヨークのような大都会では、何年も前から進学塾が進出していて、日本人の子どもの補習校離れ、日本人学校離れが問題になっている（朝日新聞 1996.6.18）。

　現地校に入った子どもは、好むと好まざるとにかかわりなく、ある日突然学習言語ががらりと変わり、全く分からないことばでネイティブ・スピーカーと一緒に机を並べて勉強しなければならない状況に追いやられる。この学習環境のスイッチが子どもの人間形成、知的発達に与える影響は、計り知れないものがある。プラスの影響ももちろんあるが、子どもによってはマイナスの影響をこうむることも当然考えられる。学校教育はその社会のよい成員をつくり出すためにあるものだから、現地校で勉強するということは、当然その社会のメンバーになるための行動規範、価値判断を身につけることになる。

　子どもの教育に熱心で、どちらかというと過保護になりがちな日本人の親たちが、英語力のない子どもを無防備のまま現地校に入れるという、とてつもなく無謀なことがよくできるものだと私はつねづね思っている。子どもにとっては負担の重い経験で、強い子どもなら何とか切り抜けられるが、弱い子どもは被害をこうむることが当然予想されるからである。大海にほうり出して、窮地に追い込まれて泳ぎが体得できる子どももいれば、それがもとで水恐怖症になり一生泳げなくなるという子どももいる。プールでゆっくり子どものペースに合わせて教えた方がいい子もいるのである。クラスのほとんどが母語話者で、そのネイティブ・スピーカーのために作られたカリキュラムの授業に、子どもは必死でついていかなければならない。そして、その鍵となることばは皆目分からないのである。こういういわゆるサブマージョン環境での英語習得は子どもにとっては死活問題であり、親が通う英会話教室や日本の学校での英語学習とは本質的に異なる。子どもなりに自分の持っているあらゆるものを動員し、すべての力を結集して、1日でも早く仲間に入れてもらって毎日の学校生活が楽しくこなせるように最大の努力をする。従って、このような状況では、子どもの年齢、性格、母語の力、学力、すべてがものを言うのである。

　一方、親は、子どもの苦労はさておき、1日も早く現地の学校になじみ、教師

にも褒められ、仲間にも人気があり、そして成績もいい子であることを期待する。と同時に、帰国に備えて日本の教科書の勉強もさせ、家庭では日本的な「良い子」であることを期待するのである。このような親の過度の期待のはざまに生きる子どもたちは、最も過酷な学習環境にさらされることになる。『子どもの異文化体験』の著者箕浦康子は、大人は海外に出ても「仮住まい」をすることができ、今はちょっと我慢して、日本に帰って将来役に立つこと（つまり英語力）だけを吸収すればいいのだと考えるようだが、子どもはどこに居ても「本住まい」しかできない。現地校に入れば、体を通して学校文化をトータルで学んでしまうから、当然「現地人化」も進み、非日本人的な行動や情感を示すようになる、と述べている。

『アメリカへ帰りたい！――日米異文化衝突戦争』（日本図書ライブ）の著者服部孝彦は、ある座談で自らの体験談を次のように語っている。

> 「私自身、アメリカに初めて住んだのは臨界期の前でもあり、アメリカの子ども達と同じ発音ができるようになりました。しかしそうならないかぎり仲間に入れてもらえませんよね。一日も早く同級生と同じ扱いを受けたい、同じように成績評価を出してもらいたい、遊んでいるときに何不自由なくケンカもしたい。子ども同士の世界というのは残酷ですから、ことばを間違えるとバカにして笑いますけど、次に同じことばが笑われなくて通じれば、それは一生忘れない。そうやっていろいろな屈辱を味わいながら、外国語を日々全身で学んでいくわけです。ですから、親から見たら、一見子どもが楽しそうに遊んでいても、じつはそうじゃない。子どもの場合は全神経を集中して学んでいる。間違えて恥ずかしいとか、笑われちゃうとか、そんな余裕がないからこそ外国語を学ぶのが早いのかなと思うんですよね」（服部1995: 26）

このように、現地の学校でサバイバルのために英語を獲得することがいかにすご味のある、痛い経験であるかがよく分かる。

さて視点を変えて、バイリンガル育成の立場から見ると、英語圏で現地校と補習校という組み合わせで勉強することは、かなり効果的な2言語環境と言える。英語の方は、毎日学校で接触をするから、十分刺激が与えられる。トロントの公立学校の例でいうと、小学校の授業時間は年間810時間、中学校は900時間であるから、現地校に2年も通えば、英語との接触時間が1,620時間から1,800時間になるのである。5、6年もいれば5,000時間になり、ネイティブ・スピーカーに近い英語力が身につくはずである。一方、日本語の方は、家庭で使用し、週末または放課後に補習校で日本語を使って教科学習をする。このように2言語を使って生活をするので「会話面」も育つし、また2言語で学習もするため「認知・学力面」も育つ。また同年齢の子どもたちとのじかの交流も十分あるので、バイ

リンガル、バイリテラル、バイカルチュラルに育つ可能性をもった言語環境なのである。

トロント補習校の調査

カナダのトロントで公立小学校に通い、週末は補習校で学ぶ海外児童生徒が、一方で日本語を保持しながらどのように英語を習得していくか、日本語力の保持と英語習得との関係を調査したことがある。この調査はカミンズ、スウェインらと共同で1979年から1986年にかけて2度にわたって行ったものである。資料としてはやや古いが、バイリンガル教育の立場から2言語の習得状況をこの調査ほど細かく調べたものは希少なので、ここで紹介しておきたい。その後2009年に、同じ補習校で作文調査を英語と日本語で行ったが、書く力でも大筋でほぼ同じ結果が得られている[3]。

トロント大学の教育大学院（Ontario Institute for Studies in Education, OISE）は、世界的に有名なバイリンガル教育理論の開発や研究のメッカであるが、1970年代にはほとんどの研究がフランス語と英語で行われており、もし日本語と英語の組み合わせだったら、違う結果が出るのではと思われることが多かった。そのころカミンズは「2言語相互依存の原則」を提唱し始めたところであり、これを言語形式、表記法、思考形式が異なる2言語で実証する必要があった。トロント補習校の日本語と英語の語学力調査は、この目的のために行なわれたものである。「第1言語と第2言語の習得との関係について」というテーマで、最も教育環境に恵まれた日本人児童生徒と、そのころ最も教育的に恵まれない環境にあったベトナム難民子弟とを対比させて、2つの言語能力の関係を浮き彫りにしようという試みだった。

第1回の調査で対象になったのは、補習校小学生91名である。年少児と年長児の2つのグループに分けて、日本語テストと英語テストを実施、親には個人面接で子どもの言語環境調査を行った。年少児は小学校2、3年生（7～9歳児）、年長児は5、6年生（10～12歳児）で、いずれもカナダに来て6カ月から6年9カ月までの子どもたちである。全員週日はトロント市近郊の公立小学校に通い、土曜には市内の補習校に来て、4教科（国語、算数、理科、社会）を勉強していた。

まず語学力を「会話面」と「認知・学力面」に分け、それぞれ英語と日本語のテストを行った。現地校の教科学習に必要な「認知・学力面」の英語力を調べるために、カナダで標準化された英語読解力テスト（2年生用）[4]を使ったが、まだカナダに来たばかりで、英語力の極端に低い生徒もいるため、文章反復テスト、

反意語テスト、前置詞テストなども加えた。日本語の「認知・学力面」については、日本で標準化された日本語読解力テスト（2年生用、5年生用）[5)] を用いた。会話力は、91名の中から56名をランダムに抽出して、英語のネイティブ・スピーカーと日本語のネイティブ・スピーカーが組になって家庭訪問し、英語の会話力と日本語の会話力を各約20分ずつ面接テストをして調べた。父母を対象にしたアンケート調査は親の教育歴、子どもの性格、現地校適応状況、家庭内の2言語使用状況など46項目におよぶもので、これも父親か母親、どちらかに面接して行ったものである。

5年後に2回目の調査を行ったが、対象範囲をぐっと広げて、補習校の幼稚園児から中学2年までの全学生徒334名（男子172名、女子162名）を対象に英語と日本語の標準読解力テスト、また全員に課題作文テスト（手紙文）を英語と日本語で実施した。

会話力テストは、(A) 場面依存度が高く認知力必要度が低い「人と対話する力」と、(B) 場面依存度が低く認知力必要度が高い、「考えをまとめて話す力」を対比して行なった。テストの内容は次に示すとおりである。第3章で述べたように (A) は BICS (CF)、(B) は CALP (ALP) に相当する力である。

（A）●自由会話
　　　●ロールプレイ（おもちゃの電話2台使用）
　　　　（1）間違い電話の受け答え
　　　　（2）父への伝言を受け、それを父に伝える、あるいは補習校教師からの伝言を受け、母親に伝える
　　　　（3）映画館に問い合わせ（開演時間、入場料、道順を聞く）の電話をする
（B）●絵（写真）を並べて、絵話しをつくる
　　　●1枚の（複雑な）絵の説明

絵話しでは、日本語テストの場合は、自作のキャラクターの絵4枚、英語テストでは、一家そろって近くの公園へピクニックへ行くというテーマの写真（5枚）を使った。2度目の調査の課題作文は、絵で課題を示し、補習校の協力を得て授業時間の一部に日本語は20分、英語は25分という制限時間でそれぞれのことばで作文を書かせた。会話テストも作文テストも、英語と日本語とそれぞれ別に採点表をつくって、発音、流ちょう度、文構成、内容の豊富さ、受け答えの技術・態度などについてネイティブ・スピーカーが採点した。例えば、会話テストの場合は、英語は16項目、日本語は11項目である（表7）。

表7 ● 英語・日本語テストの採点項目　　　　　　　　（　）内の数字は得点

英語

A．自由会話
1．発音
　（0）聞き取りにくい
　（1）外国人の発音ではあるが、理解はできる
　（2）日本的発音が混ざる（3～5）音
　（3）日本的発音が混ざる（1～2）音
　（4）ネイティブのような発音
2．面接者の使用する言葉（聴解力）
　（0）説明を加えながら言い直さなければならない
　（1）速度を落とし、簡単な文で話す必要がある
　（2）速度を落とさず普通の複雑さの文で話せる
3．適切な応答
　（0）不適当な応答が多い
　（1）不適当な応答がいくつかある
　（2）すべて適切な応答である
4．語彙・内容の豊富さ
　（0）単語を並べた不完全な文が多く、内容も少ない
　（1）語彙の選択も適切で、内容もある程度ある
　（2）語彙も豊富で、内容も豊かである
5．動詞の活用・名詞の複数形
　（0）誤用が多い
　（1）誤用がいくつかある
　（2）誤用なし
6．冠詞の用法
　（0）誤用が多い
　（1）誤用がいくつかある
　（2）誤用なし
7．文構成の複雑さ
　（0）主に単文である
　（1）複文が少なく、単文に誤りが多い
　（2）単文の誤りは少ないが、複雑な文もまだ少ない
　（3）単文に誤りが少なく、複雑な文構成もある程度使える
　（4）ネイティブのような文構成
8．面接時の態度・余裕
　（0）非常におとなしく、非協力的
　（1）おとなしいが、協力的
　（2）余裕ある態度で会話に参加する
B．電話によるロールプレイ
9．疑問文の正確さ
　（0）誤りが2つ以上ある
　（1）誤りが1～2ある
　（2）誤りがない
10．電話特有の丁寧表現
　（0）適切ではない表現が多い
　（1）適切ではない表現が混ざる
　（2）すべて適切である
C．絵話し
11．文構成の複雑さ
　（0）単文がほとんどで、誤りが多い
　（1）複雑な文が少なく、単文に誤りが多い
　（2）複雑な文があり、単文に誤りが少ない
　（3）ネイティブのような文構成
12．絵話しにおける文のつなぎ方
　（0）つなぎ言葉や関係語が使われていない
　（1）つなぎ言葉などがある程度使われており、話をまとめようとする努力が見られる
　（2）つなぎ言葉などがよく使われ、話にまとまりがある
13．語彙・内容の豊富さ
　（0）内容に乏しい
　（1）内容がある程度ある
　（2）内容が豊かである
D．絵の説明
14．文構成の複雑さ
　　11．と同じ
15．絵の説明における態度
　（0）途中で諦めてしまう
　（1）大体要点だけは説明しようとする
　（2）適切な語彙が見つからない場合、説明を加えたり、質問したりする
　（3）すべて適切に説明できる
16．内容の豊富さ
　　13．と同じ

日本語

A．自由会話
1．発音・イントネーション
　（0）英語の影響が見られる
　（1）英語的発音が混ざる（3～5）音
　（2）英語的発音が混ざる（1～2）音
　（3）ネイティブの発音
2．面接者の言語（聴解力）
　英語Aの2と同じ
3．内容の豊富さ
　英語Aの4と同じ
4．語彙・文構成に見られる英語の影響
　（0）英語と日本語を混用することが多い
　（1）日本文の中で英語を使用することが時々ある
　（2）英語の影響は全く見られない
5．流ちょう度
　（0）大変たどたどしい
　（1）流ちょう度をやや欠く
　（2）ネイティブの流ちょう度
6．適切な応答

(0) 応答が不適切であったり、無答、または「分からない」という答えが3つ以上ある
(1) 無答・「分からない」が1〜3つある
(2) すべて適切な応答
7. 文構成の複雑さ
(1) 単文・単語を並べただけの文が多い
(2) 複雑な構文は少ない
(3) 複雑な構文を使いこなせる
8. 面接時の態度・余裕
英語Aの8と同じ
B. 電話によるロールプレイ
9. 面接者の指示に従う力・態度

(0) 途中で諦めてしまう
(1) 一部分しか演出しなかった
(2) 助けを求めたり、質問したりして、全部演出した
(3) 全部適切に演出できた
10. 適切な丁寧表現
(0) 丁寧表現を全く使用しない
(1) 適切な丁寧表現を使おうとする努力が見える
(2) 適切な丁寧表現を使うことが出来る
C. 絵話し
11. 内容の豊富さ
英語Cの13と同じ

補習校生徒の2言語の発達

この調査の結果、いろいろなことが分かったが、大事な点を1）英語の会話力の発達、2）英語の読解力の発達、3）日本語の保持、4）2言語の関係、の4つに分けてまとめてみると、次のようになる。

1) 英語の会話力の発達

まず会話力が現地校に入ってどのように伸びるのか、滞在期間との関係で見てみると、図16のようになる。これは生徒の滞在年数を横軸にして、会話テストの総合点を10点満点に換算して縦軸に示したものである。だいたい2年目で80％、3年目で満点に近づいていく生徒がいるのが分かる。が、同時に個人差が大きいことも明らかである。特に2年目に入ってもほとんど会話ができない子どももいるし、4、5年経っても会話力が思うように伸びていない子どもたちもいる。学校生活を何とかスムーズに送るのに必要な基本的な会話力の習得には、普通2年かかると言われているが、この調査でもほぼ同じ結果であった。ただし個人差が激しく、図16の中にマルで示したように4、5年経ってもまだ低迷している子もいた。L2の会話力の伸びには、2年から5年の個人差があるとワング-フィルモア(1987)が言っているが、まさにそのとおりである。

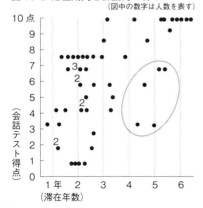

図16 ● 滞在期間と会話力の伸び
（図中の数字は人数を表す）

年少児と年長児では、会話力の伸びがどう違うのだろうか。一般的に言って、会話力では、年少児の方が年長児よりも有利だと考えられているようだが、実際に調べてみると、予想に反して、年長児の方がいろいろな面で有利だということが分かった。表8に示したのが年少児と年長児の英語の得点を比べたものであるが、年少児の方が得点が上だったのは発音だけであり、それも統計的には意味のある差ではなかった。その他、どの項目も年長児の得点の方が高かった。

表8 ● 英会話テスト学年グループ別得点差　　　　（＊は差の検定で有意となったもの）

	採点項目	学年	人数	平均点	標準偏差
1	発音	2／3年 5／6年	25 27	2.8 2.7	1.2 1.3
2	聴解力	2／3年 5／6年	25 27	1.4 1.6	0.6 0.6
3	適切な応答 ＊	2／3年 5／6年	25 27	1.6 1.9	0.6 0.3
4	内容の豊富さ	2／3年 5／6年	25 27	0.8 1.0	0.8 0.8
5	動詞活用と名詞複数形	2／3年 5／6年	25 27	0.9 1.2	0.7 0.8
6	冠詞の使用	2／3年 5／6年	25 27	1.0 1.2	0.7 0.9
7	文構成の複雑さ	2／3年 5／6年	25 27	1.8 2.4	1.3 1.6
8	面接時の態度・余裕	2／3年 5／6年	25 27	1.0 1.2	0.7 0.8
9	電話会話の質問形	2／3年 5／6年	25 27	1.0 1.2	0.8 0.8
10	電話会話の適切さ ＊	2／3年 5／6年	25 27	1.1 1.6	0.7 0.5
11	絵（写真）話しの文法	2／3年 5／6年	25 27	0.9 1.4	1.0 1.4
12	絵（写真）話しの流れ ＊	2／3年 5／6年	25 27	1.0 1.5	0.8 0.8
13	絵（写真）話しの内容 ＊	2／3年 5／6年	25 27	1.0 1.5	0.7 0.7
14	絵の描写の文法 ＊	2／3年 5／6年	25 27	1.0 1.5	0.7 0.7
15	絵の描写ストラテジー	2／3年 5／6年	25 27	1.3 1.8	0.8 1.1
16	絵の描写の内容の豊富さ	2／3年 5／6年	25 27	0.9 1.3	0.8 0.8

会話力と関係がありそうな要因を探って見ると、子どもの性格が浮かび上がってきた。親を対象としたアンケート調査で子どもの性格を「内向的」か「外交的」かで５段階に分けて判断してもらったが、いろいろな要因のなかで、この親の判断による子どもの性格が特に英語の対話のストラテジーと関係があるという結果が出た。積極的に人に話しかける外向的な子どもは、英語の発話量が多くなり、無口でおとなしく、人から話しかけられるまでじっと待っていて自分からは話そうとしない内向的な子どもは、どうしても英語の発話量が少なくなる。英語への接触（インプット）はあっても、発話（アウトプット）の量が少なくなるのでこれは当然な結果と言えるだろう。

　性格に次いで有意の関係が見られたのは、英語圏での滞在年数だった。カナダに来る前にアメリカにいたというような子どももいるので、それをすべてひっくるめた滞在年数と会話力との関係を調べると有意の関係が見られた。滞在年数は英語の接触量と考えることができ、図16に示したように、例外はあるが、一応英語圏での滞在が長くなればなるほど、英会話は上達すると言える。

　さて、ここで２つ問題がある。１つは英語を話すと言ってもどのくらい正確な英語が話せるかという正確度の問題。もう１つは、４、５年経っても会話力が伸びない子どもたちの問題である。第１の点について調べてみると、文法的に正しい英語で話せるようになるには、大変な時間がかかっていることが分かる。次に示すのは、被験者の１人、Ｋ子（11歳）の会話テストの録音記録の一部である。カナダ滞在１年５カ月。一見いかにも英語らしい発音で、流ちょうに話しているかのように聞こえるが、実は文法的には穴だらけの英語であることが分かる。

（１）Ｋ子（11歳）滞在期間１年５カ月

> "Today go to the picnic. And mother, ... [she is putting the basket]And ... [where is she putting the basket?] In the car. And father driving a car. And we go to the picnic ... park. And we palying basketball. And he look the book. [what's the dog doing?]Playing the ball. And now we eat lunch. And then ... [what's the lunch?] ... Er, sandwitch, and drink, ... and, I don't know, fruit." （[ ]内は調査員の英語）

ネイティブ・スピーカーとの対話の部分はかなりスムーズであるが、上の例のように、１人で英語をまとめて話すとなると、きわめて困難であることがよく分かる。文法的にどうかというと、まず主語が抜け、動詞のテンスが安定していないのが目立つ。動詞はだいたい現在形（go、look、eat、drinkなど）と -ing形（driving、playingなど）でまかなっていて、三人称単数の 's' や、現在進行形はまだ定着していない。

次に3年経って、カナダ滞在4年目になったK子に同じ写真を使って話してもらうと、次のようなめりはりのある英語になっていた。しかし、4年経っても、文法的に完全というわけではなく、例えば、下線の部分の 'have'（正しい形は 'has'）、'broked'（正しい形は 'broke'）はその例である。

（2）K子（14歳）滞在期間4年1カ月

> "One day Mike and Lisa went to skating. And I think they are trying to wear skating shoes. And Lisa is, I guess, first time in her skating, and Mike <u>have</u> to help her. And, but, I guess Lisa fell and, I guess, she <u>broked</u> her arm, and she was crying … like "Oh, my arm hurts!," and so they came … er … all people came up then, and they tried to help her."

授業で教師から英語を習う場合は、やさしいことから少しずつだんだん複雑なことへ進んでいくが、英語を学校生活を通して自然習得する場合は、子どもは生活に必要なものから覚えていく。「わしづかみ」とでもいうか、状況に合わせて大きな有用な表現をひとまとめにして覚えるのである。上の例でいうと、（1）の I don't know.（分からない）などがそれである。その他、It's mine.（私の物）、Whose turn is it?（誰の番？）、I don't want it.（ほしくない／やりたくない）など、仲間入りするのに最低限必要な表現を先に覚えるのである。また語学力が限られているので、それを補うためにいろいろなストラテジーを使う。例えば、実際は分からなくとも分かったふりをするとか、限られた幾つかの表現を使って英語が話せるような印象を人に与えようとするとか、いつも親切に助け舟を出してくれる子どもにぴったりくっついて行動するとか、子どもなりの必死の努力が見られる。

このような語句・表現がいくつか蓄積されると、繰り返し現れる部分を探すという分析が始まり、だんだんに新しい組み合わせを自分で試み、必要な文を必要に応じて新しく創造する力がついてくる。この場合も、骨になる部分を先につかんで、細かい部分は後回しにするという特徴がある。例えば、K子の動詞の例で言うと、初めはすべて 'playing' と 'play' で間に合わせ、それからだんだん 'plays' 'played' 'have played' などという動詞の形を手持ちの駒のなかに加えていくのである。このため、自分で文が一応つくれるようになっても、正しい英語が話せるようになるまでには、かなりの時間がかかるわけである。

では、正確な英語を話すようになるのにどのくらい時間がかかるのだろうか。会話の文法面だけを取り出して調べてみると図17のようになる。1年半くらいまではみな一様に低いが、2年目後半に近づくに従って個人差が現れ、3年目に入るとたいていの子どもが母語話者に近づいていく。しかし、前掲の図16と同

じように、3年目、4年目になっても低迷しているケースが幾つか見られる。

この子どもたちの言語環境を調べてみると、共通点として出てきたのは、日本人が集団で住んでいる住宅街に住んでいること、同じ現地校に行っている日本人の友人が多いことの2点だった。この点については、もっと大きなサンプルで調べてみる必要があるが、共通語が日本人の子どもの間だけで通用する簡略化されたブロークンの英語であったり、日本語と英語をチャンポンに使った仲間言葉であったりすると、英語と日本語がなかなか分化せず、正しい英語を身につけるのに大変時間がかかるようである。従って、毎日の接触を通して自然に英語を習得する場合は、子どもが「いい英語」に触れる環境が不可欠と言えよう。

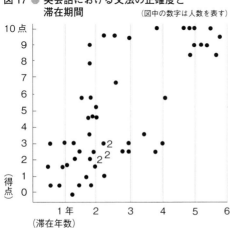

図17 ● 英会話における文法の正確度と滞在期間　（図中の数字は人数を表す）

2) 英語の読解力の発達

日本の小学生が英語環境に入れられた場合、いったいどのくらいで英語の読解力がつくのだろうか。小学校2年生程度の読解力を習得するのにどのくらい時間がかかるのか、カナダで標準化された読解力テストで調べてみると、図18のようになる。次に在カナダ滞在年数を横軸にして2年生の学年標準（32点）に近づく様子を2年生と5年生に分けて見てみると、図19のようになり、個人差はあるが、5年生の場合はだいたい2年から3年かけて英語話者2年生の読解力のレベルに近づいていくのに対して、2年生の場合はその動きが緩やかで、個人差が大きいということが分かる。

ところで、図18、19で気になるのは、2年生の場合、入国してすでに3年になるというのに、得点が極端に低い子どもたちがいることである。カナダに来て

すぐの子どもよりも、はるかに得点が低い。この子どもたちは、その時点で小学校2年、すでに滞在年数が3年目、4年目ということは、学齢期前に英語圏に入ったことになる。人数が少ないためこれだけのデータでは何とも結論は出せないが、日本語でまだ十分に読めないうちに海外に出て、慣れない英語で「読み」を習得しようとすると、より時間がかかるということを意味しているのではないだろうか。これまで強調してきたように、母語の読みの基礎があることが、外国語の読みの習得に役立つということである。

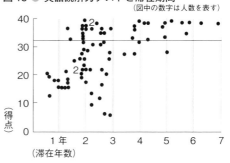

図18 ● 英語読解力テストと滞在期間
（図中の数字は人数を表す）

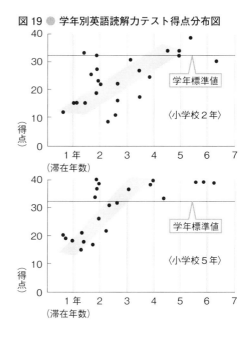

図19 ● 学年別英語読解力テスト得点分布図

〈小学校2年〉

〈小学校5年〉

小学校5、6年になると、学年相当の読みのレベルに達するのはたいへんだろうということが当然予想される。第2回の調査でこの点を調べてみたところ、学年標準値に達するのに、平均4、5年はかかっていることが分かった。これはずいぶん長いように思われるが、同じテストを使ったトロント市の大がかりな移住者・外国人児童生徒の調査では、平均5年から7年という結果が出ている[6]。それと比べれば日本人グループはかなり読みの習得が早い方だと言える。

図20は、英語圏に入った年齢によって学年平均に近づく度合いがどのように異なるかを示したものである。入国の年齢を4つに分け、「3歳未満」、「3歳〜6歳」、「7歳〜9歳」、「10歳〜12歳」の間に海外に出た子どものうち、それぞれの年齢層の子どもが学年平均（50点）に近づく度合を比べてみると、「7歳〜9歳」の間に海外に出た子どもたちがいちばん伸び率がよいことが分かった。「10

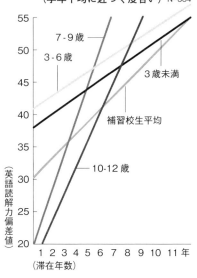

図20 ● 入国時年齢と英語読解力
（学年平均に近づく度合い）N=334

歳～12歳」の間に海外に出た子どもの場合は、前に述べたように期待されるレベルが高いせいか、「7歳～9歳」児よりも、学年平均に近づくのにより時間がかかるようである。

　読解力の伸びに影響を与える要因を調べてみると、まず子どもの年齢、次に母語（日本語）の読みの力が英語の読みの伸びと関係があった。読みの研究で有名なグッドマンは、「文字の種類がローマ字であれ、ヘブライ文字であれ、漢字であれ、また方向性が左から右、右から左、上から下であれ、読みのプロセスは1つである」、そして「すでに1つのことばで読む力を持っているものは、次の言葉で読む力をつけるときに、どんなに2つの言語が異なっていても有利である」（Goodman 1970）と言っているが、この調査でも、読み書きの基礎が日本語でできている子どもの方が英語の読解力が学年相応のレベルに達するのが早いという結果であった。

3　日本語の保持

　さて、日本語の保持の方はどうだろうか。まず会話力であるが、英語の会話力と同じように、11項目中10項目まで高学年の得点がはるかに高く、圧倒的に年長児の方が有利であった。特に小学校2年生の反応が非常に悪く、調査員も、英語では活発に答えてくれる子どもが、日本語になるとどうして、急におとなしく黙りこんでしまい、「分からない」「知らない」という返答が多くなるのか疑問になるほどだった。極端に発話量が低くなること、英語志向の傾向が強く、英語を好んで話すことが観察された。また、日本語の誤用率も年少児の方に多く、英語の干渉が多く見られた。

　オランダに行ったアメリカ人の子どもたちの英語の習得度を、1年間年齢別に追跡調査したスノーらも同じような観察をしている。

> 「オランダ語を学ぶということが英語のコントロールを失うことと関係があったのは、1人の例外を除いて、すべて3～5歳の初心者と3～5歳の間にオランダ語を学び始めた6～7歳児だった。また（英語とオラ

ンダ語の）干渉に関しては、主に語彙レベルの英語からオランダ語への干渉がどの年齢でもある程度見られたが、英語の流暢度が落ちるという現象や、オランダ語を好んで使用するという傾向は、この年齢の年少児だけに観察された」（Snow 他 1978）

　日本語の読解力はどうであろうか。滞在年数が長くなるにつれて、日本語の読解力の発達の度合いが遅くなり、日本のモノリンガルの標準に比べてかなり落ち込む傾向があることは当然予想される。第1回の調査では、日本の標準に比べて、平均偏差値は小学2年生で45.0、3年生51.1、5年生56.5、6年生51.5となり、2年生の読解力の得点の低さが目立った。しかも、滞在年数の平均は、5・6年生は38.1カ月、2・3年生は33.2カ月で、むしろ年少児の方が短いのである。当時は、対象児のほとんどが教育レベルも社会的地位も高い、海外に進出する代表的な日本企業の駐在員の子弟であったから、当然日本の全国標準を上回ることが期待されたが、小学2年生の場合は、補習校で日本語の学習を続けていても、日本語の保持・発達が難しいということである。

　小学1年生から中学2年生まで全校生徒334人を対象とした第2回調査のデータを使い、滞在年数を横軸にして、滞在年数が増えるにつれて日本語の読解力の得点がどう変わるか調べてみると、5年を過ぎるとだんだんに標準を上回る生徒が減っていく。また現地生まれを含めて、滞在年数が長い子どもたちの読解力は、標準を上回ることが難しいが、それでも40点台のレベルで日本語保持が可能のようである。さらに入国時年齢との関係を調べてみると、5、6歳以前に海外に出た子どもとそれ以降の子どもとの差が顕著に見られ、読解力の維持では、圧倒的に小学生になって日本語の読み書きができるようになってから海外に出た子どもの方が有利であった。

　また入国時の年齢を「3歳未満」、「3歳〜6歳」、「7歳〜9歳」、「10歳〜12歳」に分けて滞在期間が1カ月延びるごとにどのくらい日本語の読解力が変化するかを調べて図にしてみると、図21のようになった。滞在期間が延びるごとに日本の子どもとの開きが最も大きくなるのは、「3歳〜6歳」に英語圏に入った子どもたちで、「3歳未満」から英語圏にいた子どもたちの場合は、初めから高い読解力は持っていないため、下がり度も「3歳〜6歳」より少ない。「7歳〜9歳」になると、かなり下がり度が緩やかになり、だいたい4年目あたりで日本の子どもに追いつけなくなるようである。「10歳〜12歳」の場合は人数が少ないので、このデータだけでは何とも言えないが、この調査では下がり度は見られず海外にいても読解力を上昇させることが可能という結果になった。

　以上、結論として言えることは、補習校の学習を通して、母語である日本語の読解力の保持発達は可能である。しかし、現地生まれや5〜6歳以前に海外に出

た場合は、会話力においても読解力においても母語保持は非常に難しくなる。また学年が上がるほど母語保持が楽になり、10～12歳の間に（恐らくそれ以降も）海外に出た場合は、入国時の会話力や読解力を下降せずに保持・発達させることが可能なようである。

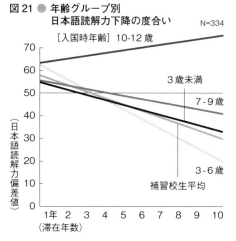

図21 ● 年齢グループ別日本語読解力下降の度合い

4）2言語の関係

次に英語読解力と日本語読解力との間にどんな関係があるか調べてみると、表9のように英語の読解力と日本語の読解力とには有意の相関関係（$r = .52$ $p<.01$）が見られた。つまり、滞在期間を一定にした場合、日本語の読解力が高い子どもは、英語の読解力も高い傾向があるということである。同じく英語圏への入国時年齢との関係を調べると、相関係数がこれよりも低く、何歳で日本を出たかということも関係はあるが、日本語の読解力の方がより関係が深いということが分かった。このような2言語の相関関係はいろいろな言葉の組み合わせで調べられており、これまでのデータを総合すると、互いに「近い」言語（例えばフランス語と英語など）の間は約80％、「遠い」言葉（例えばヘブライ語と英語）の間では約40％で、日本語と英語の組み合わせはその中間に位置すると言えそうである。

表9 ● 英語力と日本語読解力と入国時年齢との相関関係

	日本語読解力	入国時年齢
英語語彙	.44**	.30**
英語読解力	.52**	.38**

**$p < .01$　　　　　　　　　　　　　　　　　　　　　　　　（カミンズ・中島 1985 より）

さらに、2言語の関係を知るために、因子分析をし、それぞれの因子がお互いにどんな関係があるか、またどの因子にどんな要因が影響しているかを調べてみた。

まず英語力では3つの因子が得られ、それを（1）「会話の文構成」、（2）「応答スタイル」、（3）「認知・教科学習面」と呼ぶことができる。「会話の文構成」は、

文の複雑さや動詞の活用、つまり、どのくらい文法的に正しく話せるかということであり、「応答スタイル」は、英語で話すときの態度や余裕、会話の内容の豊富さなどで、英語力不足にもかかわらず、どのくらい対人関係でうまく人と交流できるかということである。「認知・教科学習面」は、読解力その他のテスト、絵話し、つなぎ言葉の使用などの力で、教科の学習と関係の深い力である。

この3つの因子にそれぞれどんな要因が影響しているかを調べてみると、「会話の文構成」には滞在年数の影響がもっとも強く、「応答スタイル」には滞在年数も関与するが、子どもの性格がかなり影響する。「認知・教科学習面」には日本語の読解力と入国時年齢の要因の方が強く働くことが分かった。つまり、正確度の高い会話力は英語との接触量が増すに従って伸びるが、人と対話する力は性格によるところが大きく、滞在年数が伸びて英語との接触量が増えればだれでもできるようになるわけではない。一方読む力、考える力、学ぶ力は母語でどのくらいその力があるかが決め手になるということである。

一方、日本語力では（1）「会話力」、（2）「読解力と発音と流ちょう度」、（3）「日本語による会話の中での英単語混用」の3つの因子が得られ、そのうち69％まで（1）の「会話力」で説明できる。日本語は、カナダに来てから習得し始めた英語と異なり、小さいときから積み上げてきたことばであるため個人差が少ないということである。この分析で分かったことは、日本語の保持では第1に話しことばを保つことが何よりも大事であること、第2に、読解力の保持は、発音や会話の流ちょう度、つまり話しことばの保持と関係があること、第3に、英単語をどのくらい日本語の会話の中で混用するか、つまりどのくらいきちんと2言語の使い分けができるかということと、日本語の保持が関係することなどである。

要するに、日本語をきちんとすらすら話すことができ、その発音やイントネーションに英語の影響が全く見られない子どもは、日本語の読解力も高いが、日本語での話し方がたどたどしく、その発音に英語音が混ざる子どもは、日本語の読解力も弱い傾向がある。そして（2）の「読解力と発音と流ちょう度」の因子が滞在年数と入国時年齢と関係があることから、子どもの年齢が低く、海外に長い子どもほど、日本語の音声面にくずれがあり、読解力が低いということを意味している。いずれにしても、日本語を話す時のスピードや発音、あるいは流ちょう度が、日本語の読解力のバロメーターになるということは、大変示唆に富むものである。音読をさせるとその子の読みの区切り方（文字を拾いながら読むか、単語で区切るか、単語と助詞を一塊で読むか、一文をさらっと読むか）の単位で、大体の読解力レベルが分かるというのは、まさにこのことである。ちなみに音読と同様に視写も日本語のプロセスをスムーズにするという意味で短時間に効果が上がる練習法の1つである。

さらに英語の因子と日本語の因子との関係を滞在年数を一定にして調べてみると、英語の「応答スタイル」と日本語の「会話力」とにかなり強い相関関係（$r=.51$ $p<.01$）が見られ、日本語の運用能力の高い子どもは、英語の応答ストラテジーでも優れる傾向があることが分かった。再度 p. 165 に掲げた表7に戻って互いに関係のあった採点項目を見てみると、まず「聴解力」（聞いて理解できる）、「適切な応答」（相手や場面に即した受け答えができる）、「内容の豊富さ」（話の内容が豊かであること）、「面接時の態度や余裕」（インタビューに余裕を持った態度で臨む）、「絵話しの内容」（絵をつなぎ合わせて話を作るときに、その内容が豊富であること）などであり、これはとりも直さず、2つのことばの力が対人関係のコミュニケーションの応答ストラテジーという面で相互依存的であることを示している。このような対人関係のコミュニケーションに積極的に参加するかどうかは、子どもの性格によるところが大きい。性格は海外に出たからといってそうがらりと変わるものではなく、日本語で人との応対に積極的な態度を示す子どもは、英語のコミュニケーションでも同じような態度で人に対する傾向がある。逆に、無口でおとなしく、他人依存型の子どもは、英語を話すときに急に社交的になり積極的に話すようになるとは考えられない。むしろ、消極的な子は、自信のない外国語ではいっそうおとなしく黙りこんでしまうのが普通であろう。

　以上のことから結論として言えるのは、日本語と英語のように言語差の大きい2言語でも、「認知・学力面」と会話の応答ストラテジーで相互依存的関係が見られたということである。この関係を次のように示すことができる。

図 22 ● 2 言語の相互依存関係

（Cummins 1984:80; カミンズ・中島 1985:179 より作成）

　以上のような分析の結果、英語の習得においてもまた母語の保持においても、年長児に比べて年少児が非常に不利な状況にあることが分かった。これまでも言語形成期前半の子どもの2言語の併用は難しく、ダブルパンチにあう傾向があるということはすでに指摘されているが、トロント補習校生徒の場合も同じような結果が得られた。

恵まれたバイリンガル環境 ── 週末イマージョン

　英語圏の現地校で学び、しかも補習校でも学べる海外児童生徒は、バイリテラシー、バイカルチュラルになる条件に恵まれている。どういうことからそう言えるかというと、まずバイリテラシーになる好条件とは次の5点である。
（1）Ｌ2（英語）を使って学習するので、高度の教科学習言語面のＬ2が育つし、補習校で日本語で教科学習もするので、Ｌ1の教科学習言語面の保持・発達も可能である。この点では、「週末イマージョン」と呼ぶことができる。
（2）親が現地校への適応と帰国後の適応の両方に関心があるため、結果として、子どもに2言語に堪能になることを期待していることになる。
（3）母語で交流する同年齢、同じ境遇の仲間がいること。
（4）補習校が現地の日本人コミュニティに支えられているので、日本語集団のバイタリティーがあること。
（5）多くの場合、親の人的資源（学歴、職種、英語力など）が高いこと。

　また、次のような状況を踏まえてバイカルチュラルになるための恵まれた条件も備えていると言える。
（1）現地の学校生活を通して生活語としてＬ2を体験学習するので、Ｌ2文化も同時に習得する。一方、日本人の家庭で母言語・母文化を保持することができ、同時に2つの言語、2つの文化の使い分けを強いられる環境である。
（2）家族ぐるみの海外滞在であり、また帰国を予定しているため、日本人としてのアイデンティティを維持しやすい。
（3）母語である日本語が現地である程度の社会的地位を享受しているので、日本人としてのアイデンティティが脅かされにくい。

　これらの好条件に恵まれながら、日本人に欠けているのはバイリンガル教育の視点である。補習校の教師は子どもを日本語の面からしか見ようとせず、現地校の教師は、英語の面からしか子どもを観察、評価できない。このような態勢では、子どものバイリンガル、バイカルチュラルの発達を温かく見守り、問題が起こったら、また起こりそうなときに、それに対処する、あるいは対処できる大人がいないのである。2つの教育システムの中に身を置いて、子ども自身が何とかつじつまを合わせている。バイリンガル、バイカルチュラルに育てるという観点から、現地校と補習校と家庭とが三位一体の協力をして、この子どもを見守る必要があ

る。また定期的にこの子たちを日本語と英語の両面からモニターすることも不可欠であろう。

　また学齢期の海外体験を土台にして、バイリンガル、バイカルチュラルに育つかどうかは、当然のことながら、ひとえに帰国後の教育にかかっており、この点に関してもバイリンガル教育の観点が必要である。保持というよりは、子どもの英語を継続して学年レベルまで伸ばすために、英語力をより高める英語教育が必要であり、この子どもたちの語学力に花を咲かせるには、イマージョン方式を取り入れた英語教育がどうしても必要である。例えば、「教科別補強フランス語」のように、ある教科だけを英語で学ぶことが可能であれば、英語力の保持発達に非常に役立つであろう。

　ことばの保持に関してこれまで分かっていることは、
（1）熟達度の高い語学力ほど保持しやすい。
（2）読み書きの力があることが言語の保持に役に立つ。
（3）「読む」「聞く」などの受容面の語学力の方が、「話す」「書く」の表出面の語学力より保持しやすい。
（4）会話力では流ちょうさは失われなくとも、発話の量が次第に減少していく。
（5）ことばの習得に積極的な態度を示す学習者は保持の面でも優れる傾向がある。

などである。
　またこれからは、IT をフルに活用した母語の保持・伸張の在り方が探求されるべきであろう。
　ことばの力の保持においても臨界期とでも言えるものがあるという提言もある（Oxford, 1982 など）。ことばを「覚える」のに対して、子どもがどのようなプロセスで、どのような面からことばを「忘れる」かという研究がもっと必要なところである（Cohen, 1989）。

学齢期の移動に伴う一時的ダブル・リミテッド現象

　海外児童生徒が海外体験を生かして、バイリンガル、バイカルチュラルになるためには、大きな難関がいくつかある。日本語しか使えなかったモノリンガルが、英語圏滞在 3 年目に向けてだんだんにバイリンガルになっていくが、逆に日本語の力がだんだん弱まっていく。それまで日本語が圧倒的に「強い言語」、英語が「弱い言語」だったのが、4 年目くらいを境にして逆になり、英語が「強い言語」、日本語が「弱い言語」になっていく。この間の状況を示したのが図 23 である。

Aの部分は、英語で日常の学校生活をするのに必要な会話力習得の期間であり、Bは授業についていくために必要な読み書き能力習得の時期である。Bの期間の子どもは、だんだん日本語で表現するのに不自由を感じるようになり、かといって英語力もまだ十分ではない。特に年少児の場合は、両方のことばが十分ではないダブル・リミテッド的な状況に陥るわけで、一時的にせよ心理的なストレスやフラストレーションをどうくぐり抜けるかが大きな問題である。また抽象的な思考力の発達が遅れるのも問題である。母語でその面の言葉が発達している年長児の場合は問題が少ないが、年少児の場合は新しい言葉を覚えると同時に抽象的な思考力も同時に伸ばさなければならないとなると、二重の苦しみを味わう。そのため、Bの期間にテストをすると、日本語の読み書きも日本の学年平均よりは低いし、英語も現地の学年平均より低いという結果が出てしまうのである。

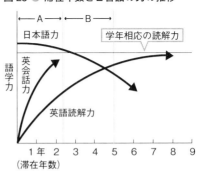

図23 ● 滞在年数と2言語の力の推移

このBの時期は第4章の幼児の一時的ダブル・リミテッド現象の場合と同じように、十分アウトプットができることばをはぎ取られた状況であり、親がそれに気がついて理解してやらないと、ストレスがこうじて不適応症状が起こる。ニューヨークの日本人児童生徒の教育事情を詳しく調査した岡田はその例として、次の事例を挙げている。

> 「ニューヨーク州ウエストチェスター郡に住む三浦裕紀君は、キンダーガーテンのときから現地校に通っていた。小学三年生になると急に様子がおかしくなった。チック症といって、頻繁にまばたきをしたり、咽の奥から『クッ、クッ』と音を出すようになった。朝になると腹痛が起きる。チック症は何らかの心理的な悩みから生じた不安や心の緊張が、習癖異常となって現れる病気だ。
>
> 授業中は白昼夢の状態。ノートも取らずにただボーッとしている。土曜日の補習校でも様子は同じ。宿題も全然やらなくなった。英語がわからないため空想にふけることが癖になり、日本語で授業をしている補習校でもそれが見られる。ニューヨークの日本人のバイリンガル教師たちは、これを『日本人症候群』と呼んでいる。
>
> 三浦君の現地校の勉強は三年生くらいからずっと難しくなった。それまでは遊びのなかから覚えた英語で何とかなったが、三、四年生になるとそうはいかない。彼はそれから空白の二年間を過ごしていた。三浦君

第8章　海外児童生徒とバイリンガル教育

> は五年生になると、日本人学校に移った。『毎日、楽しくて仕方がないと言っています。朝も元気に出て行きます』と母親はその変わりように驚いている。」(岡田 1993: 49-50)

このような例は決して珍しいものではなく、ニューヨーク在住の精神科医によると、「臨床的には、現地校の日本人生徒の6、7割が適応していない、いわば『静かな犠牲者』」で、「心身症を引き起こす、円形脱毛症になる、爪を全部かみ切ってしまう、家でも学校でも全く口をきかなくなるなど、その症状はさまざまだ」(岡田 1993) そうである。

この期間は、幼児がそうであったように精神的に子どもたちが大変苦しい思いをするため、奇行に走ったり、授業中暴れたりする傾向がある。この間に日本語を強め、日本語で学習する場があるということが実に大切なことである。語彙を中心に海外児童生徒の日本語力を調査研究した大学入試センターの小野博教授が指摘するように、「子どもの成長には言語を通じての知識の吸収の停滞は許されない」(小野 1989: 49) ため、補習校は海外児童生徒にとって大切な知識のパイプラインとなっているのである。

注：1）日本人学校は、日本国内の小・中学校と同じ教育を行う文部科学省認定の海外の教育機関である。1956年にタイのバンコクで始まったもので、教員は日本から派遣される。

2）在外日本人の児童生徒が週末や平日の放課後に、日本のカリキュラムに沿って国語、算数、理科、社会、生活科などを学習する学校。1958年に米国ワシントンで始まったもので、生徒数が100人を越えると、その数によって校長、教頭等が日本から派遣される。学ぶ教科とその数は学校によって異なる。

3）本書ではバイリンガル作文調査の結果については紙幅の関係で割愛した。中島 (2014) を参照のこと。

4）Gate-McGinitie Reading Comprehension Test (1978). Level II, Form 2

5）『読書・読書力検査』(金子書房 1968) (小学校低学年用、高学年用)

6）移住者子弟の多いトロント市ノース・ヨーク教育局の調査では、5年から9年という結果が出ており (Klesmer, 1994)、これらを総合して最近では8歳以上 (母語が安定している) は、5～7年、8歳未満 (母語が不安定) は7～10年と言われている (Collier & Thomas, 1988 他)。カミンズは、これまでの諸調査を総合して、教科学習言語能力の習得には5年から9年か10年かかると言っている (Cummins, 2001)。

第9章
海外日系児童生徒とバイリンガル教育

Contents

ことばは何世代保持できるものか？
継承語としての日本語教育
カナダの継承語教育
日本語学校卒業生の日本語力
継承語プログラムの問題点
継承語保持の効用

海外に長期滞在、定住する日本人の子どもが増えている。玉川大学教授長野正の調査によると、1900年代の半ばには、日系人の数が180万人で、この内訳はブラジル46.3%、米国42.2%、ペルー4.0%、アルゼンチン3.7%、カナダ2.8%、アジア、ヨーロッパ、オーストラリア0.9%、だったという（長野1995）。海外日系人協会のホームページ（http://www.jadesas.or.jp/）によると、「日本から海外に本拠地を移し、永住の目的を持って生活している日本人並びにその子孫の2世、3世、4世等（国籍、混血は問わない）」と定義した場合、2014年には世界各地に海外日系人が約350万いたそうである。つまり、海外日系人の数は、20年近くの間に倍増したことになる。内訳はほぼ同じで、ブラジル160万（45.7%）、米国本土に154万（43.1%）、日本25万（7.1%）、アルゼンチン23万（6.6%）、ペルー10万（2.9%）、カナダ9.9万（2.8%）、オーストラリア3.6万（1.0%）、フィリピン3.4万（0.97%）で、大きく変化した点は日本にユーターンする日系人が急増したことぐらいであろう。

　このように、世代を超えて異文化の中に根を下ろした定住日本人は「日系人」と呼ばれ、そこに形づくられるユニークな社会は「日系社会」と呼ばれる。日系人は、いったいどのような言語環境におかれているのであろうか。どうしたら日系社会で育つ子どもたちが現地語も日本語もできるバイリンガルに育つのであろうか。

ことばは何世代保持できるものか？

　異国の地で世代を超えて言語を継承するということは非常に難しい。ヨーロッパで世代を超えて母語継承に成功したのはロマ人とユダヤ人くらいだと言われる。移住者が持ち込んだことばは驚くべきスピードで消えていくのが普通で、だいたい3代で消えると言われる。モナシュ大学のパウエルによれば、オーストラリアのように少数派の言語保持に非常に熱心な国でも、すでに1世で現地語へのシフトが起こるケースもあり、1976年と1986年に、オランダ語、ギリシャ語、イタリア語から英語にシフトした話者の比率は、表10のようだったと言っている（Pauwels, 1994）。

表10 ● オーストラリア移住者の英語化の比較

		1976年	1986年
オランダ語	1世	44.0%	48.4%
	2世	81.0.%	85.4%
ギリシャ語	1世	3.0%	4.4%
	2世	11.0%	8.7%
イタリア語	1世	6.0%	10.5%
	2世	18.0%	29.3%

(Pouwels, 1994)

　この表によると、英語化がいちばん早く進んだのはオランダ人で、すでに1世の時代から約半数の44〜48％が英語にシフトし、2世になるとそれが8割以上になっている。一方、ギリシャ語は母語保持率がいちばん高く、10年間でほとんど変わらないばかりか、逆に2世の間でギリシャ語使用者が増えているという珍しい結果が出ている。イタリア語は1世のシフトは少ないが、2世になるとほぼ30％くらいまでシフトが進んでいる。この調査では、使用言語のシフトを促す主な要因としては、まず同族外結婚、現地生まれの子どもの増加、シフトを防ぐ要因としては、同族グループ成員間の相互交流で、ギリシャ語の場合は、教会を通してギリシャ語が保持されているという。

　カナダの多文化主義法の制定（1988）に先駆けて行なわれた、5大都市における全国大規模調査でも、同じような結果が見られる。この調査は10の大きな言語集団[1]を対象としたものであるが、表11を見ると、2世で母語を失うのが約25％、3世になると61％、4世以降は80％以上となっている（O'Bryan 他 1976）。

表11 ● 母語に対する理解度——カナダの調査から

	よく話せる	聞いて分かる	全く分からない	人数
1世	70.8%	27.4%	1.9%	(910,419)
2世	10.8%	64.4%	24.9%	(279,708)
3世	0.6%	38.7%	60.7%	(128,091)
4世以降	0.0%	18.8%	81.2%	(25,342)

(O'Bryan 他 1976: 45)

　海外日系人の場合はどうだろうか。ブラジルのように大きな日系社会があるところでも、ポルトガル語へのシフトは2世で30〜40%、3世になると70%と言われ、上のカナダの数字よりやや高めになっている。また、ハワイの日系人の調査でも、3世になると70%が日本語は「ほとんどダメ」「全然ダメ」になるという（野元1973）。日本語の読み書きになると、さらに保持率が下がり、漢字を書く力は1世で20%くらいまで落ち、平仮名の読みの力も2世で保持できたのは20％以下だったそうである。

　親というものは、本能的に自分のことばを子どもにも学んでほしいと思うものであるし、またそうすることが親の責任とも思うようである。ブラジル移住者の半田知雄もそのやむにやまれぬ気持ちを次のように語っている。

> 「いろいろな点で、われわれの生活のなかには日本文化の要素はまだかなり残っている。食生活などはその一例であるが、ことばは年々消えていく。しかも、どうかして自分たちの文化的足跡をあとにとどめたいというやみがたい要求とともにことばに対する執着は、一世移民の心から去らないのである。」（半田1980: 75-76）

　しかし、このような親の願い、親の意思に反して、少数言語を存続させることがいかに困難であるかを上掲の調査の数字は如実に語っている。半田は親が犠牲的精神で日本語を教えようとしても日本語が消えていくということに対して、「自分たちの生活を犠牲にしてまで、日本語クラスを週末に作ったり、日系人学校を作ったりして、日系人の子どもたちの母語維持に努力した」にもかかわらず、「あれだけ熱心に、場合によっては禁令を破ってまで教えてきたわれわれのコトバが、こんなに成果のないものであろうとは夢にも考えられなかったことであった」と慨嘆している（半田1980: 75-76）。

　このような流れの中で、どうしたら親から継承した言語・文化を次の世代に伝え、日系社会からバイリンガル、バイカルチュラルをつくり出せるかということは現代の大きな課題といえよう。

継承語としての日本語教育

　異国の地で腰を据えて子育てをするとなると、親自身が自分のことば・文化をどう位置付けるかで、子どものことばに対する取り組み方が違ってくる。その場合、だいたい以下の4つの型が考えられる。
（1）「現地語重視型」海外に永住するのであるから、現地語が何よりも重要、家でも現地語を使うべきであって、日本語学校などに通わせる必要はないという立場
（2）「母語重視型」異国で生活はしていても親のことば・文化を子どもに伝えることは大事だから家でも厳しく日本語使用を強要するし、日本語学校にも行かせるという立場
（3）「自由放任型」ことばの問題はどうでもよし、成り行きに任せる、あるいは子どもに任せるという立場
（4）「2言語志向型」日本語も大事だし、現地語も大事だから両方できるバイリンガルになってもらいたいと願う立場

　一般的に言って日本人の親はことばの選択を迫られた経験もことばを失った経験もほとんどないためか、他の民族グループと比べると自由放任型が多い。これが例えばカナダのフランス系のカナダ人となると、フランス語を守るということが至上命令、極端な「母語重視型」になるし、ユダヤ系となると、宗教を守ることと同族結婚をすることが何よりも大事で、ことばには寛容な態度をとる傾向がある。

　子どもは、幼少のころは親の母語を自分の母語として育つが、学校に上がり、社会の成員になる過程において、現地語がいちばん強いことばであり、自信のあることば、同世代の仲間のことばになっていく。かと言って親のことばが外国語になってしまうかというと、そうでもない。自分の祖父母や親のことばであるし、現地語重視型や自由放任型の家でも、野菜の名前や、食べ物の名前など、いろいろな形で日本語に接しているのである。こういう子どもたちのことばは外国語と呼ぶわけにはいかないし、かといって母語と呼ぶわけにもいかない。従って、このことばを親から受け継いだ「継承語」(heritage language) と呼んで区別する必要がある。そして、「継承語」である日本語を育てる教育を「継承語としての日本語教育」(Japanese as a heritage language, JHL)[2]と呼び、「外国語としての日本語教育」や「国語教育」とは違った観点に立って考える必要がある。

　移住者のいるところでは、いろいろな形の母語・母文化継承のための塾や、週末の学校やプログラムができるのが普通である。それらを主宰するのは、たいて

い民族グループの組織団体や宗教団体の付属教育機関である。日本人の場合も同じで、日系社会のあるところでは、必ずと言っていいほど、熱心な親たちの力で日本語学校ができている。例えば、カナダでも 1996 年ごろには全国に約 40 近くの日本語学校があった[3]。学校というと聞こえがいいが、たいていは零細な営みで、経営困難、教師不足、教材不足に悩み、献身的な一部の親の努力によって支えられているものである。

こうした継承語教育を目指す日本語学校は、時代の要請や置かれた状況によってその目的が異なるが、歴史的に振り返ってみると、だいたい次のような目的を持って設立されたものである。

1) 帰国に備えて

「出稼ぎ」を目的とした移住者の場合、日本に帰ることを前提とし、帰国に際して困らないようにと自分たちの手で教育をするという学校である。かつては国や地域によっては、現地の学校に入れてもらえなかったり、子どもを通わせたくとも近くに学校がなかったりという事情もあった。企業等の海外駐在員の子どもたちのための全日制日本人学校、補習校もこの目的のために設立されたものである。

2) 子どもが非識字者にならないように

現地の学校に入れてもらえない、あるいは現地の学校は質が低すぎる、差別があるなどの理由でつくった学校である。1908 年からの長い移民の歴史を持つブラジルでは、アマゾンの奥地などに行くと、実際にこのような状況があり、サンパウロ大学の鈴木妙教授によると、「重労働である畑仕事の合間をぬって、子どもたちを非識字者で終わらせないため、家庭内・集団内で使われていた日本語の読み書きを親が子に、村の年長者が若者に教えたのが日本語教育と称されるものなら、ブラジルにおけるそれは今から約 80 年前に始まったと言えよう」と述べている（鈴木 1994: 123-124）。

3) 子どもは母語で教育を受ける権利がある（法的権利）

アメリカのバイリンガル教育のように、権利としての母語使用教育である。1953 年にユネスコで、すべての子どもは母語で初等教育を受ける権利があるという宣言がなされ、「国際人権規約」（自由権規約第 27 条）に次のように規定されている。

「種族的、宗教的または言語的少数民族が存在する国において、当該少数民族に属するものは、その集団の他の構成員とともに自己の文化を享有し、自己の宗教を信仰しかつ実践しまたは自己の言語を使用する権利を否定されない」[4]

しかし、このような国際規約があっても、現実の問題としてはそれぞれの国の学校教育法などとの関係が明確でないため拘束力を持たないのが普通であるが、北欧などでは権利としての母語教育が実施されていた。例えば、スウェーデンでは1977年に Home Language Reform という法律が制定され、移住者子弟やその親が希望すれば、週4時間まで国の負担で継承語教育が受けられるようになっている。ヒルテンシュタムとアーンバーグによると、小学生のための母語教育には形態が3つあり、(1) 公立の学校のなかで、「引き出し」授業を行う、(2) スウェーデン人の子どもと同じことばを話す移住者子弟の統合クラス（スウェーデン語、継承語両方で授業を受け、学年が上がるにつれスウェーデン語の授業が増える）、(3) すべて継承語で学校の授業を受け、2、3年生からスウェーデン語のクラスが加わるなどである。1982年には移住者子弟の60％は、なんらかの形の継承語教育を受けていたという (Hyltenstam & Arnberg, 1988)。

4) 国を豊かにする「言語資源」（社会的・経済的価値）

移住者の持ち込んだことばは国の財産であり、そのことばを保持し、育てることは国がそれだけ豊かになるという見方である。これはカナダやオーストラリアで提唱されている継承語教育の意義付けである。カナダは1971年に「公用語は英語とフランス語であるが、"official culture" はない」という多文化主義を打ち出し、連邦政府が率先して、継承語教育支援に乗り出した。州政府レベルでの対応はやや遅れるが、例えばオンタリオ州では1977年から継承語教育 (Heritage Language Education) に対して、公立学校校舎の教室の無料使用、教師時給の援助、その他カリキュラム開発、教師研修、教材開発支援などが始まった。さらに1984年ごろになると、国際貿易の第一線で活躍する多言語話者の人材養成という新しい意義付けがされた。いま継承語教育に援助しておくと、将来通訳を雇う必要がなくなるという論理である。このように少数言語グループのことばと文化が国を豊かにするリソース、すなわち「言語資源」という見方は、次に述べる教育的価値と相まって、日本でもぜひ取り入れたい観点である。

5) 減算的バイリンガルにならないように（教育的価値）

これはバイリンガル教育の観点に立って、バイリンガル教育専門家が主張する見方である。「家庭で習得した言語も文化もその子のパーソナリティの大事な一部であり、教育の場でその子がすでに持っている知識、技能を活用することは教育者の大事な任務である」という子どもの継承語の教育的価値、また「2言語は1言語より、2文化は1文化より知的にも、文化的にもより教育的に価値がある」という認識である。カミンズの2言語相互依存の原則やランドレーとアラードの

２言語カウンター・バランス説に見られるように、移住者子弟が２言語併用の犠牲者にならないように、また自然放置をすれば減算的バイリンガルになりがちな環境で育つ少数言語児童を、教育的措置によって加算的バイリンガルにしようとする立場である。

6) 日系文化の存続のため

　先にも述べたように飛び火した言語文化は三代で消えると言われ、世代が進むに従って継承語の果たす役割が段々に変化していく。日本語はもともと移住者１世の生活語であったものが、２世、３世の世代になると現地語が生活語になっていく。では、全く日本語が消えてしまうかというとそうでもない。どうしても英語で置き換えられない日本独特の習慣やしきたりが日本語で脈々と生き続けるのである。1999年に開かれた全米継承日本語教師会で、ある３世が英語訛りの発音で「せんべい、正月、お香典」という３つのことばでそれを表そうとしていたのが印象的だった。北米のように４世、５世の時代になると、継承語の役割が生活語としての機能から明らかに文化特有の語彙としての機能に変化していく。そしてそのような文化語彙を軸とした、日本文化継承のための教育が必要となるのである。

カナダの継承語教育

　1970年代には、北欧をはじめイギリス、オーストラリアなどで移住者の母語教育が行われたが、カナダでも70年代の半ばからHeritage Language Programが盛んに行われるようになった。その引き金になったのは連邦政府の「２言語主義の枠組みの中での多文化主義」(Multiculturalism Within a Bilingual Framework) という当時のトルードゥ首相が打ち出した政策である。「英仏２つの公用語と先住民のことばを除いたすべてのことば」がHeritage Language (HL) と呼ばれ、政府率先型の継承語教育が幼稚園から中学２年までを対象に始まったのである。もっとも正式に移住者の文化と言語を守る「多文化主義法」が制定されたのは1988年である。

　カナダの教育は州政府の管轄で、継承語教育についても州によってその対策が異なる。何といってもいちばん盛んなのは、移住者が集中するオンタリオ州である。その中でも最も移住者児童生徒の多いトロント市を例にとると、教育委員会が継承語教育[5]の目的として挙げているのは、次の６点である。

（１）自分および親のヘリテッジに対する認識を高める。
（２）家族とのコミュニケーションの質を高める。

（3） カナダ社会の中で継承語が使えるようにする。
（4） 子どもがすでに持っているスキルや知識を活用する。
（5） 高校で単位となる外国語（継承語）のコースがとれるように準備する。
（6） カナダの多文化社会また国際社会で役立つ語学力を伸ばす。

では、具体的に、プログラム開設当初、教育委員会がどのような援助の手を差し伸べていたかというと、主なものは次の4つである。

a） 週当たり2時間30分、年間80時間（年間32週）の学校の校舎の無料貸与
b） 登録生徒数25人につき1人分の教師の給与の配当（時給29.03カナダドル）
c） 補助教材の現物供与（1教室当たり100カナダドル前後、例えばコピー代など）
d） 教育委員会主催の教師研修会（出席は自由）

時間数としては、前に述べたように週2.5時間、年間トータルで80時間である。継承語プログラムは幼稚部から8年生（中学2年）までということになっているので、幼児から中学2年まで継続して受講したとしたら720時間、高校まで学習を続ければ1,000時間ちょっとということになる。しかし、1,000時間では目的に掲げている（6）のように国際社会で役に立つ語学力を伸ばすことは、これまでのカナダの経験では、全く無理だということが分かっており、ちょうど梯子をはずされた2階建ての家のようなもので、到達目標は立派でもそこまで行く手だてがないというのが現実である。

継承日本語の場合はどうかというと、1997年の調査では、カナダ全国にいわゆる日本語学校と呼ばれる継承語教育機関は17校あり、そのうち9校がオンタリオ州トロント市にあった（中島・鈴木 1997; 中島 2005a）。当時新カナダ人（New Canadians）と呼ばれる移住者の児童生徒が中心で、ほとんどの児童生徒が2世であったが、最近では、3世、4世に変わっていくと同時に、言語背景が多様化し、国際（結婚家庭）児や両親がアジア系（中国人、韓国人、ベトナム人、マレーシア人など）の子どもなども混在している。

では、土曜の午前中約2時間半の「日本語学校」ではいったいどのような教育が行われているのだろうか。トロント地区にある1つの学校「トロント国語教室」を通して見てみよう。「トロント国語教室」は、中くらいの規模の学校で、もともとは家庭で日本語を使用している2世のための学校であったが、調査当時の1998年ごろには、両親とも日本語話者という家庭が30％弱になっていた。

◎ 「トロント国語教室」の例

「トロント国語教室」は1976年に設立、教師11人、生徒数165人（1996年現在）。学校の使用言語は日本語、テキストは光村図書の国語教科書の50％使用

で、1年から4年下までを8年間かけて使っている。どういうことかというと、日本の小学校では1年に上下2冊を修了するのだが、この学校では1年に1冊ずつゆっくり進んでいくのである。受け入れるのは4歳から15歳くらいまでで、表12に示したように、初歩期（4～5歳）、形成期（6～11歳）、充実期（12歳以上）と、大きく3つに分かれている。形成期はさらに前期、中期、後期と3つに分けて学級編成をしている。毎週土曜の授業は朝礼、ラジオ体操から始まり、その他カナダの現地校にはない入学式、始業式、運動会、学芸会、卒業式、修学旅行なども年中行事の中に入っている。

校長の話では、体験を伴わない押しつけの教育にならないように、教科書を活用して4技能のアクティビティ中心の授業を進めること、家庭学習との提携を大事にした教育態勢（保護者指導を含む）、日本的学校行事を通して規律正しい団体生活のなかでの自主性、社会性を養うなどを柱としているとのことである。教育方針にも図24のように学校（教師）と家庭が理解、協力する「三位一体」を掲げ、「将来、国際交流を推進する役割が果たせるよう、国際的な視野を広め、心情豊かな2重言語保持者を育成する」と謳っている。夏休みを利用して、ちょうど緯度を同じくする北海道雨竜市の雨竜小学校との体験留学制度もある。

教師の悩みはいろいろあり、まず土曜日の授業であるために、子どもが学校に行くのを嫌がること、週1回2時間半の授業では不十分なこと、遠距離通学者が多く親がかりの通学であること、学習者自身に日本語学習に対する必要感が薄く動機づけが難しいこと、長い夏休みが入ること、借り校舎であり学習環境に制限がありすぎることなどが挙げられている（島田・山下1995）。

表12 ● トロント国語教室のカリキュラム

ステージ		レベル	使用教科書
初歩期（4～5歳中心）		1	なし
		2	課題学習
形成期	前期（6～7歳中心）	3	一年上　かざぐるま
		4	下　ともだち
	中期（8～9歳中心）	5	二年上　たんぽぽ
		6	下　赤とんぼ
	後期（10～11歳中心）	7	三年上　わかば
		8	下　あおぞら
充実期（12～13歳中心）		9	四年上　かがやき
		10	下　はばたき

図24 ● 三位一体の教育方針

● トロント国語教室の運動会より

日本語学校卒業生の日本語力

　では、このような日本語学校における週末2時間半の学習と家庭の努力を通して、どのくらい日本語の力がつくものなのだろうか。バイリンガルが実際に日系人の中から育っているのであろうか。トロントで日本語学習を10年間継続した日系人高校生11年生と12年生31人（15歳〜17歳）を対象に、その日本語力を調べたことがある（中島1988b）。この調査は、高校日本語コース開設に当たって、カリキュラム作成準備の一環として、1987年に行ったものである。調査当時、全員が新設された高校の単位として認められる日本語コースを受講しており、その7割までが日本語学校に10年通っていた。日本語学習に前向きの姿勢を持つ日系人高校生と考えられる。

　この調査の目的は次の3点を明らかにすることであった。
（1）日本語でどのくらい会話力、読解力、作文力があるのか。
（2）家庭生活で2言語がどのように使われているか。
（3）生徒自身が、日本語学校をどのように評価しているか。

　調査の方法であるが、話す力については個人面接テスト（質問事項20問）、書く力は課題作文「子ども時代の思い出」（制限時間25分）、そして読む力は、

読書力標準テスト4学年用（金子書房）とトロント大学日本語テスト1年用と2年用を用いた。調査の結果を、1）会話力・読解力・作文力、2）家庭使用言語、3）日本語学校への態度に分けて見てみよう。

1) 会話力・読解力・作文力

　この調査の結果、会話力と読解力に大きなギャップがあり、会話力は全体的にかなり高く年齢相応の母語話者レベルに近づく子どももいるが、読解力の方はほぼ小学校4年生レベルであることが分かった。つまり、カミンズの用語（第3章p. 45参照）を使えば、CF（会話の流ちょう度）は母語話者レベルに近いが、ALP（教科学習言語能力）では小4レベル、そしてDLS（弁別的言語能力）では表記、文法等で正確度が低いと言える。

(1) 会話力

　会話力はいろいろな話題について20分以上日本語で応答できる力を持っていた。英語で話してもよいかと聞いたのは一人だけで、その他全員、家族関係、家庭での言語使用、日本語学校についての意見など、多岐にわたる話題について日本語で受け答えをすることができた。個人差はあるが、聴解に優れ、発音がよく、日本的な話し方（手の動き、視線など）もできる。つまり、ネイティブに近い力であると判断された。

　しかし、「話す力」の質となると個人差が大きい。前章で紹介したトロント補習校生徒の調査でも、海外滞在が長くなると、「流ちょう度が落ち、発音に英語音がまざり、日本文の中で英単語の使用が増える」ということが観察されたが、このグループでも同じ傾向が見られた。発音では、長母音、促音、撥音が短めになり、「シ」「ジ」の摩擦音が英語的になる。また、「国語」が「キョクゴ」となる幼児音の名残りも見られた。

　次に「英語の混用」であるが、日本語の単語に詰まると英単語を使ってしまう例が多く、極端な例としては、「Universityでcreditをgetするため」「Languageはimportantだと思う」など、主要単語がほとんど英語で置き換えられる例もあった。また、日本語ですらすら話していながら、「hm ...」「OK」「sure」など、会話の潤滑油ともいえるフィラー（filler）が英語になるケースもあった。しかし、これらが例外であり、同じカナダ生まれでも、すらすらきれいな日本語を話す生徒が育っているということは、まさに習慣づけの問題で、家庭と学校の協力の下に、指導次第では英語混用の習慣を回避することができるということを示唆している。

（2）読解力

　読む力は、日本の子どもの標準と比べて、11年生は48.8（50点が標準値）で日本の4年生レベルの実力、12年生は61.8でそれをかなり上回る実力を持っていた（表13参照）。読書年齢を調べてみると、最高が5年2学期、最低が3年1学期、平均して4年1学期であった。つまり、会話面では高度に発達していても、読解力ではだいたい4年生前後ということである。ちなみにトロント大学で日本語を外国語として学んでいる大学生と比べると、日本語をゼロから始めて100時間履修した大学生のための試験にパスしたのが56％、200時間の試験にパスしたのが17％で、この子どもたちの力が「外国語としての日本語」の力とは、かなり違った力であることを示している。

表13 ● 読解力診断テストの結果　　　　　　　　　　　　　　（　　）標準偏差値

学年	読字	語彙	文法	読解	偏差値
Grade11〈21名〉	14.5 (3.1)	14.0 (4.3)	7.9 (3.0)	18.2 (8.2)	48.8
段階	3	3	3	3	3
Grade12〈11名〉	17.7 (3.5)	19.2 (6.1)	10.7 (4.3)	22.4 (6.8)	61.8
段階	4	4	4	4	4

（3）作文力

　書く力では、全員がひらがな、カタカナ、漢字をきちんと使い分けて、「子ども時代の思い出」というテーマの作文を書くことができた。表14に示したように、総字数は11年生は360.5字、12年生は447.5字で、トロント大学の学生と比べると、総字数では日本語学校卒業生の方が上回っていた。しかし、漢字使用率となると大学生の方が高かった。また構成、文体、文の質から見ると、段落に対する意識が弱いこと、「です・ます体」とくだけた場面で使われる話し言葉の「だ体」との混用があること、短文が多い、助詞の脱落、などが目立った。

表14 ● 作文テストの結果　　　　　（　　）標準偏差値（作文の質は10段階に評定）

学年	総字数	漢字使用率	一文の長さ	段落の数	作文の質
Grade11〈19名〉	360.5 (166.6)	12.3 (5.5)	24.8 (5.2)	2.2 (1.5)	4.6 (1.3)
Grade12〈11名〉	444.7 (150.2)	17.5 (5.6)	37.0 (17.4)	3.5 (1.9)	7.3 (2.0)

② 家庭使用言語

　日系高校生たちは家庭ではどのような言語生活をしているのであろうか。面接で生徒自身から得た情報をまとめてみると、表15に示したように両親が子どもに話しかけるときに日本語を使用するのは31名中22～24名で73～80％、子どもが両親に話しかけるときは17～18名で55～58％で、母親よりも父親とのコミュニケーションで英語を使う率がやや高い。一方、きょうだい間では、英語使用が圧倒的である。親とは「親のことば」で、きょうだいとは「子どもたちのことば」でという世代による使い分けができており、すでに家庭の中で英語へのシフトが進んでいることが分かる。

　家庭での日本語使用は、日本語に対する自信と関係があり、「日本から来た日本人と日本語で話しますか」という質問に対して、「自信がないから話さない」と答えたのが25％で、「困難でも話す」は28％、「話す」は47％であった。「困難」なのは、丁寧な言い方が出来ない、年齢相応の話し方ができないといった理由で、自分のことばがまだ標準以下で、やや子どもっぽいということは自覚しているようである。また家庭での使用言語については、両親の意見が対立しているケースもあったが、全体としては、「自由放任型」（p.185参照）と推測されるケースが40％を占めていた。

表15 ● 家庭で使うことば　　　　　　　　　　　　　　　　（数字は人数）

〈話しかけられるとき〉

	日本語	日本語＋英語	英語	データなし
父から	22	6	2	1
母から	24	4	2	1
兄・姉から	1	1	4	25
弟・妹から	1	2	17	11

〈話しかけるとき〉

	日本語	日本語＋英語	英語	データなし
父へ	18	10	3	0
母へ	17	11	3	0
兄・姉へ	1	1	4	25
弟・妹へ	1	3	16	11

　家庭使用がどのような点で日本語力に響いてくるかという点について、さらに詳しく調べてみると、家庭で両言語をランダムに使う「自由放任型」の生徒は日本語のすべての面で劣っており、親が意図的に日本語の使用を強要している「母語重視型」の子どもは会話力に加えて、作文力にプラスになっていることが分かった（中島1988a）。

③　日本語学校への態度

　日本語学校の経験を前向きに評価し、日本語学校が「好き」だったと答えた生徒は60％、「嫌い」が13％、「どちらでもない」が27％であった。好きな理由は、「友達がいたから」が最も多く、嫌いな理由は「漢字が多くなって難しくなったから」、「土曜の朝テレビの漫画が見られないから」などが主なものであった。

　「将来結婚して子どもができたら、日本語学校に行かせますか」という質問に対しては、90％までが「行かせる」と答えた。その理由には功利的な理由と心情的な理由の2種類で、功利的な理由としては、「日本に行くときに役に立つ」、「仕事が見つけやすい」、「日本は経済大国だから、ビジネスに日本語は大事」、心情的な理由は「日本人としてヘリテッジである日本語を知らないと恥ずかしい」、「日本文化を学んでほしい」、「日本人だから、親がぼくたちを日本語学校に行かせたように、ぼくの子どもにもそうさせたい」などであった。しかし、なぜ高校の日本語コースを取ったかという理由を聞くと、「日本語の勉強を続けたいから」という理由はたった25％で、「親が勧めたから」、「単位が欲しいから」、「友達がいるから」などが55％を占めており、日本語学習に対する受け身の姿勢が顕著に現れていた。

　社会学者で少数言語グループの同化問題を研究したイセイ（Isajiw, 1984）は、「文化の諸面で、言語は最も早く失われるものの1つでありながら、3世になっても、言語を継承しなければならないという意識・責任感は根強く残るものである」と言っているが、この高校生たちも日本語の実力とは関係なく、「日本語を継承する」ということに対しては強い意識と責任感を持っていることが分かった。

継承語プログラムの問題点

　上記の調査の結果、週2～3時間の課外の母語保持で会話型のバイリンガルになれても、日本語の読解力は小学校4年生どまりで、バイリテラルにはなるのが難しいことが分かった。この結果は、フィッシマンの継承語教育の目標設定による分類と照合すると、話すことは2言語でできるが、読み書きは主要言語だけという「読み書き1言語のバイリンガリズム」（monoliterate bilingualism）に相当する。同じような状況でトロントで週末にポルトガル語を学んでいる中学1年生を対象とした大がかりな調査（191名）でも、ポルトガル在住の小学校6年生（69名）と比較すると、文法・読解力では2～4年遅れという結果が出ている（Harley他 1990）。家庭と週末学校で1つのことば、学校で現地のことばという一見理想に見える2言語環境にありながら、「フル・バイリンガリズム」には育っていない。

どうしてかその理由を探ってみると、次の4つを挙げることができる。

1） 親の問題――親の過剰な期待と介入

　まず皮肉なことに、親が母語話者であることからくる問題である。もし外国語であれば、子どもが一言でも話せば親が感心して褒めてくれる。すべてプラスに見てもらえるのに、自分の母語となると、親は減点法で見がちである。自分で苦労して覚えたことばではないためか、「どうして自分の子がこんな変な日本語を使うのか」、「どうしてこんな簡単なことが言えないのか」理解できず、つい叱ってしまったりする。このような親の態度が子どもの自信喪失につながり、やる気をなくす原因になる。子どもの方は、どんなに努力しても、親のように完璧な日本語を話すことはできない、親の期待に応えることはできないと、あきらめてしまいがちである。イセイ（1980）は、冗談ではなく真面目に、むしろ子どもは家に帰して、親に子どもとの付き合い方を教える（継承語）学校にしたほうがよいとまで言っている。

　親が日本語学校に期待しすぎることもある。親は学校に連れていきさえすれば、それで子どもは日本語ができるようになるものと思いがちである。イセイも「もしシンボルとしてのことばを習うのであればそれでもいいが、日常使用することばの教育であれば、週末の2〜3時間では無理であり、それは毎日家庭ですべきことで、週末学校は家庭教育の補助の役割しか担えない。母親に必要なのはどう子どもと関わり合うかを教えるプログラムであろう」と言い、「バイリンガル両親教育」、「マルチカルチュラル両親教育」の必要性を強調している。

　イセイが言うように、継承語の習得の場が家庭中心であることから、親の責任は重い。継承語の模範的な使用者としての役割と同時に、子どもの日本語習得の指南役も同時につとめるという、二重の役割を担っているのである。

2） 学習者の問題――子ども自身は受け身

　継承語学習者の問題の1つは、学習に対する動機づけが極度に低いことである(Kondo, 1997; 1999)。子どもが自発的な選択として日本語学校に行くケースは少なく、親に言われてほとんど強制的に連れていかれることが多い。学校の行事や、友達との楽しい活動が詰まっている週末に自分だけ日本語学校に行くのは不愉快なことであるし、課外である限り「余計なもの」、「大事ではないもの」という意識がつきまとう。上記のトロントの調査でもそうであったが、被験者が16,334名というブラジルの大調査でも、3世の76.2%は親に言われて（仕方なく）日本語学習をしていたという(深沢 1995)。また1999年に米国ロサンゼルスで行なわれた日系人大会でも、ある3世が「わたしたちは現地校では優秀な生徒で

教師に'angel'（天使）のようだと言われたが、週末の日本語学校では'rebel'（反逆児）であった。それは教師が悪かったわけでもないし、教材が悪かったわけでもない。週末にそこに座っていなければならないことに対する反抗であった」と発言したのが忘れられない（カミンズ・中島 2011）。しかし、この傾向は日系三世に限ったことではなく、同大会の基調講演でも、継承語学習者の特徴として'Students rebel!'（学習者の反抗）が挙げられていたところを見ても、子どもの継承語学習者の一般的特徴と言える（Brecht & Ingold, 1998; Tse, 1997）。もっともこのような受け身の学習態度も、中学の終わりから高校にかけて、いい学習仲間に恵まれると積極的な取り組みに変化していくようである。

継承語に対する態度が消極的であることの裏には、2つの要因が考えられる。1つは、継承語に対する自信のなさである。家庭内の会話は単語レベルの応答で用が足りるし、話題も日常茶飯事になりがちである。また分からなくとも聞き流すという習慣がついているために、自ら発話するのが困難、また家庭言語が親の出身地の方言であることが多いため、自分が話す継承語が親しい家族間では通用しても世間一般では通用しないのではないかという危惧が加わる。英語と日本語を混ぜる習慣がついている場合はなおさらである。日本語だけで話すことが難しくなり、人前での日本語使用を避けるようになる。

もう1つは、継承語そのものがマイノリティ言語であること、また継承語学習が課外であることからくる心理的な問題である。ランドレイとアラードの理論（第3章）で触れたが、社会的劣位にある言語の学習には、それが親の母語であっても、また家庭言語であっても、子どもの興味を引かないのが自然の流れである。さらに現地の学校の教師や学習仲間が関心を示さない課外学習となるとなおさらである。社会一般の低い価値付けを内面化して、自ら継承語・継承文化から遠ざかっていく傾向がある。

3） 教育形態の問題——継承語による教科学習が欠如

日本語学校ではことばの勉強をするだけで、そのことばを教科学習の道具としては使わないため、認知・学力面の言語能力が育たない。「トロント国語教室」の例でも、小学校4年生の国語教科書を6年生、7年生になった子どもが使うので、ことばの力はマッチしても、知的レベルがマッチしない。まるで、「おまえの日本語のレベルはこんなに低いんだよ」と暗に言っているようなものであり、学習意欲にマイナスになっている。スコットナブ－カンガスは、「適切な母語による教科学習」のない継承語教育は、「心理的にプラスになるお化粧」（therapeutic cosmetics）のようなものと酷評をしている。「フル・バイリンガリズム」を目指すのであれば、カナダの中西部国際語バイリンガル／パーシャル・イマージョン

教育（第7章）のように、継承語教育を学校教育の中にしっかり組み込む必要がある。

継承語教育は、世代によって必要となる教育形態が異なる。1世児や2世児はともかく、三世児以降になると週末や放課後では間に合わず、継承語と現地語の高度のバイリンガル育成には、上記のような学校教育の中に組み込まれた継承語教育が必要不可欠となる。

4) 教師・教授法・教材・評価の問題——ないないづくしの教育

継承語教育を評して「ないないづくしの教育」と言ったのは元桜美林大学の佐々木倫子教授(2001)であるが、実際にカリキュラムなし、教材なし、教師研修なし、適切な評価法なしという状況で、教授法まで議論が及ばないのが実情である。同じ年齢、同じ母語、同じレベルでクラスが編成される一般の外国語教育と異なり、継承語教育では学習者の年齢差に加えて家庭での使用度が異なるため、継承語の熟達度がまちまちである。そのような多様な背景を持つ子どもたちを、1つのクラスで一人の教員が教えるのである。教材開発も教授法や評価法の開発も、また教員養成も一筋縄ではいかない。

移住者児童生徒のための継承語教育を実践しているカナダでは、こういう課題に対して教授法、教材開発、評価法の開発の面においてさまざまな取り組みが見られる。例えば、学習者の多様性に対処した"multi-background teaching"というマルチレベル教授法（Ullmann, 1994）、マルチレベルに対処した視覚教材の開発(Mollica, 1992)、家庭での親と子の会話を豊かにする「対話型宿題」(Interactive Homework)（Antoniuk 他 1998）、物語への興味を育てる Story Telling（Chumak-Horbatsch, 1993; Danesi, 1993）、複数言語使用者としてのアイデンティティを高める Identity Text（第3章）、そして OBC バイリンガル会話テスト（第4章）などがその例である。

継承語保持の効用

では、継承語を知っていることが、実際にどんなプラスになるのだろうか。また継承語を話すばかりでなく、読み書きまでできるということがどのくらい教育的に意味があるのだろうか。

トロントでイマージョン方式によってフランス語を学んでいる中学2年生の子ども（300名）を対象としたスウェインの研究では、読み書きまでできることが、学習言語（この場合はフランス語）の発達に役立つという結果が出ている。この研究は子どもの継承語の習得度によって次の4つのグループに分け、フランス語

の習得度との関係を調べたものである。
（1）継承語が全くできない。
（2）継承語がある程度できるが、読み書きはできない。
（3）継承語の読み書きができるが、使わない。
（4）継承語の読み書きができ、よく使う。

　この4つのグループの中で、フランス語の会話力と読み書き能力の得点が最も高かったのは、（4）の「継承語の読み書きができ、よく使う」というグループであった。いろいろな継承語の言語の類型との関係を調べてみると、イタリア語やスペイン語など継承語がフランス語に近いロマンス語族の場合は、フランス語の会話力には有利であるが、読み書きでは差はない。このことから「言語を超えて、言語知識や学習プロセスの転移（transfer）があり、継承語の読み書きの力を伸ばすことは、学習言語の習得に直接プラスがある」（Swain, 1991: 214）という2言語共有説を支持する結論を出している。この場合、（4）は両親の教育レベルや職業レベルが高いかもしれないというのでさらに調べてみると、そういう傾向は見られず、むしろ両親の教育レベルや職業レベルが高かったのは（1）の継承語が全くできないグループだったという。

　またモントリオールのイタリア系の小学生203人に行ったバタナガーの大規模な調査でも、家庭で継承語を話し、継承語の読み書きができる子どもの方が、フランス語力も英語力も高く、学校の成績もよかったという。それも、知的な面ばかりでなく、情緒面でも有利で、交友関係もよく、課外活動への参加率も高いという結果が出ている（Bhatnagar, 1980）。またカナダばかりでなく、アメリカのスペイン系児童生徒の家庭でスペイン語を使用している小学5、6年生（108人）を対象とした研究でも、算数その他10の学力テストの中、5つのテストで継承語保持の児童に有利な結果が報告されている（Dolson, 1985）。

　継承語教育は子どもの言語の問題に留まらず、心の問題、情緒の問題、知的発達と直結しているだけに、教育的にきわめて大事な分野であることは確かである。教育現場では、まず子どものすでに持っている言語と文化を容認し、その上に新しい言語、知識、文化を加えていくことこそ、教育者の任務と言えよう。

注：1）対象になった 10 の言語は、ウクライナ語、ドイツ語、ポーランド語、オランダ語、ハンガリー語、ギリシャ語、イタリア語、スカンジナビア語、ポルトガル語、中国語である。

2）継承日本語教育の中には大学生や成人を対象にしたものが当然含まれるが、本章では年少者のみに焦点を当てる。

3）中島和子・鈴木美知子編『継承語としての日本語教育―カナダの経験を踏まえて』(カナダ日本語教育振興会)

4）『国際教育法研究会編　教育条約集』(三省堂 1987)

5）第 7 章 (pp. 147-148) にもカナダ、特にトロント市の継承語教育についての詳しい説明がある。

第 10 章
バイリンガルと文化の習得

Contents

バイリンガルは二重人格?
文化の差と年齢
言語の習得と同族意識
2言語の習得とアイデンティティ
相反する2つのアイデンティティに悩む
2文化相互依存説
「新統合型」のアイデンティティ

大切なわが子をバイリンガルに育てるとなると、ことばはできるようになったはいいけれども、二重人格になる、アイデンティティが混乱するなど、犠牲になる面があるのではないかと心配になる親が多いだろう。英語ができるようになったはいいけれど、日本人でなくなってしまっては、元も子もない。日本人であって、日本語の他に外国語もでき、そのことばを使ってどちらの社会でもきちんと仕事や生活ができるというのでなければ、意味がないのである。ことばの習得と文化の習得は切り離して考えることはできない。この章では、バイリンガルになることとパーソナリティとの関係、「自」「他」のグループ意識、アイデンティティとの関係を考えてみたい。

バイリンガルは二重人格?

　まずグローシャンの本から、いろいろな言語の組み合わせのバイリンガルやトライリンガル自身の意見を聞いてみよう。

　　　２つのパーソナリティ？
　●「ことばをスイッチするとき、パーソナリティもスイッチするのがよく分かる。確かにフランス語を話すとき、私は攻撃的で、理屈っぽく、あくまでも頑固に自分の意見を主張する」〈フランス語・英語〉
　●「ことばが変わるとパーソナリティも変わるように思う」〈カーディシ語・アラビア語〉
　●「英語では、ゆったりといつも『どうぞ』とか『すいません』とか、ていねいに話す。ギリシャ語では、息せき切って口調が速くなり、英語とは違った乱暴な話し方になる」〈ギリシャ語・英語〉
　●「確かに２つのパーソナリティを持っているように思う。……例えば、ロシア系アメリカ人の『私』は、ジーンズをはいて学校に行くが、ロシア・スラブ系の『私』は、女性がジーンズをはくのを嫌って、ドレスやスカートをはく……。この間、ニューヨークの北のロシア正教の神学院へ行ったが、そこで、ユーゴスラビア人の友達６人と１人のアメリカ人が同じテーブルに座った。アメリカ人と私は言語習得の話を始めた。得意な分野の話なので、みんなに聞こえよがしにとうとうと自分の意見を述べた。気がついてみたら、友達６人はそっぽを向いて私の話を聞こうとしない。私は恥ずかしくなって、黙ってしまった。あまり大きな声でしゃべったのできまり悪くなり、その後は、静かにみんなの会話を聞いていた。もしアメリカ人の友達と一緒だったら、いくら声を張り上げて議論しても構わないし、どこまでも自分の意見を主張するのだが、そこでは男性の会話の邪魔をしないようにおとなしく座っていなければならなかった……私はロシア語を話すときには、しとやかな"ソフト"な人間で、英語を話すときは"荒っぽい""ビジネスライク"な人間になるように思う」〈ロシア語・英語〉
　●「ことばが変わると、行動も一部だけ変わる。例えば、英語かフランス語かドイツ語で（トライリンガルの）妹に話すとき、パーソナリティは変わらないが、私たちの行動はその場に応じて変わる」〈スイス系ドイツ語・フランス語・英語〉（Grosjean, 1982: 283）

　バイリンガル、トライリンガルはことばが変わると、対人関係における行動パ

ターンも心的態度も変わるということが手にとるように分かる。その場でどういうことを言えばいいのか、どういうことを言っていいのかいけないのか、またことばだけではなく、どういうことをしていいのか、してはいけないのか、相手によって、場所によって切り替えているようだ。それも意識して切り替えるのではなく、状況に合わせて無意識のうちに瞬時にその切り替えができるのである。

　ここで思い出されるのは、日本人が何げなく使っている敬語である。敬語も相手や場所によることばの使い分けで、日本人は意識していないかもしれないが、話し手の声の調子も、体の動きも顔の表情も変わる。挨拶１つにしても、お互いに立ったときの相手との距離も違うし、お辞儀の深さも声の調子も違う。特に女性はやや声のピッチが高くなるそうである。カナダで育った息子はこのことを大変気にして、小学生のころ、私が日本人からの電話に敬語で丁寧に応対し始めると、「黄色い声を出す」といって嫌がったものである。一瞬前まで家族と話していたときとは、がらりと声の調子や応対が変わるために、母親がまるで二重人格のように映ったのだろう。このように、日本人が何げなく使っている敬語は、実はバイリンガルのことばの使い分けとよく似ている。前述のロシア語と英語のバイリンガルの意見などは、日本人が改まった場での行動と、親しい人たちと話すときの行動とを切り替えるのとそっくりである。

　またこれらバイリンガル、トライリンガルの発言で面白いのは、最後の姉妹の例で、相手がバイリンガルかモノリンガルかで話者の態度が変わることである。同じトライリンガルの妹と話すときは、パーソナリティは変わらないと言う。どちらでも通じ合うバイリンガルやトライリンガルを相手にした場合には、特に態度や行動を変える必要はないのである。このような場合には、お互いの間のコミュニケーションで最も効率のよい仲間のことば、仲間の文化ができる。

　以上は成人の話であるが、子どものバイリンガルも、場所、相手、状況によってことばが変わると同時に行動様式も変わり、それに伴って、心的態度も変わる。1992年にカナダ日本語教育振興会が年少者のOBC会話力テストの開発のために行ったフィールドテストでもそれがはっきり現れていた。９〜15歳の子どもたち（32人）に個人面接をしたところ、英語と日本語が高度に発達したバイリンガルは、行動面でも態度でも両刀遣いであることが分かった。テストの一部に「物語の再生」というタスク（課題）があったが、同じシンデレラの話をするにしても、英語で話すときと日本語で話すときとでは、視線、眉毛の動かし方、肩の使い方が違うし、また人に与える話し手の印象も違い、全く違うパーソナリティに映るケースもあった。英語では生き生きとはしゃいだ感じの語り手であるのに対して、日本語では静かでおとなしい、真面目そのものという印象を与えるのである（中島他 1994; 1997）。

しかし、バイリンガルが２つの違った人格を持っているかというと、そうは言えない。それは敬語が使い分けられるからといって、二重人格の持ち主ではないのと同じである。シンデレラの話を日本語と英語で見事にこなしたバイリンガルの子どもの母親に聞いてみると、「いやー、うちの子はそそっかしくて……ちゃんと話ができたでしょうか」と心配していた。筆者の息子も今でこそ数カ国語ができ、確かに話すことばによって雰囲気や印象は異なるが、三つ子の魂百までで、依然として生真面目でばか正直な息子である。つまり、生まれたときから持っている気質は、バイリンガルになっても、トライリンガルになっても変わらない。しかし、パーソナリティと言われるものは、子どもの成長とともに周囲との関わり合いによって形づくられるものであるから、ことばが２つ、３つになると、当然その現わし方、現われ方も２つ、３つになっていく。ちょうど新しい衣をまとうように、いろいろな装いができるようになるのである（箕浦1984）。

　この新しい文化の衣をどのように、またどの程度までまとうようになるかは、年齢や環境によって変わってくる。文化習得を考えるときに、箕浦教授の指摘のように、理解面、行動面、情緒面の３面に分けて考えると分かりやすい。まず異文化がどのくらい理解できるか、頭で考えてどのくらい分かるか、どのくらい知っているかという理解面、異文化の環境でどのくらいその文化のルールに則って行動できるかという行動面、そしてその行動とともにどのように自分自身が感じるかという情緒面である。この３面で文化の習得を分けてみると、同じ海外体験でも大人と子どもではかなり異なることがよく分かる。

　具体的に言うと大人の場合、日本人が海外に出る場合は、すでに日本語、日本文化という衣をしっかりまとっているから、本を読んだり、人に聞いたり、テレビや新聞を見たりして異文化に対する知識を増やすことはできるが、行動面、情緒面ではなかなか変われない。意識的努力で何とか真似をしてみても、ぎこちなさは残るし、仕事の上でも日常生活でも文化摩擦が絶えないのが普通である。また、たとえ表面的には同じ行動がたまたまとれたとしても、どんな気持ちでそういう行動をとっているかとなると、どうしても違和感を伴うものである。

　ところが、子どもの場合はどうだろうか。８歳くらいの言語形成期前半の子どもの場合は、見よう見真似で行動面の真似から始まり、だんだんに情緒面でも違和感がなくなっていく。特に直接ネイティブスピーカーと接触しながら生活を通してことばを覚える場合は、ことばを習うと同時に、そのことば特有の考え方、価値観、ものの感じ方、行動規範まで身につけていく。つまり、異文化の衣を難なく自分のものとしていくのである。もちろん同じ子どもでも、教室のなかで外国語として学ぶとなると、理解はできても、行動面では限られた場面の習得にとどまり、子どもの考え方、感じ方にまで深く影響を与えることは難しい。

1つのことばしか知らない人間は、1つの文化の衣しか持っていないため、ことばと文化の関係についても絶対的なものと思いがちである。しかし、バイリンガルにとっては、ことばと文化との関係は相対的なものであって、それぞれのことばによって違う約束ごとがあり、同じ気持ちや考えを表わすにも表わし方が1つ以上あるという見方をするようになる。5カ国語で暗算ができるというグロータース神父のことばを借りると、次のようになる。

> 「まず、各言語には強い個性——文化とのつながりがあります。一つの母国語しかない人間にとっては、母国語は自然現象であり、自分の文化以外の文化は目に入らないことがあります。二重言語者にとっては、文化や言語は一つの約束事にすぎない、即ち文化や言語の相対性が分かるわけです。二重言語者は二重文化者なのです。第二に、二つの異なる文化を自分のものにしているため、一つの文化に欠けているものが分かります。人間の文化はそれぞれ制限されたものですが、もう一つの自分の文化から補うことができるわけです。第三に、言語と文化のつながりは非常に強いので、例えばオランダ語でオランダ人と話す時とフランス語でフランス人と話す時とでは、内的態度が変わってきます。どういうことを言うべきか、言わざるべきか、各文化の約束事が決まっているからです。」(グロータース 1976: 6)

　要するに、バイリンガルというのは、ちょうど第3章に示した氷山の図のように、表層面では2つの行動パターン、2つの心的態度、2つの価値観に見えるが、深層面では、1つの人格、個性、気性を持っていると言える。バイリンガルのことばをL (L1 + L2) あるいは、同時発達の場合はL (La + Lb) で表したように、文化面でも同じ見方をすることができ、バイカルチュラルの子どもが身につけている文化を、C (C1 + C2)、C (Ca + Cb) と表すことができる。

　国際結婚の家庭で、生まれたときから父親の文化と母親の文化に触れて育つ2文化児の場合はC (Ca + Cb) であり、一方学期期の途中で海外に出て、現地校で異文化に触れて育つ海外児童生徒の場合はC (C1 + C2) になる。

文化の差と年齢

　人間の子どもの場合、周囲の人間、母親や家族のメンバーとのインターアクションを通して、だんだんにその文化で期待される行動様式や態度が形成される。つまり子どもの最初の文化の教師は親であり、子どもは家庭の中で共生することをまず学び、だんだんに家族以外の遊び友達、学校友達へと交流の輪が広がっていって、社会的・文化的存在になっていく。従って、母語の形成期は、母文化の形成

期とも重なる大事な時期なのである。

　家庭の中の親の在り方でも、日本語の世界と英語の世界では非常に異なる。最もはっきりと現れるのが、親が子どもに期待している人間像であろう。トロント補習校の調査でも、「どんなお子さんになってもらいたいですか」と親に聞くと、最も一般的な答えは、「しなければならないことがきちんとできる子になってもらいたい」、「周りの人に迷惑をかけない子になってほしい」で、これに続いたのが、「思いやりのある子どもに」「していいことといけないことが分かる子どもに」や「女の子らしい女の子に」などであった。

　日本の総理府による世界の母子調査で、「いい子」の特性について日米比較を示した図を借りると、図25のようになる。日本の母親は図の左寄りの「基本的生活習慣」が守れる子ども、「規則を守る」、「辛抱・努力」をする子どもが「いい子」であり、米国人の場合は右寄りの「独立性・リーダーシップ」、「異なった意見への寛容」などが「いい子」の特質となっている。著者である東京大学名誉教授 東 洋 はこれに関して次のように述べている（東 1994）。

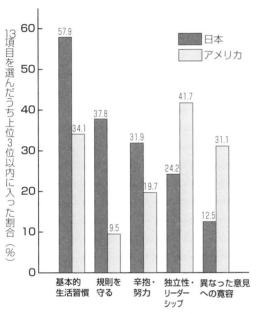

図25 ●いい子の特性—母親の意見の日米の比較

（総理府青少年対策本部編『日本の子供と母親』1981〈東 1994:85に引用されたもの〉）

　「日本の母親は感情の制御、従順、行儀、身のまわりのことの自立などについて、アメリカの母親は社会的能力、言語的自己主張などについて、相手国よりも速い発達を期待している。学校教科的能力に関しては差はない。（中略）日本で期待されるのは、従順で、きまりに従い、行儀がよいなど、家庭での共生を前提として一緒にいるのに差し障りにならない性質であり、アメリカで期待されるのは、ひとりで人の中に出ていくのを前提にして、そこで自分をしっかり立てていける性質だということができよう。」（東 1994: 84）

幼児が家庭から一歩外に出て、保育園や幼稚園に行くと、またそこで異なる文化を経験する。卑近な例を挙げると、筆者の息子は2歳9カ月でカナダの保育園に入ったが、その後4歳になって日本の長野県のある幼稚園に入園することになった。この2つは、子どもに期待する行動様式が見事に正反対と言っていいほど違っていた。カナダの保育園の日課は、朝着くと、教室の入り口に教師が待っていて、1人ずつ今日は何をして遊びたいかを聞く。その後で園児（3歳児）はそれぞれ思い思いのおもちゃで遊ぶのである。周りの子どもや大人に振り回されず、やりたいと思ったことをやり通す力が期待されている。毎日の日課の中には、もちろん教師主導型の園児全員が参加する活動もあり、教師の周りに園児が円形になって座って、歌を歌ったり、本を読んだり、また一緒に外に出てシーソーや滑り台で遊ぶなど集団行動もあるが、基本的には個性を重んじ、自主的行動を重んじる教育であった。一日の終わりには、教師が全員の前で一人ひとり今日は何をしたか、朝○○をしたいと言ったけれどもそれはどうなったかなどの質問をし、みんなの前でそれに答えるという、ことばで発表することに早くから慣れさせていた。

　日本の幼稚園はこれとは正反対だった。毎日の日課は、まず全員校庭に並んで講話で始まり、そしてラジオ体操、その後全員で鉄棒をしたり、教室に帰って工作をしたりという流れで、すべての活動が集団行動であった。このような状況の中で息子は完全に劣等生であり、親としては穴があったら入りたいくらいだった。みんなが体操をしているときに1人だけぽつんと砂遊びをしていたり、みんなが折り紙をしているときに絵本を読んでいたりという状態がしばらく続いたのである。集団活動に自分だけ参加しないということに何の疑問も感じていない様子であった[1]。

フレンチ・イマージョンの場合

　教室の中だけでバイリンガルを育てるイマージョン方式の場合、文化の問題はどうなるのであろうか。

　セント・ランバート校のフレンチ・イマージョンでは、幼稚園からフランス語を始めたイギリス系の子どもたちが、5年生くらいになると、文化面でも大きな変化が起こるという。つまり、10歳前後に変化が起こるということである。ランバートは、その変化について次のように述べている。

> 「子どもたちは、フランス語の環境でも英語の環境でも、どちらの環境でも、ものおじしないし、ある意味では、彼ら自身フランス系カナダ人であると同時にイギリス系カナダ人でもある。しかし、フランス系カナダ人であることが、イギリス系カナダ人ではなくなるというわけではな

い。彼らは行動面においてはバイカルチュラルである。例えば、ヨーロッパから来たフランス語の教師の授業では、お客さんが教室に入ってきたときに全員起立するが、カナダ人教師の場合は、イギリス系でも、フランス系でも、その必要はないので、起立しない。……この子どもたちにとって、フランス語はまるで2枚目のオーバーを手に入れるようなもので、2枚あれば、おしゃれもできるし、1枚のコートで退屈しないでもすむのである。」(Lambert, 1977: 22-23)

アメリカの日本語イマージョンの子どもたちの英語のクラスと日本語のクラスに対して比較研究を行ったフォルスグラフも、パーシャル・イマージョンプログラムで日本人教師から日本語で毎日半日の授業を受けているアメリカ人の子どもたちが、日本語の丁寧体の「です・ます体」と、常体の「だ体」との区別がつくようになり、教室を訪れた訪問客に丁寧体で応じられるようになるのは、4年生くらい（9、10歳）からだと言っている（Falsgraf, 1994）。

海外児童生徒の場合

学齢期の移動でバイリンガルに育つ児童生徒の場合、文化習得と年齢との関係はどうだろうか。箕浦（1981）はロサンゼルスの海外児童生徒に面接調査をし、また帰国した子どもにも再度面接調査をして調べたところ、年齢差が出たのは、「アメリカ人と日本人とどう違う？」という質問だったそうである。この質問への答え方を見ると、異文化に対する認識が年齢とともに変化してくる様子が見られたという。

> 「『日本人とアメリカ人はどう違いますか』という質問に対する子供たちの返答を分類したところ、(中略) 9歳未満で帰国した12名中7名(59%)は、このような質問に黙っているか、「分からない」と答えている。滞在3年1カ月の8歳の女の子は、「髪の毛がアメリカ人は金髪だが、日本人は黒い。目の色も違うし、しゃべり方もちがう」と話すことができたが、6、7歳以下の子供にとっては、差異を認知していてもそれを言語化するのが難しいのか、「無言」もしくは「分からない」という反応が圧倒的に多い。9〜10歳で帰国した11人中6人（55%）が身体的特徴の違いや言葉や遊び方の違いを指摘する。例えば滞米4年6ヶ月で9歳時に帰国した男の子は、「遊び方が違う。アメリカ人はボール遊び、日本人は虫をとったり、釣をしたりする」と答えている。このような問いに対する反応パターンが急激に変わるのが、11歳すぎである。(略) 7〜10歳の子が差異を具体的レベルで認知しているのに対し、11歳以上になると119中14人（74%）が、アメリカ人と日本人の差異を、対

> 人関係の質の違いとして捉えるようになる。14歳以上では、12人中10人（83％）が対人関係の質の違いに言及し、そうしなかった残りの二人も、日本人とアメリカ人のパーソナリティの違い（対人領域と無関係の）を指摘し、具体的レベルでの差異の言及は皆無となる。」（箕浦1981: 249-250 原文は漢数字使用）

以上の観察から次の4点の結論を出し、それを踏まえて異文化受容の臨界期が9〜11歳にあるという提唱をしている。

- 9歳以前の子どもは異文化の行動パターンをすぐ真似はできるが、文化の差異についての認識はできない。
- 9歳から11歳までの子どもは文化の違いについて具象的に捉えることができる。
- 11歳から14歳までの子どもは文化の違いを質的に捉えることができる。また必要に迫られて行動パターンの真似はするが、違和感を感じる。
- 14歳〜15歳以降の子どもは、母文化の影響から出られず、外見上は必要に迫られて行動パターンが変わっても、情緒面は伴わない。行動面のみのバイカルチュラルになる。

ここで興味深いことは、年齢と2文化習得の関係が、年齢と2言語のそれとほぼ一致することである。2文化習得でも9歳くらいに分水嶺があり、それ以前の子ども（言語形成期前半）は2文化の区別がつかないまま異文化をトータルに受容するため、母文化が置換され、俗に言う「バナナ型」（外は黄色、中は白、つまり外見は日本人であるが、心情面では非日本的）になる傾向がある。しかし、9歳以降（言語形成期後半）になると2文化の差の認識ができるようになり、2文化を同時に習得して「両文化型」になれる。さらに、言語形成期を過ぎると（14歳以降）情緒面の文化習得が伴なわないため、「ゆでたまご型」（外は白、中は黄色、つまり非日本的な行動は取れるが、心情面は日本的）になると言えそうである。

言語の習得と同族意識

子どもたちは、同じ社会文化的グループのメンバーであるという「同族意識」をいつごろから持つようになるのだろうか。普通のモノリンガルの子どもの場合、「自グループ」と「他グループ」の区別は、まず動物と人間、男と女、大人と子ども、先生と生徒などから始まり、だんだんにより抽象的な国、地域社会、民族へと広がっていくそうであるが、2言語に触れて育つ子どもたちの「自グループ」、

「他グループ」の意識はどうだろうか。モノリンガルよりもずっと早くその区別がつくようになるのだろうか。また、ことばの使い分けと同族意識とはどんな関係にあるのだろうか。

アブッドとミッチェルは、(1) イギリス系アメリカ人（モノリンガル）と (2) カナダ系インディアン（バイリンガル）の 6〜9 歳の子どもたちを対象にロールプレイを使って同族意識を調べている (Aboud & Mitchell, 1977)。その結果、英語しか話せない (1) のモノリンガルの子どもは、同じグループの中に違うことばを話す人がいると、その人に対して同族意識を持たないが、(2) のバイリンガル（英語と原住民のことば）の子どもは、話すことばによるグループ意識への影響は見られなかったという。つまり、早くから外国語に触れることは、異文化に対する受容度を高め、文化と言語を相対的なものとして捉えるようになり、自分たちのことばが話せないからといって同族意識が変化しないということである。

では、フレンチ・イマージョンの子どもたちのように、幼児から家庭では使わないフランス語を使って学校生活をすると、イギリス系カナダ人だという意識がちゃんと育つのだろうか。それとも、フランス語が身につくに従って、フランス系カナダ人という意識を持つようになるのだろうか。

この点について、ジェネシーらは、民族人形を使って同族意識と言語習得との関係を調べている (Genesee 他 1978)。対象になったのは、小学生 1 年から 6 年までの 3 つの違った学校教育を受けているイギリス系カナダ人の子どもたちである。まず (a) コア・プログラムでフランス語を毎日 20 分から 40 分、教科学習はすべて英語で受けている子どもたち、(b) フレンチ・イマージョンの児童・生徒、(c) フランス系カナダ人のための小学校で、フランス語ですべて教科学習をしている子どもたちである。民族人形というのは、フランス系カナダ人の人形とイギリス系カナダ人の人形である。これらの人形を使ってロールプレイをし、次の 3 つの質問の答えを引き出している。

(1)「どの人形がいちばん好きですか」
(2)「もしあなたがフランス系カナダ人だったら、どの人形が自分にいちばん似ていると思いますか」
(3)「どの人形があなたのいちばんいいお友達ですか」

この結果分かったことは、まず第 1 に、どのグループの子どもも自分のグループの民族人形を好む傾向があること。第 2 に、バイリンガルに育つ子どもの方が、モノリンガルの子どもよりも、人種と関係なく相手を選ぶ度合いが高い。第 3 に、年齢差があり、(b) のフレンチ・イマージョンの子どもは、小学校低学年ではフランス系カナダ人の人形が自分に似ていると答えた子どもが多かったが、年齢とともにその傾向はなくなり、10 歳位になると、自分たちがイギリス系カナダ人

だという同族意識がしっかり確立するという。ジェネシーらは学校で、異言語で学習する場合でも母文化の形成でいちばん大事なのはまず家庭であり、家庭の言語が一義的、学校教育の影響は二義的なものであると言っている。また学校言語と家庭言語が違っても同族意識がゆらぐということはなく、そのような意識がはっきりするのが、9、10歳ごろであると言う。つまり、主要言語を母語とする子どもの場合は、学校で外国語を使用して学習しても、同族意識が十分育つということである。従って、もし日本で第6章で述べたような「日・英バイリンガル教育」の試みをしてみたら、日本人であるという意識はゆるぐことなく日本語と英語を学んでいくであろうということがある程度予測できる。

　母語が社会的に劣位である移住者の子どもや外国人児童生徒の場合はどうであろうか。同じく民族人形を使ってオンタリオ州のフランス系の5歳から12歳までの子どもたちの英語使用とアイデンティティとの関係を調べたシュナイダーマンの研究では、オンタリオ州では少数言語であるフランス語系の子どもたちは、日常生活で英語の方を好んで使っているが、かと言って自分はイギリス系カナダ人だという意識を持っているわけではない。言語使用とアイデンティティとは必ずしも一致するものではないと言っている（Schneiderman, 1976）。少数言語を母語とする子どもたちの場合は、言語使用とアイデンティティの関係が複雑になることを示唆している。

子どもの「外国」意識

　今度は日本のような単一文化の国の子どもたちが「外国」をどのように認識するかという問題を考えてみよう。かなり古い調査（Lambert & Klineberg, 1967）ではあるが、このような大がかりな国際調査は他にない上に、グローバル人材育成を考える上で、ヒントになる点を多々含んでいるので、ここに紹介しておきたい。もちろん現代のようにメディアやインターネットを通して国境を越えて情報が自由自在に入手できる時代になると、「自国」「他国」の意識が大きく変わることは当然予想される。

　この調査の参加国はアメリカ、南アフリカ、ブラジル、カナダ、フランス、ドイツ、イスラエル、日本、レバノン、トルコで、参加児童数は6歳児グループ、10歳児グループ、14歳児グループ、それぞれ100人ずつ（男子50人、女子50人）である。個人面接でまず「あなたは何人ですか」に始まり、【A】の4つの関連質問をし、その後自国について同じような質問をし、最後に【B】の質問をしている。

　　　　【A】「○○人は日本人と似ていますか」
　　　　　　「○○人について、ほかにどんなことを知っていますか」

「○○人をどう思いますか。好きですか。それは、どうしてですか」
「○○人のことをどうやって知りましたか」
【B】「どの国の人になりたいですか。それはどうしてですか」

　この調査の目的は、次の3点に関する子どもの外国、外国人に対する態度を探ることであった。

○外国人を自分と似ていると思っているか、違うと思っているか。
○外国に対してどう思っているか（好き・嫌い）。
○自分の国と外国とどちらがいいか。（この質問は14歳児のみ）

　この結果分かったことをまとめると、次の4つになる。

（1）子どもはまず自分の国について主観的なイメージを持つ。例えば、6歳児でもすでに外国に対してかなり客観的で具体的なイメージを持っているのに、自国の人の特徴となると誇張された表現になる。例えば、フランス人の子どもたちは「"フランス人"は親切で民主的で頭が良いが、"日本人"は目が細くて、米をたくさん食べ、床に座る人たち」だという。自国に対するステレオタイプ的な見方は10歳以前から始まるが、他国についてのこのような見方は10歳以降である。10歳になると外国人に対する意識が変化し、具象的な比較ではなく、より主観的な特徴や生活習慣に言及するようになる。14歳児になると外国に関する情報源が変わり、メディアを通していろいろな情報を得るようになる。また同年齢のグループの圧力がかかって外国に関してもステレオ化された大人の見方をするようになる。

（2）6歳児の外国人に対する認識は、共通性よりも違いが強調され、また「違う」ということが、すなわち「悪い」ということにつながっている。しかし、その認識は年齢とともに変化して、6歳から10歳の間に基本的な態度の違いが起こる。この調査では、10歳児が外国人に対して好奇心を持ち、友好的で、自分たちと似ているという見方をする傾向が各国で見られたという。

（3）初期に植えつけられた「違う」グループというイメージはそのまま継続される。例えば「黒人」とか「東洋人」とか「ロシア人」とかいうレッテルは10代になっても続き、子どもたちは一生その影響から逃れられない傾向がある。

（4）初期に植えつけられた差別意識は自国イメージにも影響している。ある国の子どもたちはほとんど「違い」を意識していないのに対して、ある国の子どもたちは、自国の特徴や生活の在り方が外国と比べて悪いという意識を持っている。特に日本人グループは自分のグループを否定して、外国をうらやむという傾向が強く見られた[2]。

ここで私が大切だと思うことが２点ある。１つは（3）のように子どもは幼少のころから、親を窓口として世界を見るものであり、親の持っている偏見や差別意識がそのまま次世代の子どもに引き継がれていくということである。親自身が異文化に対して寛容な態度を示すことがいかに大切かがよく分かる。もう１つは年齢との関係である。（2）で指摘されているように、6歳児と10歳児では外国・外国人に対する基本的態度が異なり、10歳児は外国人に対して好奇心・好意的関心が持てるということである。つまり、２つの文化の差が認識できる言語形成期後半になると、前向きの姿勢で異文化とも取り組めるようになり、この時期に家族旅行やサマーキャンプなどで外国を直接体験することは、教育的に意味があると言えそうである。

２言語の習得とアイデンティティ

　バイリンガルのアイデンティティはどうなるのだろうか。まずアイデンティティということばであるが、一口にアイデンティティと言っても、さまざまな意味で使われる。個人のアイデンティティ、文化（言語）グループのアイデンティティ、民族グループのアイデンティティ、社会的アイデンティティなどいろいろである。

　文化的アイデンティティというのは、自分で意識するのは難しく、異なる文化に接して初めて触発されるものである。日本人のように同じ国で、同じ文化を担った集団の中で成長すると、海外に出て触発されて、初めて「私は日本人なのだ」という実感を持つことが少なくない。カナダ人も同じようなところがあり、日本に留学して、アメリカ人と呼ばれて初めて「私はアメリカ人ではない、カナダ人ですよ」と言いたくなり、カナダ人としてのアイデンティティに目覚めるという青年も多い。

　民族的アイデンティティは、同じ祖先を持つグループに属し、そのグループに特有のユニークな価値観や行動パターンや感じ方を共有することである。自らが選択したアイデンティティであることもあるし、他人がレッテルとして押しつけてくる場合もある。例えば、アメリカで育つ日系人の子どもは、自分はアメリカ人だと思っていても、肌の色や外観で「アジア人」「日系アメリカ人」というレッテルを貼られることが多い。

　社会的アイデンティティは、その社会の中での役割、職業にまつわるアイデンティティである。日本人にとっては、この社会的アイデンティティがかなり問題で、特に親が高学歴であったり、大企業の幹部として成功したりしていればいるほど、子どもへの期待度が高く、親と同じようなエリートコースを歩むことが難

しい子どもは大変なプレッシャーになる。少数言語の子どもの場合は、言語・文化的アイデンティティと民族的アイデンティティが重なり、そのグループの社会的地位が低い場合は、社会的アイデンティティもレッテルとして加わる。

　バイリンガルになることと、バイカルチュラルになることは車の両輪のようなもので、2つを切り離すことは難しいが、アイデンティティとなると問題が異なる。アイデンティティは直接ことばとは関係なく、ことばができなくてもその言語グループへのアイデンティティを持つことが可能だからである。また、一度バイカルチュラルになると、その状態はそう簡単には変わらないが、アイデンティティは年齢とともに変わり、特に民族的アイデンティティや社会的アイデンティティは、思春期から社会人になるまでの間に大きく変化するのが普通である。

　アイデンティティの問題はバイリンガル、トライリンガル特有の問題と考えられがちであるが、実は現代に生きる若者一般の問題である。親が離婚しているために、父親の世界と母親の世界の狭間にあって、自分の「居場所」が見つけられなくて悩むケース、将来自分のしたいことと親が自分に期待する方向とのギャップで悩む学生、日本と韓国を行ったり来たりして育ち、「いったい私は何人なのだろう」と民族的アイデンティティで悩む留学生もいる。このような悩みを乗り越えて、私は「地球人」であるとか、「私」なりでいいのだとか、宗教に救いを求めるとか、さまざまな「居場所探し」をして成長していく。カナダの大学で「私のアイデンティティ」という作文の課題を出すと、実にいろいろな現代の若者の問題を垣間見ることができ、この問題が社会人としてはばたこうとする大学3年生、4年生の大きな関心事であることが分かる。

相反する2つのアイデンティティに悩む

　子どもがバイリンガル、バイカルチュラルになる過程で、2つの文化集団に属することが不可能になる場合がある。2つの言語・文化の社会的地位に格差がある場合、周囲の優位の言語が学校で使うことばで、劣位のことばが家庭で親が使うことばであると、優位の言語グループの一員になることと、劣位の言語グループの一員になることが両立しなくなる。こういう状況に追い込まれると、子どもは劣位の少数言語の一員になることをやめて、優位の主要言語グループの一員となろうとする。つまり自分の親から継承したことばを捨てて、学校で仲間が使うことばを自分の強いことばとし、仲間に受け入れてもらうために必死になって仲間のことばを学び、その文化を自分のものとして受容していく。その結果、現地文化を受容すると同時に、母文化を捨てて現地文化のモノカルチュラルになっていくのである。

もしこれがカナダやオーストラリアのように多文化主義（multiculturalism）の国なら、主要言語の文化の担い手であると同時に、親の文化の担い手になることが奨励されており、そのこと自体が子どもの悩みにならない。しかし、そうではない国ではバイカルチュラルになること自体をその社会が許容せず、マイノリティの子どもたちを、有無を言わせず1つのアイデンティティに塗り直してしまう。アメリカがその例である。第6章で触れたように、アメリカでは移住者子弟を対象にした「バイリンガル教育」が行われているが、これは一時的に英語力が身につくまで少数言語を使って学習するということで、子どもの母語と英語の同時発達を意図したものではない。1日でも早く主要言語である英語を習得し、「アメリカ人」というアイデンティティを獲得するために、親のことばと文化を捨てることが強いられているのである。
　以下に引用するのは、カリフォルニアに定住したあるメキシコ移民の子（ロドリゲス）の、対立した2つの世界の相克の様子である。

> 「一つは家庭を中心としたスペイン語の＜私＞の世界、もう一つは英語を中心とした＜公＞の世界である。スペイン語は家族、保護、親密を意味し、英語は外部、公的、疎遠を意味する。学年が進むにつれ、ロドリゲスのアイデンティティはスペイン語の世界から英語の世界に移行していく。『夜親戚が来て客間がスペイン語の声で温まると、私はそっと家を抜け出た。』スペイン語から英語へのシフトに両親も協力して、学校の先生の忠告で英語が話せないにもかかわらず、家の中で英語を使おうと努力する。晩御飯の食卓では両親が英語に詰まると、会話が途切れてしまう。また同族のメキシコ人たちの非難にもかかわらず、両親は息子の名前を『リカルド』から『リチャード』に変えた。スペイン語の『私』のアイデンティティから英語の『公』のアイデンティティに変わったとき、変わったのは言葉だけではなかった。彼は自らメキシコ人の社会から自分を切り離そうとした。そして、周囲の親戚や親の知人からは彼がスペイン語がすらすら話せなくなってしまったことが、メキシコ人のコミュニティや価値観に対する否定と解釈されたのである。」（Hakuta, 1986）

　このように、子どもが親のことば・文化を犠牲にして社会的に優位な言語・文化を習得していく過程で、2つの文化の谷間にはまってアイデンティティの「無国籍者」をつくってしまうことがある。自分のルーツを捨てて主要言語を身につけたものの、「公」のグループにも入れず、かといってことばを失ったために「私」のグループからも受け入れられなくなる。こうなると、親と子のコミュニケーションには当然断絶が起こり、子どもは疎外感に悩み、それが原因となって情緒不安

定、学業不振、登校拒否、社会不適応などに陥るのである。

日本も単一言語、単一文化を押しつける国であり、肉体労働、低所得などと結びついた韓国・朝鮮人・中国人、外国人労働者の子どもたちを、有無を言わせず日本化し、極端な差別をする国の1つと言える。次の金君のことばはそれを如実に語っている。当時、外国人が司法試験を受けることはできても、合格したら帰化しなければ司法修習が受けられず、また帰化した際には日本人名を名乗ることが強要されていたのである。

> 「私は幼児より朝鮮人として生まれたことを恨みに思い、自己保身からいっさいの朝鮮的なるものを排除することに努めてきました。小学、中学、高校、大学と年を経るにつれ、日本人らしく振る舞うことが習性となっていました。しかし、日本人の差別を逃れるため、日本人を装うことは非常な苦痛を伴うものでした。私は、大学卒業が近づくにつれ、朝鮮人であることを見透かされないかと周囲に気を配り、小心よくよくと生きていくことのみじめさに耐えられなくなりました。……私は、大学卒業時に味わった社会的、職業的差別を契機として日本人の前に朝鮮人としての私の存在をつきつけていこうと決心しました。」(田中 1980: 149–150)。

2 文化相互依存説

2つのことばをどういう環境で習得するかという問題は、アイデンティティの形成に深く関わっている。言語の習得とアイデンティティとを結びつけて考えた先駆者は、ランバートである。ランバートは図26に示すように、ことばの発達に影響を与える要因を考えた(Lambert, 1974)。

図26 ● ランバートのモデル

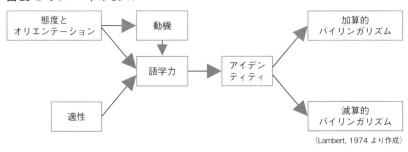

(Lambert, 1974 より作成)

まず「態度(attitude)」とは、2言語に対する心的態度、「オリエンテーション」

第10章 バイリンガルと文化の習得

は、どうして学習したいか、功利的理由（instrumental）か心情的理由（integrative）かという学習理由である。「態度」と「オリエンテーション」が一緒になって、「学習動機（motivation）」になる。語学学習への「適性（aptitude）」とは、知能、語学学習への適性も含めた学習者の特性である。「適性」「学習動機」「態度」は直接２言語の力に影響があるという。２言語の力がどのくらい伸びるかが、自己のアイデンティティに影響を与える。母語が社会的に優位な主要言語の場合はアイデンティティが肯定的になり加算的バイリンガルになるが、劣位の少数言語の場合は、否定的になり減算的バイリンガルになるという。Ｌ２がＬ１を脅かすようになると、つまり、母語が失われるとマイナスに働くバイリンガルになり、文化的アイデンティティを失い、社会的に疎外されることになりかねないというのである。

　第３章でバイリンガル児の２つの言語は別個に存在するのではなく、共有面を持っているという２言語共有説を紹介したが、アイデンティティについても同じようなことが言えるという主張もある。例えば、ハマーズというカナダの言語心理学者は、加算的バイリンガルを育てるためには、次の２つの条件を満たす必要があると言う。

　１．アイデンティティが相反することなく共存し得ること。
　２．社会が二重メンバーシップを容認し、拒否したり、はじいたりしないこと。
　そして、２つのことばが互いに関係し合うのと同じように、アイデンティティも、第１文化（Ｃ１）と第２文化（Ｃ２）は関係があり、Ｃ２のアイデンティティが育つためには、Ｃ１へのアイデンティティがしっかりしていなければならないという仮説を立てている。これをハマーズは２文化相互依存説と呼んで、次のように定義している。

> 「……２つの言語の発達に関係のある文化的アイデンティティが相反することなく共存し、また社会が二重メンバーシップを拒否しない場合のみ、プラスに働くバランスのとれたバイリンガルが育つ。文化相互依存説によると、第１文化へのアイデンティティの欠如は第２文化へのアイデンティティの欠如と関係があるという（Clement, 1984）。つまり、第２言語グループへのアイデンティティを持つためには（これは第２言語をネイティブに近いレベルまで伸ばすための条件であるが）、まず第１言語グループへのアイデンティティをしっかりもっていなければならない。」(Hammers & Blanc, 1989: 127)

　また、「母文化に対して１つのアイデンティティがしっかりと育てば、もう１つの文化のアイデンティティもそれを基礎に育つ」というのならば、少数派言語グループの子どもたちが二重アイデンティティを持つためには、彼らのことばや

文化への一般社会のイメージを高め、その価値・評価を人為的につり上げる努力が必要で、ハマーズはこれを「価値のつり上げ」(valorization) と呼んで、その必要性を強調している。

確かに子どもの母語・母文化の社会的イメージが低い場合は子どもは親のことばや文化を恥じるようになり、L1からL2への置換を自ら早めてしまう。もしそれを人為的に高めることができれば、子どもは親の文化、親のことばに自信と誇りを持ち、その誇り・自信が土台となって教育的にいい結果を生む。この目的のために、各国でいろいろな努力が実際になされている。例えばオーストラリアでは学校教育のなかで少数言語を教える LOTE（Languages other than English ＝英語以外の言語）というプログラムができているし、カナダではいろいろな形の継承語教育が行われている。しかし、第8章で述べたように、この母語、母文化保持は非常に難しく、学校教育のなかにしっかり組み入れ、社会の主要言語と同じステータスを与えないと、なかなか効果が上がらないものである。

「新統合型」のアイデンティティ

ここで私が強調しておきたいことは、バイリンガル・バイカルチュラル教育の立場から、2言語、2文化にまたがって育つ子どもたちの文化をユニークなものとして認めることである。つまり、2つの文化にまたがって成長する子どもは決して2つの文化のそれぞれに対してアイデンティティを持つのではなく、2つが融合されてユニークな1つのアイデンティティを持つということである。「日系カナダ人」は日本人でもなく、カナダ人でもなく、「日系カナダ人」というユニークな文化の担い手である。同じことが、日本語と英語のバイリンガル、バイカルチュラルにも言える。バイリンガル、バイカルチュラルは2つの文化へのアイデンティティを持ったハイブリッドな人間ではなく、その2つが融合されたユニークな文化の担い手と見るべきであろう。

日本の経済力が増し、海外における日本語の有用性が高まったバブル期の調査 (Oketani, 1995) を見ると、このような「新統合型」アイデンティティを持った日系の高校生・大学生がカナダのような多文化主義をモットーとする国では実際に生まれている。この調査ではカナダ生まれの日系児童生徒42名に英語と日本語の読解力テストと面接によって、2言語の力とアイデンティティとの関係を調べている。その結果、2言語の到達度とアイデンティティとは関係が深く、両方のことばがよくできる「2言語高度発達型」ほど、アイデンティティがしっかりしていて、ことばだけを状況に合わせてスイッチできる。つまり、ことばのスイッチはちょうど上着を取り替えるように自由自在にできるが、それによって帰属意

識は影響を受けないということである。ところが、1つのことばが弱い「英語ドミナント型」や「日本語ドミナント型」になると、ことばをスイッチすると同時にアイデンティティのスイッチにもなってしまうため、弱い方のことばを使う場合は違和感を免れない。そして、両方のことばが弱い「2言語低迷型」になると個人差が激しく、アイデンティティに関しても混沌としているケースが多かったという。

　ここで興味深いのは、「2言語高度発達型」で、この若者たちが違和感なく2言語が使いこなせるばかりでなく、「日本人」「カナダ人」の枠を越えた新しい「国際人」とでも言えるような、「新統合型」のアイデンティティを持っていたことである。これに比べて、どちらか1つのことばしか十分に発達していない「英語ドミナント型」、「日本語ドミナント型」になると排他的になり、「二者択一型」アイデンティティを持つ傾向が見られたという。このことは、将来「日本人」でありながら、外国語の世界でも日本語の世界でも通用する「新統合型」のアイデンティティを持った国際人を育成することが可能だということを示唆しており、そのためには、まず母語と外国語を高度に育てることが必要条件だということである。そして「新統一型」のアイデンティティを持つことが、グローバル人材の必要条件の1つになっていくのではないかと思われる。

注：1）日本、中国、米国における幼児教育を比較研究したトービン他（Tobin 他 1989）も、日本ではあいさつ、きちんとした返答など、受け身的な言語使用の教育が中心になるのに対して、米国では、大人と積極的に対等に話す力、ことばで説明する力、感情を伝える力、意見を述べる力などが、家庭でも幼稚園でも強調され、自己表現や対話のルールが早くから教え込まれると言っている。

　　2）日本の経済的・国際的地位が向上した現在では、日本人グループが自らを否定し、外国を敬う傾向はもう見られないであろう。むしろ「日本が最高」というまったく反対の結果が出そうである。

第11章 バイリンガル教育への疑問

Contents

バイリンガル育成のプラス面とマイナス面
バイリンガル肯定論
バイリンガル有利説の具体例

子どもをバイリンガルに育てるとなると、親はいろいろな疑問を持つ。知能の発達が遅れるのではないか、頭脳の負担になり、そのため学力が低下するのではないか、文化的に混乱状態に陥り、どちらの社会でもきちんと機能できない人間になるのではないか、両方のことばが中途半端になってしまうのではないか……。特にモノリンガルの親は自分が経験したことがないだけに、数々の疑問を持ち、長期間かかるバイリンガル育成に踏み切れないのが普通である。

　このような疑問を持つのは親ばかりではない。学校の教師も同じである。特に自分がモノリンガルで、バイリンガルの子どもに出会ったことのない教師は、2言語に触れて育つ子どもをどう扱っていいか分からない。そのため、編入してきたばかりの外国人の子どもに、その子の弱いほうのことばでIQテストをして発達障害や知的障害という判定を下してしまったり、ことばができないということだけで特別支援学級に入れてしまったりという悲劇が実際に起こっているのである。また日本に来た外国人の親に、「お子さんの日本語の伸びが遅いのは、家で日本語を使わないからです。家で必ず日本語を使うようにしてください」という誤った忠告をしたりする。親の方も自分自身日本語を習いたい一心で、子どもが家庭で日本語を使うことを奨励するばかりでなく、自ら進んで日本語を使おうとする。こうなると、子どもの2言語は育たないし、文

化的にも混乱してしまう。

　実は、一時代前までは子どもが2言語を使用すること自体が、諸悪の根源のような考え方をされていたのである。知的発達の遅れ、学業成績が低いこと、学校中退率の高いこと、青少年犯罪が多いことなどが、「家庭と学校言語の違い」のためであるかのように考えられた。また学校で子どもが自分の母語を使ったり、学校で決められた言語以外のことばを話すということに対して不寛容であることが、世界の各地にさまざまな悲劇を引き起こしている。例えば、学校で母語を話すと口を石鹸で洗わされたというオーストラリアのギリシャ語話者の話や、ウェールズ語を話すと鞭でたたかれた話、ほぼ強制的に寮に入れられて徹底的に母語を忘れさせられたカナダの先住民の話など、今では聞くに堪えない仕打ちが実際になされてきたのである。(Isaacs, 1976; Baker, 1993)

　バイリンガルを育てるには、どうしても2言語への接触が必要であり、そのためには周囲の大人たちが一致団結して、協力し合う必要がある。バイリンガルに対する親、教師、そして一般の人達の認識不足、誤解、そして根拠のない危惧などが、往々にして子どもがバイリンガルに育つ大事な芽を摘んでしまうのである。この章では、バイリンガル教育への疑問を中心に、バイリンガル育成のプラス面とマイナス面について考えてみたい。

バイリンガル育成のプラス面とマイナス面

　前にも述べたように、1920年代から1960年代までは、バイリンガルは知的発達の遅れ、学業不振、情緒不安定などと結びつけて考えられており、「バイリンガル否定論」が横行していた。それに対してバイリンガルになることがマイナス面よりもプラス面の方が多いという「バイリンガル肯定論」が提唱され始めたのは、1970年代である。そして、その契機となったのがカナダのイマージョン方式によるバイリンガル教育の研究成果であった。

バイリンガル否定論

　第一次大戦中のドイツでは、国粋主義の立場からバイリンガル否定論が横行していた。次のような考え方はその代表的なものである。

> 「2つの言語ができる子どもはもちろん有利な点があるが、一方バイリンガルであるために高い代価を払うことになる。まず第1に、1つのことばなら完全に習得することが可能であるが、2つのことばとなるとどちらも完全に習得することはできない。第2に、2つのことばをマスターするために頭脳を使い切ってしまうため、ほかに学ぶこと、学ぶべきことを習得する力が低下してしまう。シュシャルト（Schuchardt）はバイリンガルというのは弓に2つの弦がついているようなもので、両方とも緩んでしまうと言った。」（Jespersen, 1922: 148）

> 「バイリンガリズムはプラス面よりもマイナスの影響の方が大きい。基本的には人間は生まれつきモノリンガルである。バイリンガルというのは同時に2つの宗教に属するようなものである。」（Weisgerber, 1933〈Saunders, 1983: 15 に引用されたもの〉）

　これらは国粋主義に基づく極端な否定論であるが、そのような影響下にない言語教育者たちの間でも、「2つのことばはことばの不具者をつくる」（Pintner & Keller, 1922〈同〉）、2言語使用は「精神の混乱を招く」（Saer, 1923〈同〉）などの意見が優勢であった。

　どうして2言語使用がマイナスになるかというバイリンガル否定論の説明としては、第3章で触れた「2言語バランス説」（Balance Effect Theory）がある。この説は、子どもの思考力、認知力の発達とことばの発達とは全く関係がないという見解に基づくものであり、「2つのことばの同時習得は子どもの学習能力を2分する」ため、思考力も語学力も弱まってしまうのは当然であるという考え方

である（Macnamara, 1966）。この見方は、認知力の形成、特に抽象的思考の発達にことばが中心的な役割をすると見るヴィゴツキー（1962）やブルナー（1966）の考え方、さらにはカミンズの2言語共有説に真っ向から挑戦するものである。

　一般の家庭の親や教育の現場では、「2言語バランス説」に代表される一連のバイリンガル否定論が、いまだに根強い力を持っており、現在でも完全に抹消されたとは言い難い。実際に大胆なバイリンガル教育実践に踏み切ったカナダでさえ、当時教育者間に蔓延していたバイリンガル否定論と闘わなければならなかったのである。例えば、イマージョン方式のバイリンガル教育プログラムを初めて設置しようとするとき、反対論の根拠になっていたのは、まさにこの見方である。例えば、モントリオールのカトリック派英語系公立学校の校長の組織団体（Association of Catholic Principals of Montreal）がイマージョン設置に大反対をして、次のように述べている。

> 「われわれは（連邦政府の政策である）バイリンガリズムを支持し、幼稚園から11年生（高校2年）までフランス語を効果的に教えることに賛同するものであるが、2つの言語を教科学習の媒介語として使い、両言語に同等、ほぼ同等の重要性をおくといういわゆるバイリンガル教育には大反対である。平均的な能力の子どもには、2つの言語による授業に対処するのは無理であり、もしそれを無理押しすると、情緒不安定、言語間干渉、学力低下につながるというのがわれわれの意見である。（中略）これまで成人になってから2言語の混乱で悩む大人に何人も遭遇してきた。われわれは母語、あるいは第1言語を十分マスターするために、授業の媒介語として一言語のみを使用することを強く主張するものである。第2言語というのは幼稚園から小学校3年生までは、歌、会話などを通して付随的かつ偶発的習得（incidental learning）をし、4年生から11年生までは構造言語学に基づくオーディオ・リンガル・メソッドで系統的に第2言語を習得すべきである。」（Lambert & Tucker, 1972: 5-6に引用されたもの）

　このようなバイリンガル否定論が蔓延したのは、当時のバイリンガルの研究方法の未熟さにその一因がある。当時のバイリンガル研究は、IQテストを使ってモノリンガルとバイリンガルを比べてみて、バイリンガルのIQが低いという結論が出されていたようである。現在そのような研究がいろいろな角度から批判されているが、その主な論点は次のようである。

　まず知能を一面的に捉え、IQテストだけで優位性を決定するのは問題である。IQテストがバイリンガルの子どもの弱い方のことばで実施されていたり（マイナスの結果が出るのは当たり前）、2言語の熟達度が全く考慮されずにバイリン

ガルとして一括されて扱われていたり、2言語の語学力の測定で会話力か、読解力かなど、どの言語面の測定かはっきり区別されていないことが多かったりするからである。また、最も決定的な欠陥として指摘されるのは、両親の学歴や職業、そして子どもの置かれている社会的立場が考慮に入れられていなかったことである。最近でこそ、マジョリティ言語の子どもの2言語の発達と、マイノリティ言語の子どもの2言語発達では、同じバイリンガルでも異なるということの認識が高まっているが、当時はまだその認識は低く、両方の異なった社会的環境にある子どもたちがデータのなかに混入しているというケースが多かったのである。

　もう1つ付け加えておきたいことは、1950年代、60年代の言語学が「理想的な1言語話者」のことばを対象としており、2言語、3言語を話す話者のことばはどう扱っていいか分からなかったという問題もあった。先に挙げたモントリオールの校長たちの反対論のなかでも見られたように、外国語教育では、構造主義の言語学と行動心理学に基づく語学教育の方法論（オーディオ・リンガル・メソッド）が謳歌された時代であり、「教科学習を通して2言語を付随的、偶発的に習得（incidental learning）する」というような、あいまいな方法論は受け入れられなかったのである。

バイリンガル肯定論

　バイリンガル否定論に対して肯定論の契機となったのは、カナダのイマージョンの子どもたちを対象にした研究成果であった。第5章で述べたように、セント・ランバート校のイマージョンの子どもたちの調査研究を依頼されたランバートやタッカーらは、「われわれはあらゆる機会を捉えて調査を繰り返した」と言っているが、実際に幼児から4年生の終わりまで毎年学年末に3週間かけて、種々のテストを行っている。それもイマージョンの子どもたちの特徴が浮き彫りにされるように、次のような3つの被調査グループをつくって同じテストを行い、比較検討している。
（1）イマージョン方式でバイリンガル教育を受けている子どもたち
（2）英語だけで教育を受けている子どもたち
（3）フランス語だけで教育を受けている子どもたち

　テストの種類も多く、例えば、4年生の学年末に行ったテスト（対象児110人）をみると、英語力に関するテスト10種類、フランス語力に関するテスト4種類、算数2種類（計算問題と文章題）、IQテスト2種類（Raven Test、Lorge-Thorndike Test）、創造力テスト、フランス語に対する心的態度に関する調査を

実施している。それまでのバイリンガルの研究と異なった点といえば、まず IQ という狭い視点にとらわれず、知能、認知力を広く捉えようとしていること、また子どもの発達を長期にわたって経年的に追った点も新しい取り組みであった (Lambert & Tucker, 1972)。

バイリンガルのことばと知的発達との関係で最も画期的な結果が得られたのは、1962 年のピールとランバートの研究である。ピールとランバートはモントリオールの 6 つの学校の児童生徒（364 人）を対象に 2 つのグループをつくって IQ テストを含む諸テストを行った。グループ（1）は英語もフランス語も高度に発達したバランス・バイリンガル（10 歳児 110 人）、グループ（2）は社会経済的レベル、年齢、男女差がほぼ同じ条件にあるモノリンガルである。その結果、グループ（1）のバイリンガル児に大変有利な結果が得られたという（Peal & Lambert, 1962)。例えば、Lorge-Thorndike Test を使って、知力を 18 の面に分けて観察したところ、18 のうち 15 までバイリンガルに有利、その他は差がなかったという。このことから、ピールとランバートは、

> 「知的面において、二つの言語のシステムを経験したバイリンガル児は、思考に柔軟性があり、概念形成において優れ、バイリンガル児の能力パターンに多様性があるという意味で、知力（mental abilities）に多様性がある。もちろん知的により発達している子どもであったからバイリンガルになったのか、バイリンガルであることが知的発達を助けたのか明らかではないが、バイリンガル児が知的面で優れていることは確かである。モノリンガル児は、これに対して、知的構造が単一で、一つのものですべての知的タスクを行わなければならない。」(Peal & Lambert, 1962: 20)

という結論を出している。この研究調査は 1964 年に社会的状況の恵まれない移住児童生徒も多数含めて再度行われ、いずれも同じような結論を得ている (Lambert & Anisfeld, 1969)。

このような結果がバイリンガル肯定論の発端になり、その後いろいろなことばの組み合わせで世界各地でバイリンガル有利説が実証されるようになり、現在では、両言語とも高度に伸びた場合、つまり、バランス・バイリンガルは、知的発達で損失が見られないばかりか、知力、認知力の発達のある面で有利であるという説が一般的になっている。

バイリンガル有利説の具体例

では、バイリンガルに育つことが、具体的にどういう点でメリットがあるのか、いくつかの研究例を紹介しよう。ここでは、これまで触れてきたいろいろなメリットに加えて、特に思考の柔軟性、言語一般に対する理解力・分析力、そして、話し相手に対する配慮・言語による人種偏見という4点を特に取り上げてみたい。この分野はまだ日本語を1言語とするデータが不足しており、今後の研究が待たれるところである。

1 バイリンガルは思考の柔軟性がある

スコットはモントリオールでイマージョン方式でフランス語を学ぶ子どもたちを対象に2言語の発達と創造力、思考力との関係を調べている（Scott, 1973）。この調査で使ったテストは「風変わりな使い方（unusual uses）」と言われるもので、例えば、「ここにクリップがあると思ってください。そして、クリップでできることをできるだけたくさんリストしてください」というのである。もちろんクリップの代わりに、れんが、空き缶、古タイヤ、紙の箱など何でもいい。対象児の答え方をみて、思考に柔軟性があるかどうかを判断するのである。

まず1年生を2つのグループに分けた。（1）はフレンチ・イマージョンでフランス語と英語の両方で教育を受ける子どもたち、（2）は英語だけで教育を受ける公立小学校の子どもたちである。この2つのグループは、子どもの知的レベル、両親の社会経済的レベル、フランス系カナダ人に対する態度がほぼ一定になるように選んだものである。この子どもたちに、毎年「風変わりな使い方」テストをして、2言語の発達度と思考の柔軟性との関係を7年間にわたって調べている。

分析の結果、（1）の学校教育を通してバイリンガルになった子どもたちの方が、（2）のモノリンガルの子どもたちよりも柔軟性のある思考スタイルを持っていることが分かったという。つまり、2言語の力が高度に発達したバイリンガル児は、「想像力が豊かで、可能ないくつかの解決方法を即座にスキャンすることのできる思考スタイル」を持っているということである。この思考スタイルは、知能検査のようにいつも1つの正しい答えが導き出せる単一的な思考スタイルと対比して、「拡散型思考（divergent thinking）」と呼ばれる。もちろんバイリンガルの力の発達に影響を与える要因としては、拡散型思考の他に、知能指数、社会階層差などが考えられるが、この3つの要因のなかでいちばん寄与率が高かったのが、拡散型思考であったという。

スコットはバイリンガル教育が拡散型思考を発達させるのかどうかという点について特に興味を持っており、「分析の結果、イマージョン教育を通して両言語の運用能力を獲得したバイリンガル・グループの得点が高く、第1学年時において、IQ、社会階層レベルが同じと見なされたモノリンガル・グループの子どもたちと比べて、実質的な差が見られた。各グループの対象児の数はやや少ないが、この研究はバイリンガリズムと思考の柔軟性との関係、特にバイリンガリズムが思考の柔軟性を高めるという点について強い支持が得られた」(Lambert, 1977: 17-18 に引用されたもの)と言っている。

このような研究はその後かなりの数におよび、それが行なわれた場所もアメリカ、アイルランド、シンガポール、メキシコと広がりをもっており、いろいろな言語の組み合わせでいずれもバイリンガルの方が拡散型思考に優れているという結果が出ている (Carringer, 1974; Torrance 他 1970)。

2) 言語に対する理解、言語分析に優れる

バイリンガルに育つ子どもは、モノリンガルと違って、意味と言語形式とその音声を切り離して考えることができるという。1つしかことばを知らない子どもは、ことばとモノが「1対1」の関係で固定され、その関係を絶対的なものと見がちである。ところが、バイリンガルの子どもにとっては「1対多」の関係であるので、ことばと対象物とを切り離して相対的に見ることができるという。例えば、モノリンガルの子どもにとっては、犬はあくまでも「犬」で、牛はあくまでも「牛」であるが、バイリンガルの子どもは、呼び名は相対的なものと捉える。日本語では犬と牛という動物をたまたま「犬」、「牛」と呼び、英語では"dog"、"cow"と呼ぶのである。だから、バイリンガルの子どもは、犬を「牛」と呼んでみたりして、ことば遊びを楽しむ余裕があるという。

次に「意味」と「音声」の関係であるが、例えば、イアンコ-ワーレルは次のようなテストをして、バイリンガル児の方がモノリンガル児より少なくとも2、3年は早く、ことばの「意味」とその「音声」を切り離すことができるようになると言っている (Ianco-Worrall, 1972)。対象になったのは、4～9歳までのアフリカーンス(南アフリカ共和国の公用語の1つ)と英語のバイリンガル児30人である。この子どもたちに、例えば、次のような質問をしている。

> 「CAP(帽子)、CAN(できる)と HAT(帽子)という三つの単語があります。このうち、どのことばが CAP(帽子)と似ていますか。CAN(できる)ですか。HAT(帽子)ですか。」

もし子どもが CAN(できる)と答えれば、それは音声面に基づいて子どもが判断したと解釈できるし、もし子どもが HAT(帽子)と答えれば、意味に基づ

いて判断したと解釈できる。このテストの結果を、モノリンガル児（IQ、年齢、性別、学年、社会的環境がマッチした子どもたち）と比べてみると、4歳から6歳くらいまでの子どもに差が見られ、バイリンガル児が「意味」を土台にして判断する傾向があるのに対して、モノリンガル児は「音声」を土台にして判断する傾向があった。7歳くらいになるとバイリンガル児とモノリンガル児の差は見られなくなっていたという。イアンコ－ワーレルは2言語に接触して生活をするバイリンガルは、1つの物に対して複数の語に触れるのであるから、誤解を避けるためにも、幼少の時から、語の意味により注意を払うようになるのは当然であろうと言っている。

　カナダの言語心理学者ビアリストックも、バイリンガルとモノリンガルを比べて、ことばを分析する力とことばをコントロールする力においてバイリンガルはモノリンガルと異なり、その点でバイリンガルはモノリンガルよりも優れているという。ビアリストックは言語使用を次の3つの領域に分けて、それぞれの領域で言語を使用する際、その過程で必要とされる言語分析力と言語をコントロールする力が異なるという。3つの領域というのは、「音声言語使用」、「文字言語使用」、「メタ言語使用（metalinguistic use of language）」（正しい文を判断したり、文中の誤りを見つけたり、文法的誤りを直したり、語の定義をしたりする力）である。このうち、特に「メタ言語使用」に焦点を当て、5歳から9歳までの120人のバイリンガル児を対象に次のような調査をしている。

　まず「正しい文の判断」であるが、次のような3つの紛らわしい質問をした。
（1）Why is the dog barking so loudly?（どうして犬はあんなに大きな声で吠えるのでしょうか）＜意味上でも文法的にも正しい文＞
（2）Why the dog is barking so loudly?（どうして犬はあんなに大きな声で吠えるのでしょうか）＜意味は同じであるが語順が間違っている＞
（3）Why is the cat barking so loudly?（どうして猫はあんなに大きな声で吠えるのでしょうか）＜語順は正しいが、「犬が吠える」が「猫が吠える」になっている＞

　（1）は文法的にも意味的にも正しいもの、（2）は意味内容は正しいが文法的には正しくないもの、（3）は文法的には正しいが意味内容が正しくない文である。この3つの文の中から文法的に正しい文を選ばせたところ、モノリンガルの子どもよりも、バイリンガルの子どもの方が意味と切り離して文法的に正しい文を選ぶタスクにおいて優れていたという（Bialystok 1987b）。

　次は、「語の認定」である。英語では単語というものの概念は、6、7歳くらいまで発達しないと言われているが、同じ対象児で調べてみると、バイリンガル児の方が与えられた文中に単語がいくつあるか数えるというタスクにおいて優れ

ていた。また、同じバイリンガルでも両方のことばで話せるだけでなく、両方のことばで読めるバイリテラルの子どもの方がこの面でより優れていたという。

このように、単語を文中から切り離すタスク、単語の意味や形式をそれぞれ独立して抽出するタスクにおいてバイリンガル児が優れていることから、ビアリストックは次のような結論を出している。

> 「一般的に言って子どもの年齢が高ければ高いほど、また読み書き能力が高度に発達していればいるほど有利であるが、バイリンガルの場合は、年齢や読み書き能力と関係なく、モノリンガルの子どもより、特に高度のことばの分析力、ことばをコントロールする力を必要とするタスクで得点が一様に高かった。」(Bialystok, 1991: 133)

3 相手のコミュニケーション・ニーズにより敏感である

この研究は、ジェネシーらが早期トータル・イマージョンの5歳から8歳児を対象に調べたものである。同じクラスの児童生徒を3人組にして、第1の子に目隠しをさせ、第2の子は目隠しをせずにそのままの状態、第3の子どもは、第1、第2の子どもたちにボードゲームの説明をするという設定である。説明のあとこの3人の子どもたちは一緒にゲームをして遊ぶのだが、一切質問は許されない。このような状況に置かれたときに、バイリンガル児とモノリンガル児では、どのようにコミュニケーションの仕方が違うかを観察したものである。この結果、バイリンガル児の方が「人に伝える情報量が多く」、「相手のニーズにより敏感だった」という結果が得られたという (Genesee 他 1975)。例えば、実際にルールの説明をする前にボードゲームで使われている道具（サイコロ、マーカー、ボードなど）についての描写を入れたりして、相手が見えないということに対する配慮をする。従って、バイリンガル児の方が、話し相手のニーズを察知し、相手の困難を見抜く力があり、相手が必要とするものを与えてコミュニケーションをよりスムーズにするいろいろなストラテジーを使うことができるという結論を出している。そして、それはたぶん「イマージョン・プログラムの子どもたちがいろいろなコミュニケーション上の困難を経験しており、状況に応じて必要とされるニーズを察知し、それに適切に対処することを学んでいるからであろう」と言っている (Genesee, 1987)。

バイリンガルの方がモノリンガルに比べて話し相手のコミュニケーション・ニーズにより敏感であるということは、すでに第4章 (p. 69) で紹介したカナダのベインらの「親から親への伝言ゲーム」でも明らかであるし、またアメリカとイスラエルでヘブライ語と英語のバイリンガルを扱ってきたベンゼーブも同じような観察をしている (Ben-Zeev, 1977)。

バイリンガルは話し相手やその場の状況によって言語の選択を迫られ、相手の理解状況をモニターしながら、必要があればもう1つのことばに切り替えるという状況のなかでコミュニケーションを行っているのであるから、このような結果が出るのはむしろ当然のことと言えるだろう。

4) 言語による人種偏見を取り除く

モノリンガルは、大人でも子どもでも異言語話者に対して偏見を持ち、差別をする傾向があるが、早くから2つ以上のことばに触れて育つ子どもは、この点どうなのであろうか。第10章（p. 211）に紹介したイギリス系アメリカ人（モノリンガル）と、カナダ系インディアン（バイリンガル）の、6歳から9歳児を対象にロールプレイによって調べたアブッドとミッチェルの研究でも、英語しか話せないイギリス系アメリカ人の子どもたちは、同じグループの中に違うことばを話す人がいると、その人に対して偏見を持ち、グループ意識を持たないが、2つのことばを使い分けて生活しているカナダ系インディアンの子どもたちには、そのような傾向は見られなかったという（Aboud & Mitchell, 1977）。またカナダ系インディアンの子どもたちにとって、使用言語と自グループへの帰属意識とは関係がなく、使用言語によってグループ意識が影響されるということはなかったという。このことから、早くから外国語に触れて育つということが、異言語・異文化への受容度を高め、使用言語と関係なく帰属意識を育てることにつながるという結論を出している。

バイリンガル、バイリテラルの子どもは、2つの文化の視点を比較することが可能であるから高度の異文化理解が可能であるし、従って社会的態度においても柔軟性を持つようになる。また他の文化グループ、民族グループに対して寛容な態度をとるようになるということが、これまで指摘されている（Titone, 1988; Lambert, 1967）。例えば、サンダースは、次のように言っている。

> 「……複数の言語を話すことによってアイデンティティを失うのではないかと心配する人がいるが、多言語が話せるようになることによって、思考の豊かさと繊細さを増し、思考がより柔軟でのびやかになる。バイリンガルになることによって、言語と言語の関係を理解し、体験することができる。さまざまな語彙の音声回路が確立すると、暗号や造語をつくって、異言語間の語呂合わせもできるようになる。『イギリス人の耳』で聞いた世界は、『フランス人の耳』で聞いた世界とはまったく違うのである。」（Saunders, 1983: 209）

この点は、グローバル化が進む中、日本でも多言語、多文化の児童・生徒を受け入れて学校教育を行わなければならない時代を迎え、異文化理解、反人種差別

教育につながる早期バイリンガル教育の価値が認められるべきであろう。バイリンガルを増やすことは国の言語資源を豊かにすると同時に、より安定した多言語・多文化共生の社会の実現に役立つのである。そのためには、ことばだけに焦点を当てるだけでなく、反人種差別教育を目標の一部に掲げたバイリンガル教育が必要であろう。

　これらのバイリンガル肯定論、否定論に対して、実際に発達過程にある子どもを対象に、モノリンガルとバイリンガルの比較研究をすること自体に問題があるという意見もある。ランドレイとアラードの「巨視的モデル」（第3章 pp. 48-52）に示されているように、バイリンガル育成に影響する要因は複雑に入り組んでいるものであり、ある一面だけを取り出して有利、不利とレッテルを貼るのは問題である。確かに、モノリンガルとバイリンガルを比較するのは、「みかん」と「りんご」を比べるようなもので、本質的に異なったものを1つのものさしで計ろうとするところがある。バイリンガルは、モノリンガルと違って、2つの言語の融和した、あるいは統合した2言語にまたがる「マルチの力」を持った能力であるから、それを的確に捉えるには、違ったものさしが必要であろう。今後はモノリンガル、バイリンガルを十把ひとからげにして比較するのではなく、バイリンガル同士の比較研究を通して、より良いバイリンガル育成の方法、それぞれの方法のプラス面・マイナス面を論議すべきであろう。

第12章 バイリンガル教育の日本の言語教育への貢献

Contents

国内の言語教育とバイリンガル教育
バイリンガル教育の方法論から学ぶもの

バイリンガル教育は、日本のこれからの言語教育にどのような貢献ができるのであろうか。これまでイマージョン教育（第5章）、年少者英語教育（第6章）、マイノリティ言語教育（第7章）、海外児童生徒教育（第8章）、海外日系児童生徒教育（第9章）と、5つの事例を通してバイリンガル育成の可能性を見てきたが、本章では、これら6つの領域の横の繋がりについて考え、バイリンガル教育のあり方や方法から日本の言語教育が学ぶべきことを指摘して、本書のまとめとしたい。

国内の言語教育とバイリンガル教育

　横軸をL1・L2、縦軸をマジョリティ・マイノリティ言語環境にして、現行の言語教育を埋め込んで見ると、図27のようにマジョリティ言語環境におけるL1教育が国語教育、L2教育が外国語教育、そしてマイノリティ言語環境におけるL1教育が継承語教育、L2教育が第2言語教育となる。ここで、2種類のバイリンガル教育が考えられる。バイリンガル教育とは、これまでばらばらに考えられてきた上述の4つの語学教育を相互に関連づけ、統合することによって2つ以上のことばを同時に伸ばそうという新しい視点である。図28に示したように、「バイリンガル教育A」は、国語教育と外国語教育を統合したモデルであり、「バイリンガル教育B」は継承語教育と第2言語教育を統合したモデルである。Aは社会の主要言語を母語とする児童・生徒のための語学教育であり、Bは社会の少数言語を母語とする児童・生徒のための語学教育である。

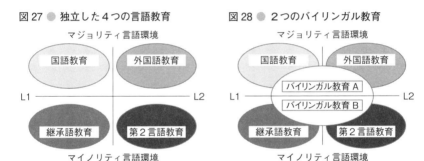

図27 ● 独立した4つの言語教育　　図28 ● 2つのバイリンガル教育

国語教育・外国語教育と「バイリンガル教育 A」

　国語教育（National Language, NL）は、母語教育である。識字力の低い国では、読み書きの基本を教えることが中心となるが、識字力の高い国では、母語の運用能力を持つ児童・生徒に、高度に、また広領域にわたって母語を駆使する力を与え、母語集団の価値観、考え方、感じ方までを、言語を通して伝える母語・母文化教育である。母語・母文化が年齢とともに、どのような順序を追って伸びていくかを簡単に示したのが図29である。会話力（CF）は2歳から8歳ぐらいまでの間に定着するが、一方文法や語彙や文字（DLS）は文字への興味が4歳ぐらいから始まって、読み書きの基礎ができるのが小学校低学年、9歳の壁を越えると、読解力、作文力、談話力など教科学習言語能力（ALP）が高度に伸びていく。

従来日本の国語教育は、純粋にモノカルチュラル、モノリンガルの立場に立って、「国語科」という1教科を独立させて見る狭い見方をしがちであったが、今後は社会、理科、算数などの教科学習を通して学ぶ語彙や漢字も含めて、日本語力全体の発達の軌跡を把握できるようにすべきであろう。

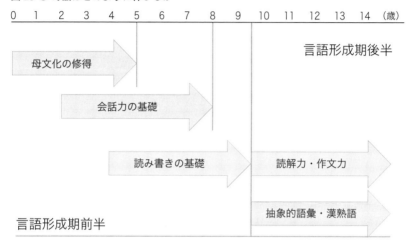

図29 ● 母語はどのように伸びるか

　外国語教育（Foreign Language, FL）とは、外国のことばを教える教育である。従来は外国のことばであるから、当然自国では話されていないことばの教育であった。しかし、最近はボーダーレスの時代になり、モノや情報の移動に加えてヒトの大量移動も顕著になっているので、外国に気軽に出かけて語学力を高めることもできるし、また自国を離れずに本物の外国語に触れるということも可能になっている。新しい時代の要請に応え、世界的規模で人々が交流するための言語教育という意味で、北米では外国語教育ということばの代わりに、国際語教育、世界語教育（world languages）などということばが使われている。

　外国語教育は時間がかかるものである。小さいときから本腰を入れて積み上げていかないと情報化時代に必要とされる外国語に堪能な人材はなかなか育たない。すべての日本人が高度の語学力を必要とするわけではないが、希望者には小学校から一貫した外国語教育を可能にするべきであろうし、また外国語プログラムの種類も複線、複数言語にすべきであろう。

　これまで母語は外国語の習得の足を引っぱるもの、干渉の原因となるものとして否定的な面が強調されてきたが、今後は両者の関係についてプラス面に目を向

ける必要がある。それも母語そのものが発達過程にある言語形成期の子どもの場合と、高校生・成人の場合とを分けて考える必要があるし、言語形成期の子どもは図29に示した母語の発達段階に応じて、それぞれの言語の到達目標を立てる必要があろう。いずれにしても、国語教育と外国語学習との関係づけをしながら両方を育てるという視点が望まれる。例えば、カナダのオンタリオ州の初等教育のカリキュラムガイドラインでは、国語力と外国語力が互いに関係しあいながら発達していくという認識に立って、国語教育と外国語教育が、「言語」（language）という1項目の中で論じられている（オンタリオ州教育省の資料による）。

図28の「バイリンガル教育A」の最も大きな特徴の1つは、教育の担い手である。国語教育も外国語教育もフォーマルな学校教育の中で行なわれ、指導に当たるのは教育のプロである、資格のある教師である。Aは学校教育のカリキュラムのなかでしっかりと受け止められるので、計画的に行なえば，バイリンガル、バイリテラル、バイカルチュラルの人材を育成することが可能である。また従来の外国語教育は、理科や社会や算数などの教科の授業の内容とは関係なく行われてきたが、最近は、教科としての外国語教育を越えて、全教科、あるいは教科の一部を、外国語を使って学習することによって外国語の力を高めようという試みがなされている。カナダのイマージョン方式のフランス語教育（第5章）やアメリカの双方向のバイリンガル教育（第7章）はその一例である。またヨーロッパで広まっているCLILやカナダの教科別補強フレンチなども、教科学習と外国語学習の統合の1形態である。その他、国際バカロレアプログラムなどを導入して高度の言語能力、思考力、批判力、問題解決力を獲得するということも選択肢の1つである。

継承語教育・第2言語教育と「バイリンガル教育B」

継承語教育（Heritage Language, HL）は、母語・母文化が危険にさらされるマイノリティ言語の子どもたちのための母語・母文化教育である。海外在住の子どものために設けられている日本人学校や補習校も広い意味で継承語教育の1形態であり、海外に移住した日本人、日系人が自らの手によって世界各地で営んでいる日本語学校はみな継承語教育である。さらに国内で行われている、外国人児童生徒の学習支援や母語支援も継承語教育の一環である。日本では、継承語教育に対して行政がまだ施策を示しておらず、一般社会にもその意義が認められるところまで至っていないため、一部の自治体を除き、地域のボランティアや識者の啓蒙活動に頼っている。歴史を振り返ると、日本には実に豊かな継承語教育の歴史がある。これまで南米や北米の日系人の努力によって継承されてきた継承日本語教育は、100年以上の歴史を持つし、さらに国内で半世紀にわたっていくつも

の艱難(かんなん)の中存続されてきた朝鮮学校[1]、中華学校の存在も忘れてはならない。

　第2言語教育 (Second Language, SL) の対象となるのは、異文化環境で適応問題を抱えた移住者や外国人就労者子女である。この子どもたちは、親の生活の安定の度合いにもろに左右され、投入された新しい環境の中で常にどう生き延びるかというベースラインの課題に脅かされている。従って、国の受け入れ政策や一般国民の認識が大きな影響を与えると同時に、2言語の習得度は第3章の「巨視的モデル」が示しているように、教室を越えたマクロの政治、経済、社会の諸問題と深くつながっている。日本では、南米から来た日系就労者の子どもに加えて、中国残留孤児・過疎地のアジア人花嫁の子どもたち、米軍基地周辺のアメラジアン[2]、その他さまざまな言語環境の子どもの日本語教育を第2言語教育と呼んでいるが、実際には現地語教育・学校言語教育であって、単に2番目の言語の域に留まらない。それなしには生存が脅かされるほど重要なものであり、子どもの将来がかかっていることから、国を挙げての支援体制が必要である。

　「バイリンガル教育B」の最も大きな特徴の1つは、親との関係である。特に継承語が親の母語であるだけに、親の姿勢によって子どもの継承語の習得度が決まると言っても過言ではない。継承語の基礎ができるのが、幼児期から小学校低学年であるため、親の影響をもろに受ける。このため学習者の継承語の力に大変なばらつきができる。大きく3つに分けてみると、(1) 継承語が家庭の生活語である子ども、(2) 現地で生まれたか、あるいは幼児期に現地に移動したかという、いわゆる1.5世代[3]と呼ばれる継承語が未発達の子ども、(3) 継承語がすでに現地語にシフトしてしまって家庭の生活語が現地語である子ども、となる。これら3つのグループによって、2言語の指導内容も指導のあり方も当然違ってくる。シフト前の子どもの場合は、家庭で培われた会話力を土台に読み書きの力を伸ばせるが、(2) の1.5世代は、継承語と現地語の両方の支援が必要である。(3) のシフト後の子どもは、外国語教育と同じ配慮が必要になり、もし高度の継承語の力を望むのであれば、学校教育の中に組み込まれたバイリンガル教育を必要とする。

　第2の特徴は、第2言語が学校で教科学習の媒介語として使用されるため、継承語よりも強くなることである。現地語が子どもの母語・継承語の発達と関係なく一方的に押しつけられるため、母語を駆逐するという形になり、現地語の習得過程で親から継承した母語を失ってしまう傾向がある。北米では、ESLと同時に母語教育が教育プログラムのなかに組み込まれていることもあるが、日本では日本語補強（JSL）の努力は学校教育の中でなされていても、子どもの母語を保護することに関してはまだ国策がなく、ほとんどがボランティアに任された状況である。図28の母語・継承語の伸びの状況によって、現地語の伸びが大きく左

右されるため、両言語の伸びのモニターをして的確な情報を親・担任教師・日本語指導員が共有して指導に当たるべきであろう。

　外国語教育や第2言語習得の場合は、親は子どものことばの習得を前向きに受け止めるのに対して、継承語となると減点法でみる傾向がある。このため、子どもは親との関係において自己実現に苦悩し、疎外感に悩んだり、反目し合ったり、アイデンティティの混乱を来したりするのである。この点親子の歩み寄り、親子共生のための両親教育が必要とされる。また継承語の重要性について親への啓蒙が必要であろう。

　高度な現地語の力は、一日にして習得されるものではない。5～10年というきわめて長い時間がかかる。この間に継承語を保持・発達させることが、現地語の伸びにも、学力増進にも、情緒安定にも、新しい社会への適応にも関係があり、この意味で第2言語習得は、継承教育と2人3脚で考えられるべきものである。特に母語がしっかりしていない幼児や学齢期の子どもが急激に現地語に触れると、言語そのものの発達が遅れるという危険を伴う。また図29の9歳の壁を越えられず、話すのは流ちょうだが、教科学習にはついていけないという 'semi-literate'[4] というような状況になりがちである。バイリンガル、バイカルチュラルに育つ環境にありながら、そうはならず、親から継承したことばや文化を持たないモノリンガル、モノカルチュラルになってしまうのである。バイリンガル教育の視点に立って、現地語と継承語が同時に伸びるような教育的介入、つまり「バイリンガル教育B」が、どうしても必要である。長年日本が海外で蓄積してきた補習校の週末イマージョンなどの知見を参考にすべきであろう。

バイリンガル教育の方法論から学ぶもの

　一口にバイリンガル教育と言っても、「バイリンガル教育B」を意味する米国のバイリンガル教育もあれば、高度の2言語の発達を目指した「バイリンガル教育A」を指すカナダのバイリンガル教育もある。さらに紛らわしいのが「イマージョン」という用語である。日本では、「バイリンガル教育A」の日英バイリンガル教育を意味することが多いが、北米ではかなり錯綜している。米国の「バイリンガル教育B」である 'structured immersion'（第7章 pp. 138-139）もイマージョンと呼ばれるし、「双方向イマージョン」は、「バイリンガル教育A」と「バイリンガル教育B」にまたがったユニークなプログラムである。いずれも「バイリンガル教育A」のカナダのイマージョン方式とは異なる。今後バイリンガル教育を実践に移すためにも、ここで本書全体を振り返って、「バイリンガル教育の方法」について整理をしておく必要がある。

ランバート・タッカー (1972) の「イマージョン方式」のガイドライン

「年少者英語教育とバイリンガル教育」(第6章) で一部明らかになったように、バイリンガル・プログラムを導入する際にまず描かなければならない青写真は、「2言語の使用時間の配分」である。2言語使用時間ということは、取りも直さず「言語環境づくり」の大まかなデザインである。そのもっとも古いものがランバートの「ガイドライン」であろう。もちろんあくまでもガイドラインであって、時代や地域の要請に応じて、臨機応変に調整すべきものであるが、基本的な「言語環境づくり」の枠組みとして今でも参考にすべきものだと筆者は思っている。

> 「その社会が2言語、または多言語に堪能な人材を必要とし、その育成に真剣に取り組もうとする場合は、その環境でもっとも伸ばしにくい、つまり放置すれば消えてしまうことばを学齢期の初期に (学校言語として) 優先的に使用すべきである。(中略) もし言語 (X) がその環境でより社会的に優位のことばであれば、言語 (Y) でまず学校教育を始めて、言語 (X) と (Y) のことばの力がほぼ同じぐらいのレベルに達したところで、両方のことばで教科学習を始めるべきである。特にマイノリティ言語学童のためには、それぞれの社会文化的状況によっていろいろな形が考えられる。たとえば、【1】は、幼児期から半日言語 (X) で半日言語 (Y) で教育をする、【2】は言語 (Y) で教育を始めて言語 (Y) の読み書きの力が安定したら、言語 (X) での授業を導入する、【3】はそれぞれのことばで教科を教える完全なバイリンガルプログラムで、両方のことばの授業を交互に受ける。いずれも言語として (X) と (Y) を教えるのではなく、焦点をことばそのものの学習からそらせて、創造的な教室活動を含む諸教科の学習を通して、学力増進の道具としてことばを使うべきである。」(Lambert & Tucker, 1972: 216-217)

「バイリンガル教育A」の2言語の使い分け

「バイリンガル教育A」の2言語の使い分けについて、このガイドラインが言っていることは、例えば日本で日本人の子どもを、英語と日本語のバイリンガルに育てたい場合は、日本語(X)が社会の主要言語であるから、学齢期の初期に学校言語として英語 (Y) を優先的に教科学習に使用すべきだという。そして英語(Y)の力がある程度ついたところで、日本語 (X) による教科学習を始めたらいいと言っている。これはカナダの現在の英仏イマージョンで実践されている早期トータルイマージョンに該当するものである。日本の日英イマージョン教育の場合は、英語 (X) 使用と同時に国語科の授業を設けて、日本語 (Y) も同時に強めるこ

とは、第5章 (p. 105) で述べた通りである。それも小学校1年生からでなく、幼児期からバイリンガル育成を目指して、しっかりとした日本語の基礎づくりをするべきであろう。

「バイリンガル教育B」の2言語の使い分け

以上が「バイリンガル教育A」に該当するものであるが、「バイリンガル教育B」に関しては、3つの型を提示している。
（1）2言語交互使用型　午前と午後に分けて授業言語を変える。一日おきも可能。
（2）継起使用型　英語（Y）で教育を始めて読み書きの力が安定したら、日本語（X）による授業を始める。
（3）繰り返し2言語使用型　それぞれの言語で同じ教科内容を2度学習する。

以上のうち、（1）がもっとも広く使われている型である。例えば、カナダの中西部国際語（継承語）プログラム（pp. 148-150）、米国の「90％・10％型」「80％・20％」「50％・50％型」という2言語使用の比率による分類（pp. 139-141）もこの一種と見られる。（2）は、カナダの早期トータルイマージョンと同じタイプである。またプログラムの開始時期・修了時期に注目すれば、米国の「早期移行型」「後期移行型」がこれに該当する。この他ユニークなものとして、ここに追加しておきたいのは次の2点である。
（4）教科内2言語交互使用型　前のクラスで言語（X）で学習したことを復習してその続きを言語（Y）で学習する。
（5）Two-Teacher モデル　2人の担当教師がチームになって、教師1は言語（X）、教師2は言語（Y）を用いて教科学習を教える。

（4）は米国の双方向イマージョン教育、（5）は同じく米国の「一方向イマージョン」プログラムや日本国内のインターナショナルスクールで使われている型である。

「バイリンガル教育B」の場合は、学校教育の中に組み込まれたバイリンガル教育は稀である。現地語で学校教育を受けながら、家庭で日本語（X）を使用し、放課後や週末を利用した継承語学習との組み合わせで行われる形が多い。例えば、海外児童生徒が現地校と補習授業校の組み合わせによって日英バイリンガルとして育っていくことなどがその例である。

やや雑多なものが含まれるが、学校外の取り組みも含めると次の5点が加わる。
（6）週末・放課後補習型　平日は言語（X）で学校生活をし、放課後、あるい

は週末に言語（Y）で教科学習をする。
（7）予習・復習型　教科内容をまず言語（Y）で予習、その後で言語（X）で授業を受け、その語また言語（Y）を使って復習する。
（8）教科内容選択型　教科内容の質による2言語の使い分け。概念的、抽象的な内容は、強い言語で学習、具象的で取り組みやすい内容は、弱い方の言語で学習する。
（9）同時通訳型　授業中子どもの理解できない語彙や概念は即座に学習者の分かることばを言い添えて理解を助ける。
（10）通信教育型　平日は言語（X）で学校生活を送り、別途言語（Y）による通信教育で教科学習の補習をする。

　上記の（6）は、海外児童生徒教育（第8章）や日系児童生徒教育（第9章）、国内の外国人児童生徒教育（第7章）で広く使われている形態である。（7）は教科担当教師とJSL・ESL指導者がチームを組み、言語（X）と言語（Y）の両方を強める取り組みである。これは、日本国内の外国人児童生徒のための「教科・母語・日本語相互育成学習」（岡崎1997）として提唱されているものでもある。（8）は教科内容の抽象性・具象性によって使用言語を変えるもので、米国の一方向イマージョンプログラムで実践されており、興味深いと思ったものの1つである。（9）は、米国のバイリンガル教育でよく実践されたものと言われるが、児童生徒が母語訳に頼ってしまい、現地語を聞き流す習慣がつくということで、今では効果が上がらない方法の1つだと言われている。（10）はインターネットを中心とするIT技術の躍進で、重要性が増している方法の1つである。一方的に添削されて返ってくる従来の通信教育と異なり、ボイスチャットやインターネット電話を利用した双方向のインターアクションが可能になり、日本人学校や補習校のない遠隔地にいる海外児童生徒・日系児童生徒、また国内の外国人児童生徒の継承語教育に大きな貢献が期待される。

「教授ストラテジー」の選択他

　バイリンガル教育の実践に当たっては、「学力も同時に高める日・英バイリンガル教育の勧め」（第6章）の表6（p. 130）に提示した12項目に従って、さらにプログラムの構想を練る必要がある。その場合、プログラム全体の2言語使用の時間配分に次いで大事なのが、「教授ストラテジー」の選択であろう。第6章(pp. 129-130)に述べたように、教科別に使用言語を決めて、モノリンガルの力を到達目標とする「モノリンガル教授ストラテジー」なのか、「バイリンガルストラテジー」で、柔軟性を持たせた2言語使用を奨励して、双方向の転移をねらうの

か、というような選択である。

さらにバイリンガル教育は学校教育全体が言語教育の場となるため、教員全体が2言語の学習上の問題について共通の理解をもつ必要がある。特に児童生徒にどのように2言語を使うことを期待するかということについては、学校全体の問題であるため、校長をはじめ、保護者も含めて学校の2言語使用方針を徹底させる必要があろう。この他、コード・ミクシングやコード・シフティングなどに対する指導方針、ダブル・リミテッドに対する対処の仕方、学力に加えて2言語の伸びをモニターするためのバイリンガル・アセスメントのツールの開発、バイリンガル教師という「教師像」の確立とその教師養成・教師研修などがこれからの課題と言えよう。

注：1）最近は、朝鮮半島にルーツを持つ子どもの民族学校として半世紀にわたって存続する「朝鮮学校」「韓国系学校」を、バイリンガル教育、継承語教育の立場から分析・評価、「アジアにおけるイマージョン教育の成功例」（湯川 2003）、「日本における継承語教育のモデル」（柳 2014）とまで言われている。

2）アメラジアンとは、アメリカ人とアジア人の親を持つ子どものことである。1998年に母親たちの運動によって設立された沖縄のアメラジアンスクール・イン・オキナワ（http://amerasianschool.com）では、幼児・小学生・中学生に日・英バイリンガル教育を行なっている。小学生は80％（英語）・20％（日本語）、中学生は50％・50％だそうである。

3）1.5世代は、現地生まれと幼児期（5歳ぐらいまで）に国を越えて移動した子どもの総称である。厳密な意味で世代が1.5というのではなく、母語（L1）が育たず、そのため現地語（L2）も伸び悩む子どもの状況を指す。もっともダブル・リミテッドが出やすい状況ということである。米国の2世児に関する縦断研究の中で Rumbaut（1994）が使った用語である。一方作文教育でも、米国生まれ、米国育ちでありながら英語がまともに書けない若者たちが、「1.5世代」（Generation 1.5 Students）の課題として問題視されている（Harklau, 2003）。

4）国内の外国人児童生徒には、母語の読み書き能力がなく、日本語は話せても主要教科の授業についていくだけの読み書き能力がないことが多い。'semi-literate' は、このような両言語の ALP が低い状況を指す。文字通りリテラシーが半分という意味ではない。要因としては、L1 の未発達、長期不就学、学習言語の突然の切り替え、長年にわたる授業不参加などが考えられる。言語形成期前半のダブル・リミテッドは両言語の発達遅滞が主な要因であるが、言語形成期後半は 'semi-literate' が多い。機能的障害ではないため、環境が改善されれば解消するが、両者の判定は極めて困難である（McCardle 他 2005）。

おわりに

　本書は語学教師の立場から、言語形成期の子どもの２言語の発達の問題を、北米を中心とするバイリンガル教育、日本の英語教育、海外児童生徒教育、継承語教育、外国人児童生徒教育の経験を通して論じてきた。

　日本人はとかく語才がない、語学が不得手、日本語は特殊だなどという理由で、バイリンガル教育なんて夢物語！　と一笑に付す傾向がある。しかし、語才はつくり出すものである。長期的な構えで、計画的にことばの学習を幼児から始めれば、日本でもバイリンガル育成は十分可能なはずである。もちろん決して簡単なことではないし、またすべての日本人がバイリンガル、マルチリンガルになる必要もないだろう。

　しかし、望むらくは、日本が１つの国として、バイリンガルを目指し、異文化理解、異言語習得のための新しい教育方針を打ち出し、世界でも画期的な言語政策に切り替えることである。これこそグローバル時代に対応した国づくりであり、日本の国力を増し、国際社会に貢献する近道である。そしてそれは21世紀の世界が必要とするマルチの発想ができるグローバル人材をつくり出す、もっとも安上がりで効率の高い方法でもある。学校教育や民間の教育機関を通して、日本語を一言語としてさまざまな形のイマージョン教育の実験を試みたいものである。親の努力を中心とする家庭イマージョン、小学校、中学校でのイマージョン、週末イマージョン、教科別イマージョンなど、状況に合わせて選択できるようになる時代が来るというのは夢物語であろうか。

　グローバル時代は世界共通語の時代である。お互いの意思疎通のために、また必要な情報や知識を獲得する手段として、語才ある者もない者も誰でも外国語を使わなければ生きられない時代になる。つまり世界中の人々が自国のことばと同時に共通語も習得する必要があるのである。欧州共同体時代を迎えるに当たって、トマティス（1993）は、「これからのヨーロッパでは、走り出した列車は語学の才のない人を待ってはくれないだろう。われわれは複数言語の時代にいかに備えるかということについて、真剣に考えるべきときが来ている」と警告を発している。すでに20年も前の日本経済新聞にも次のような記事が寄せられていた。

> 「国際化のかけ声とともに、外国語（事実上国際語の英語）の重要性はいやが上にも強調されている。企業活動の世界的展開やインターネットの普及で、英語が社長以下全社員にとって文

　　　　字どおり逃げられない要求事になってきている会社もある。学
　　　　校教育で英語が占める比重、町にあふれる英会話教室も日本が
　　　　バイリンガルになる努力をしている証拠である。日本語が英語
　　　　に追い散らされ、破壊されることとは違う。逆説的だが、本物
　　　　のバイリンガル教育の徹底が日本語を守る道かも知れない。国
　　　　際化とはむやみに日本語を捨てることではないことを今一度認
　　　　識する必要があるようだ。」（日本経済新聞 1996 年 2 月 19 日）
　人は自分が受けた語学教育の影響からなかなか抜け出られないものである。翻訳法を中心に英語を学習してきた大人は、子どもの外国語学習でも和訳をして意味を分からせなければと考えがちである。しかし、人類は過去 50 年あまりの間にいろいろな言語教育を経験し、バイリンガルを育てるノウハウもだんだん明らかになっている。日本も海外・帰国児童生徒教育や、外国人児童生徒の受け入れを通して、多くのことを学んできた。もちろん日本語を 1 言語とする人為的なバイリンガルの育成はこれからである。特に日本人の子どもが 9 年もかけて習得する漢字学習がどうなるのかなど、問題は山積している。しかし、今こそ新しい試みを勇気と信念をもってやってみるべきときが来ている。

　この場合、心すべきことは、モノリンガルの立場でバイリンガルを判断しないことである。モノリンガルのものさしは捨て、2 言語、2 文化を融合したユニークな新しい型の人間として受け入れる寛容な態度が必要である。また 2 言語、2 文化にまたがる背景の子どもたちには、モノリンガルとは違ったニーズがあり、それに答えて教材づくり、教師の育成も急務である。また両親教育も必要である。

　世界の多くの国が異言語集団に対する処置において恥ずべき歴史を持っている。日本はその最たる国の 1 つと言えよう。今後は政府が率先して、積極的にこれらマイノリティ言語の子どもたちを強める教育に切り替えるべきであろう。人と人との和を重んじ、共生をモットーとする日本でこそ、世界の模範となるような継承語教育、バイリンガル教育の実現を望みたいものである。

参考文献

東洋 1994.『日本人のしつけと教育—発達の日米比較にもとづいて』東京大学出版会

東照二 2000.『バイリンガリズム』講談社

井川斎 1997.「いま日本語学校はどうなっているか」『羅府新報』連載記事「教育とくらし」1997.12.12～1998.2.12.（全11回）

生田裕子 2006.「ブラジル人中学生の『書く力』の発達 -- 第1言語と第2言語による作文の観察から」『日本語教育』128, 70-79.

内田伸子 1999.『発達心理学　ことばの獲得と教育』岩波書店

岡崎敏雄 1998.「年少者日本語教育に関する教師の言語教育観」『日本語科学』4, 74-98.

岡田光世 1993.『ニューヨーク日本人教育事情』岩波新書

桶谷仁美 1999.「アディティブ・バイリンガルのすすめ」『日本語学』明治書院 82-93.

桶谷仁美（編著）2007『家庭でバイリンガルを育てる－０歳からのバイリンガル教育継承日本語教育の立場から』明石書店

小野博 1989.「海外帰国児童・生徒の英語と日本語語彙力の変化」『異文化間教育』アカデミア出版 3, 35-51.

小野博 1994.『バイリンガルの科学—どうすればなれるのか？』講談社ブルーバックス

カミンズ, J. 1997.（古川ちかし訳）「教室と社会におけるアイデンティティの交渉」国立国語研究所国際シンポジウム第4回部会（1996）『多文化・多言語コミュニティの言語管理：われわれはどのようにして、規範的、強制的なリテラシー・ディスコース・アイデンティティを越えられるか』171-183. 国立国語研究所

カミンズ, J.・中島和子 1985.「トロント補習小学生の二言語能力の構造」『バイリンガル・バイカルチャル教育の現状と課題：在外・帰国子女教育を中心として』141-179. 東京学芸大学海外子女教育研究センター

カミンズ, J.・ダネシ, M.（中島和子・高垣俊之訳）2005.『カナダの継承語教育 - 多文化・多言語主義をめざして -』明石書店

カミンズ, J.（著）・中島和子（訳著）2011.『言語マイノリティを支える教育』慶応義塾大学出版会

梶田正巳 1997.『異文化に育つ日本の子ども』中公新書

カナダ日本語教育振興会 1996. 中島和子・鈴木美知子編『継承語としての日本語教育 - カナダの経験をふまえて -』カナダ日本語教育振興会

カナダ日本語教育振興会 2000.『子どもの会話力の見方と評価—バイリンガル会話テスト（ＯＢＣ）の開発—』カナダ日本語教育振興会

カニングハム久子 1988.『海外子女教育事情』新潮社（新潮選書）

片岡裕子・越山素子・柴田節枝 2005.「アメリカにおける補習校の児童・生徒の日本語力及び英語力の習得状況」『国際教育』2, 1-19. 東京学芸大学国際教育センター

加藤由美子 2015. 第65回「英語教育改革の五つの提言」が目指すべきものは何か？—子どもたちの未来を「豊にする英語教育とは？」を議論するシンポジウムから考える」ベネッセ教育総合研究所（http://berd.benesse.jp/global/）より2015年9月にダウンロード

海外子女教育振興財団 2014.「乳幼児や小学生と共に海外で生活されるご家族へ　母語の大切さをご存知ですか？—海外での日本語の保持と発達—」（http://www.joes.or.jp）より2015年9月にダウンロード

グロータース, W.A. 1976.「バイリンガリズムについて」月刊『言語』大修館書店 10, 2-8.

クローフォード, J.（本名信行訳）1994.『移民社会アメリカの言語事情』ジャパンタイムズ

国際教育法研究会編 1987.『教育条約集』三省堂

河内十郎 1980.「大脳の発達とことばのしつけ」月刊『言語』大修館書店 9:7:32-37.

櫻井千穂・孫成志・真嶋潤子 2012.「日本生まれの中国ルーツの児童に対する二つの言語能力評価と言語教育の重要性 - 児童Ｋの二言語能力の変化に着目して」『21世紀の世界日本語教育・日本語研究 - 中日両国国交正常化40周年記念論文集』高等教育出版社 188-199.

佐々木倫子 2003.「3代で消えない JHL とは?- 日系移民の日本語継承」『母語・継承語・バイリンガル教育（MHB）研究』プレ創刊号 12-20. 母語・継承語・バイリンガル教育（MHB）研究会

柴田武 1956.「言語形成期というもの」石黒修他編『子どもとことば』東京創元社 243-266.

島田徳子・山下みゆき 1995.「カナダ：トロントにおける日本語教育の現状報告」『言語文化と日本語教育水谷信子先生退官記念号』367-379.

正善達三 1986.「朗読のすすめ」『海外日本語通信』4（玉川学園国際教室）

鈴木妙 1994.『世界の日本語教育』1, 123-129.

鈴木崇夫 2013.「カナダの公立小学校における英語・継承中国語イマージョンプログラムの評価―バイリンガル作文力に焦点をあてて―」『母語・継承語・バイリンガル教育（MHB）研究』9, 21-49. 母語・継承語・バイリンガル教育（MHB）研究会

末藤美津子（2002）『アメリカのバイリンガル教育』東信堂

総務省行政評価局 2014.「グローバル人材育成に資する海外子女・帰国子女等教育に関する実態調査　結果報告書」2014 年 8 月（http://www.soumu.go.jp/menu_news/s-news/97809.html）より 2015 年 9 月にダウンロード

田中宏 1980.『日本のなかのアジア留学生・在日朝鮮人・難民』大和書房

トマティス , A.（トマティス研究会訳）1993.『人間はみな語学の天才である』アルク

中島和子 1988a.「日系子女の日本語教育」『日本語教育』66:137-150

中島和子 1988b.「日系高校生の日本語力――カナダ・トロントの日本語学校卒業生の実態調査から―」『移住研究』25:1-14.

中島和子 1998.『ことばと教育』海外子女教育振興財団

中島和子 2001.「こどもを対象とした活用法」牧野成一他『ACTFL-OPI 入門―日本語学習者の「話す力」を客観的に測る』アルク 152-169.

中島和子 2002.「バイリンガル児の言語能力評価の観点―会話能力テストＯＢＣ開発を中心に」国立国語研究所日本語教育ブックレット 1『他言語環境にある子どもの言語能力の評価』26-44.

中島和子 2010.「JHL の枠組みと課題― JSL ／ JFL とどう違うか」母語・継承語・バイリンガル教育（MHB）研究 プレ創刊号 1-15. 母語・継承語・バイリンガル教育（MHB）研究会

中島和子 2005a.「バイリンガル育成と 2 言語相互依存性」『第二言語としての日本語の習得研究』8,135-165. 第二言語習得研究会

中島和子 2005b.「カナダの継承語教育その後―本書の解説にかえて」カミンズ・ダネシ『カナダの継承語教育―多文化・多言語主義をめざして』（明石書店）155-180.

中島和子（編著）2010.『マルチリンガル教育への招待――言語資源としての日本人・外国人年少者』ひつじ書房

中島和子 2011.「カミンズ教育理論と日本の年少者言語教育」カミンズ, J.・中島和子『言語マイノリティを支える教育』13-59. 慶應義塾大学出版会

中島和子 2014.「海外で育つバイリンガル作文カーカナダ・トロント補習授業校の実態調査を踏まえて―」『月刊海外子女教育』4 月号, 4-15.

中島和子（編著）2015.『バイリンガル会話力の三面評価――OBC 実践ガイド――』OBC 実行委員会（国際基督教大学鈴木庸子研究室）

中島和子・桶谷仁美・鈴木美知子 1994.「年少者の会話力テストの開発」『日本語教育』日本語教育学会 83:40-58.

中島和子・鈴木美知子編 1997.『継承語としての日本語教育―カナダの経験を踏まえて―』カナダ日本語教育振興会

中島和子・Ｓ . アイザック・木田美智子 1998.「日本語プログラムの多角的分析・評価―英・仏・日トライリンガル・スクーリングのカリキュラム構築を目指して」カナダ日本語教育振興会年次大会（8 月 7 日，トロント国際交流基金日本文化センター）口頭発表

中島和子・ロザナ・ヌナス . 2001.「日本語獲得と継承語喪失のダイナミックス―日本の

小・中学生ポルトガル語話者の実態を踏まえて」石井恵理子（編）（2011）「年少者日本語教育における学習環境と言語習得の研究」5-30.
中島和子・櫻井千穂 2012.『対話型読書力評価』桜美林大学言語教育研究所
中津燎子 1994.「バイリンガルについて思うこと」『子ども英語カタログ』アルク
永田耕平 2015.「門真市立砂子小学校での DLA の活用実践―評価から指導へ―」
長野正 1995.「中南米における日本語教育の課題」『移住研究』3: 2601-291.
日本在外企業協会 2013.「特集　海外・帰国子女教育とグローバル人材育成」『グローバル経営』12 月号 1-19.
野元菊雄 1973.「ハワイ日系人の読み書き能力」国立国語研究所論集 4『ことばの研究 4』国立国語研究所
野呂博士 1996「カナダにおける継承語としての日本語教育」中島和子・鈴木美知子編『継承語としての日本語教育―カナダの経験を踏まえて―』67-75. カナダ日本語教育振興会
半田知雄 1980.「ブラジル日系社会における日本語の問題」『言語生活』(1)346,(2)347,(3)348. 筑摩書房
服部孝彦 1995.『アメリカに帰りたい！――日米異文化衝突戦争』日本図書ライブ
バトラー後藤裕子 2003.『多言語社会の言語文化教育　英語を第二言語とする子どもへのアメリカ人教師たちの取り組み』くろしお出版
バトラー後藤裕子 2005.『日本の小学校英語を考える―アジアの視点からの検証と提言』三省堂
深沢リジア真澄 1995.「85 周年を迎えたブラジルの日本語教育」『世界の日本語教育＜日本語教育事情報告編＞』第 2 号　国際交流基金日本語国際センター 61-71.
藤生始子 2005.「バイリンガル児童の文化的アイデンティティー　―親の文化的態度との関わり―」福岡女学院大学紀要 15,83-119.
ベーカー、C. 岡秀夫訳・編 1996.『バイリンガル教育と第二言語習得』大修館書店
ベネッセ教育総合研究所 2014.『中高生の英語学習に関する実態調査 2014』（速報版）http://berd.benesse.jp/global/ より 2015 年 9 月にダウンロード
朴山石 2010.「外国人学校は今」第 19 回非国民入門セミナー「外国人学校はいま――高校無償化からの朝鮮学校除外問題を考える」6 月 17 日集会報告。ブログより取得（2012 年 9 月）
裘岩, N. 1987.「海外成長日本人」の適応における内部葛藤―ライフヒストリーによる研究から―」『異文化間教育』アカデミア出版 1, 67-80.
ボストウィック、マイケル 1999.「日本におけるイマージョン教育」山本雅代編『バイリンガルの世界』大修館書店 181-209.
真嶋潤子・櫻井千穂・孫成志 2013.「日本で育つ CLD 児における二言語とアイデンティティの発達―中国語母語話者児童 K 児の縦断研究より―」『日本語・日本文化研究』23,16-37.
真嶋潤子・櫻井千穂・孫成志・于涛 2014.「公立小学校における低学年 CLD 児への言語教育と二言語能力―中国語母語話者児童への縦断研究より―」『日本語・日本文化研究』24,1-23.
真嶋潤子・櫻井千穂 2015「公立小学校で学ぶ CLD 児の二言語能力の発達―「対話型アセスメント」を利用した 5 年間の調査報告―」2015 年度日本語教育学会秋季大会予稿集 194-199.
箕浦康子 1981.「アメリカ文化との接触が日本人の家庭生活と子供の社会化におよぼす影響」『海外の日本人とその子供達』（トヨタ財団第１２回助成研究報告会資料）1-15.
箕浦康子 1984.「子どもの異文化体験―人格形成過程の心理人類学的研究」新思索社
文部科学省教育助成局海外子女教育課 2000.『海外子女教育の現状』より 2015 年 9 月にダウンロード
文部科学省 2014.「小・中・高等学校を通じた英語教育強化事業」資料2-2　より 2015 年 9 月にダウンロード
文部科学省 2014.「今後の英語教育の改善・充実方策について　報告～グローバル化に

対応した英語教育改革の五つの提言~」(http://www.mext.go.jp/b_menu/shingi/chousa/shotou/102/houkoku/1352460.htm) より 2015 年 9 月にダウンロード
文部科学省 2014.「グローバル化に対応した英語教育改革実施計画」(www.mext.go.jp/a_menu/kokusai/gaikokugo/_iceFiles/afieldfile/2014/01/31/1343704_01.pdf) より 2015 年 9 月にダウンロード
文部科学省 2015「教育施設の概要」(http://www.mext.go.jp/a_menu/shoutou/clarinet/002/002.htm) より 2015 年 9 月にダウンロード
山本麻子 2003.『ことばを鍛えるイギリスの学校－国語教育で何ができるか』岩波書店
山本雅代 1991.『バイリンガルその実像と問題点』大修館書店
山本雅代 1996.『バイリンガルはどのようにして言語を習得するか』明石書店
湯川笑子 2000.『バイリンガルを育てる』くろしお出版
湯川笑子 2003.「L1 教育からイマージョンへ―朝鮮学園の継承語保持努力の事例から―」母語継承語バイリンガル教育(MHB)研究 プレ創刊号 40-49.
柳美沙 2014.「継承語と民族的アイデンティティの葛藤」『社会言語学』XIV, 25-43.
吉田研作・渡部良典・根岸雅史・長沼君主・ベネッセコーポレーション国際教育事業部 2014.「学生 can-do/ 英語教員意識調査から見た英語教育の現状と今後の課題」gtec.for-students.jp/research/asia_pdf/asia.pdf より 2015 年 9 月にダウンロード
渡辺良典・池田真・和泉伸一 2011.『CLIL(クリル)内容言語統合型学習 上智大学外国語教育の新たななる挑戦 第 1 巻 原理と方法』上智大学出版

Aboud, F. & Mitchell, F. G. 1977. Ethnic role taking: The effects of preference and self-identification. *International Journal of Psychology*. 12(1), 1-17.
Aghadani, R. M. 1996. Bilingualism - The Inside Story. *The Bilingual Family Newsletter*. 13(2), 1-2 & 8.
Antoniuk, J.L., Richard G., Tucker, R., Donato. 1998. Interactive homework: Creating connections between home and school. In Mollica, A. (ed.) *Teaching and Learning Languages*. 169-184. Welland, Ontario: éditions Soleil.
Baker, C. 2001. *Foundations of Bilingual Education and Bilingualism*. Clevedon, UK: Multilingual Matters.
Bain, B. & Yu, A. 1980. Cognitive consequences of raising children bilingually: One parent, one language. *Canadian Journal of Psychology*. 34, 304-313.
Beardsmore, H.B. 1986. *Bilingualism: Basic Principles*. Clevedon, UK: Multilingual Matters.
Bhatnagar, J. 1980. Linguistic behaviour and adjustment of immigrant children in French and English schools in Montreal. *International Review of Applied Psychology*. 29, 141-159.
Bialystok, E. 1987a. Influence of bilingual on metalinguistic development. *Second Language Research*. 3 (2), 154-166.
Bialystok, E. 1987b. Words as things: Development of word concept by bilingual children. *Studies in Second Language Learning*. 9, 133-140.
Bialystok, E. 1991. Metalinguistic dimensions of bilingual language proficiency. In Bialystok, E. (ed.) *Language processing in bilingual children*. 113-140. Cambridge: Cambridge University Press.
Bloom, J. 1964. *Toward a theory of instruction*. Boston: Harvard University Press.
Bostwick, M. 2001. English Immersion in a Japanese School. In D. Christian & F. Genesee (eds.), *Bilingual Education*. 125-138. Alexandria, VA: TESOL.
Brecht, D.R. & Ingold, C.W., 1998. Tapping a National Resource: Heritage Languages in the United States. ERIC Clearinghouse on Languages and Linguistics, Washington DC.

Brinton, D.M., Kagan, O., Bauckus, S. 2008. *Heritage Language Education: A New Field Emerging*. New York, NY: Routledge.

Carr, W. 2009. Intensive French in British Columbia: Student and Parent Perspectives and English as Additional Language (EAL) Student Performance. *The Canadian Modern Language Review*. 65(5), 787-815.

Cenoz, J. & Genesee, F. (eds.) 1998. *Beyond Bilingualism: Multilingualism and Multilingual Education*. Bristol: Multilingual Matters.

Christian, D., Montone, C., Lindholm, K., & Carranza, I. 1997. *Profiles in two-way immersion education*. McHenry, IL: Delta Systems.

Christian, D. 2008. School-based programs for heritage language learners: Two-way immersion. In D.M. Brinton & O. Kagan (eds.) *Heritage Language Acquisition : A New Field Emerging*. Mahwah, N.J.: Lawrence Erlbaum.

Chumak-Horbatsch, 1993. The Concept of Storying and the Heritage Language Programme. In Denesi et al. (eds.) *Heritage Languages and Education: The Canadian Experience*. 219-223. Ontario, Canada: Mosaic Press.

Churchill, S. 1986. *The Education of Linguistic and Cultural Minorities in OECD Countries*. Clevedon, UK: Multilingual Matters.

Clement, R. 1984. Aspects socio-psychologigues de la communication inter-ethnique et de l'identite culturelle. *Recherches Sociologigues*, 15. 293-312.

Clewell, C.C. & Murray, J. 2007. Promise or Peril? : NCLB and the Education of ELL Students. Program for Evaluation and Equity Research, The Urban Institute, Washington, DC.

Cloud, N., Genesee, F., & Hamayan, E. 2000. *Dual language instruction: A handbook for enriched education*. Boston, MA: Heinle and Heinle.

Cohen, A.D. 1989. Attrition in the productive lexicon of two Portuguese third language speakers. *Studies in second language acquisition*. 11, 135-150.

Corson, D. 1999. *Language Policy in Schools: A Resource for Teachers and Administrators*. New York: Routledge.

Collier, V.P. & Thomas, W.P. 1988. The effect of age on acquisition of a second language for school. *New focus*, No.2. Wheaton, MD: National Clearinghouse for Bilingual Education.

Collier, V. 1989. How long? A synthesis of research on academic achievement in a second language. *TESOL Quarterly*. 23(3), 509-531.

Corson, D. (1999). *Language Policy in Schools: A Resource for Teachers and Administrators*. New York: Routledge.

Crawford, J. 1989. *Bilingual Education: History, Politics, Theory and Practice*. Trenton, New Jersey: Carane Publishing.

Cummins, J. 1978a. Educational Implications of Mother-Tongue Maintenance in Minority-language Children. *The Canadian Modern Language Review*. 34(3), 395-416.

Cummins, J. 1978b. Bilingualism and the development of metalinguistic awareness. *Journal of Cross-Cultural Psychology*. 9, 139-149.

Cummins, J. 1979. Linguistic interdependence and the educational development of bilingual children. *Review of Educational Research*. 49, 222-251.

Cummins, J. 1980. Cross-lingual Dimensions of Language Proficiency: Implications for Bilingual Education and the Optimal Age Issue. *TESOL Quarterly*. 14(2), 81-103.

Cummins, J. 1984a. *Bilingualism and Special Education: Issues in Assessment and Pedagogy*. Clevedon, UK: Multilingual Matters.

Cummins, J. 1984b. The minority language child. In Shapson, S. & V. D' Oyley (eds.) *Bilingual and Multicultural Education: Canadian Perspectives*. 71-95.

Clevedon, UK: Multilingual Matters.
Cummins, J. 1989. *Empowering minority students*. Sacramento: California Association for Bilingual Education.
Cummins, J. 1984. Bilingualism and Cognitive Functioning. In Shapson, S. & V. D'Oyley (ed.) *Bilingual and Multicultural Education: Canadian Perspectives.* 55-67. Clevedon, UK: Multilingual Matters.
Cummins, J. 1985. Bilingualism in the Home. *Heritage Language Bulletin*. 1(1). National Heritage Language Resource Unit, OISE/University of Toronto.
Cummins, J. 1991a. Interdependence of first- and second-language proficiency in bilingual children. In Bialystok, E. (ed.), *Language processing in bilingual children*. Cambridge: Cambridge University Press.
Cummins, J. 1991b. The development of bilingual proficiency from home to school: A longitudinal study of Portuguese-speaking children. *Journal of Education*. 173:2:85-98.
Cummins, J. 1991c. Language Development and Academic Learning. In Malavé, L. & Duquette, G. (ed.) *Language, Culture and Cognition. Clevedon, UK*: Multilingual Matters. 161-175.
Cummins, J. (ed.) 1991d. Heritage Languages (Special Issue). *The Canadian Modern Language Review*, 47:4.
Cummins, J. 1999. Beyond adversarial discourse: Searching for common ground in the education of bilingual students. In C. J. Ovando & P. McLaren (Eds.) *The politics of multiculturalism and bilingual education: Students and teachers caught in the crossfire*. (pp. 126-147). Boston: McGraw-Hill.
Cummins, J. 2001. *Negotiating Identities: Education for Empowerment in a Diverse Society.* 2nd edition. California Association for Bilingual Education.
Cummins, J. 2005. A proposal for action: strategies for recognizing heritage language competence as a learning resource within the mainstream classroom. *The Modern Language Journal*. 89: 585-592.
Cummins, J. 2014. To what extent are Canadian second language policies evidence-based? Reflections on the intersections of research and policy. *Frontiers in Psychology.* Volume 5, Article 358, 1-10.
Cummins, Jim. 2008. Teaching for transfer: challenging the two solitude assumption in bilingual education. In J. Cummins and N.H. Hornberger (eds.). *Encyclopedia of Language and Education*. Vol. 5, 65–75. New York, NY: Springer.
Cummins, J, M. Swain, K. Nakajima, J. Handscombe, D. Green & C. Tran. 1984. Linguistic interdependence among Japanese and Vietnamese immigrant students. In Rivera, C. (ed.) *Communicative Competence Approaches to Language Proficiency Assessment: Research and Application*. 60-81. Clevedon, UK: Multilingual Matters.
Cummins, J. & Swain, M. 1986. *Bilingualism in Education*. New York: Longman.
Cummins, J. & Nakajima, K. 1987. Age of Arrival, Length of Residence, and Interdependence of Literacy Skills among Japanese Immigrant Students. In B. Harley, et. al. (ed.) The Development of Bilingual Proficiency. Final Report, Vol. III: Social context and age. Final report submitted to the Social Sciences and Humanities Research Council, 193–202. Toronto: Ontario Institute for Studies in Education.
Cummins, J. & Danesi, M. 1990. *Heritage Languages - The Development and Denial of Canada's Linguistic Resources.* Montreal: Our Schools/Our Selves Education Foundation.
Cummins, J., B. Harley, M. Swain, P. Allen. 1990. Social and individual factors in

the development of bilingual proficiency. In Cummins, J., B. Harley, M. Swain, P. Allen (Eds.) *The Development of Second Language Proficiency*. (119-133.) Cambridge: Cambridge University Press.

Cummins, J. & Sayers, D. 1995. *Brave new schools: Challenging cultural illiteracy through global learning networks.* New York: St. Martin's Press.

Cummins, J., K. Brown, D. Sayers. 2006. *Literacy, Technology, and Diversity: Teaching for Success in Changing Times*. Pearson Education; PAP/CDR edition.

Cummins, J. & Early, M. 2011. *Identity Texts: The Collaborative Creation of Power in Multilingual Schools*. London, UK: Trentham Books.

de Courcy, M.C. 1993. Making sense of the Australian French immersion classroom. *Journal of Multilingual and Multicultural Development*. 14, 175-183.

Danesi, M. 1988. *Studies in heritage language learning and teaching.* Toronto: OISE Press.

Danesi, M., McLeod, K., Morris, S. (eds.) 1993. *Heritage Languages and Education: The Canadian Experience.* Ontario, Canada: Mosaic Press.

Downes, S. 2001. Sense of Japanese cultural identity within an English partial immersion programme: Should parents worry? *International Journal of Bilingual Education and Bilingualism*. 4(3), 165-180.

Dressler, C. & Kamil, M. 2006. First- and Second-Language Literacy. In August, D. and Shanahan, T. (eds). *Developing literacy in second-language learners: Report of the National Literacy Panel on Language-Minority Children and Youth*. 97-238. Mahwah, NJ: Erlbaum Associated.

Duff, P. 2008. Heritage Language Education in Canada. In D.M. Brinton, O. Kagan & S. Bauckus (eds.) *Heritage Language Education: A New Field Emerging*. 71-90. New York, NY: Routledge.

Falsgraf, C.D. 1994. Language and Culture at a Japanese Immersion School. Doctoral dissertation, University of Oregon.

Fishman, J.A. 1976. Bilingual Education: What and Why? In J.E. Alatis & K. Twaddell (eds.) *English as a second language in bilingual education*. Washington D. C.: TESOL

Fishman, J. 2001. 300-Plus Years of Heritage Language Education in the United States. In Peyton, J.K., Ranard, D.A., McGinnes, S. (eds.), *Heritage Languages in America: Preserving a National Resource*. 81-89. Washington, DC & McHenry, IL: Center for Applied Linguistics & Delta Systems.

Francis, N. 2000. The Shared Conceptual System and Language Processing in Bilingual Children: Findings from Literacy Assessment in Spanish and Nahuatl. *Applied Linguistics*. 21(2), 170-204.

Gaarder, A. B. 1977. *Bilingual Schooling and the Survival of Spanish in the United States.* Cambridge: Newbury House.

García, O. 2011. *Bilingual education in the 21st century: A global perspective.* New Jersey: John Wiley & Sons.

García, O., Skutnabb-Kangas, T., Torres-Guzman, M.E. (eds.) 2006. *Imagining Multilingual Schools: Languages in Education and Glocalization*. Clevedon, UK: Multilingual Matters.

Gardner, R. C. 1984. *Social Psychological Aspects of Second Language Learning.* London: Edward Arnold.

Genesee, F. 1987. *Learning through two languages. Studies of Immersion and Bilingual Education*. Cambridge: Newbury House.

Genesee, F., Tucker, G. R., Lambert, W. E. 1975. Communication skills in

bilingual children. *Child Development.* 46, 1010-1014.
Genesee, F., Tucker, G. R., & Lambert, W. E. 1978. The Development of Ethnic Identity and Ethnic Role Taking Abilities in Children from Different School Settings. *International Journal of Psychology.* 13(1), 35-57
Genesee, F., Lindholm-Leary, K., Saunders, W.M. and Christian, D. (eds.) 2006. *Educating English Language Learners: A Synthesis of Research Evidence.* New York, NY: Cambridge University Press.
Goodman, K.S. 1970. *Reading Process and Program.* National Council of Teachers.
Grosjean, F. 1982. *Life with two languages: an introduction to bilingualism.* Cambridge, MA: Harvard University Press.
Grosjean, F. 1989. Neurolinguists, beware! The bilingual is not two monolinguals in one person. *Brain and Language.* 36, 3-15.
Hakuta, K. 1986. *Mirror of Language. The debate on Bilingualism.* New York: Basic Books.
Hammers, J. F. and Blanc, M. H. 2000. *Bilinguality and Bilingualism.* Cambridge: Cambridge Univ. Press.
Harklau, L. (2003). Generation 1.5 *Students and College Writing.* ERIC Clearinghouse on Languages and linguistics. Washington, DC.
Harley, B. 1989. Transfer in the written compositions of French immersion students. In H. Dechert and M. Raupack. (eds.), *Transfer in Language Production.* Norwood, N. J. : Ablex.
Harley, B., Allen, P., Cummins, J. & Swain, M. (eds.) 1990. *The development of bilingual proficiency study.* Cambridge: Cambridge University Press.
Harley, B. 1991. Directions in immersion research. *Journal of Multilingual and Multicultural Development.* 12:9-65.
Harley, B. & Wang, W. 1995. The critical period hypothesis: Where are we now? (unpublished paper)
Hart, D., Lapkin, S., Swain, M. 1992. Early and Middle French Immersion Programs: French Language Outcomes. In Rehorick, S. & Edwards, V. (eds.) French Immersion Process, Product & Perspectives. *The Canadian Modern Language Review.* 235-263.
Heller, M. 1999. *Linguistic Minorities and Modernity. A Sociolinguistic Ethnography.* London: Longman.
Hornberger, N.H. (ed.) 2003. *Continua of Biliteracy.* Clevedon, UK: Multilingual Matters.
Hornberger, N.H. & Wang, S.C. 2008. Who are our heritage language learners? Identity and biliteracy in heritage language education in the United States. In D. Brinton, O.Kagan, S, Bauckus. (eds.). *Heritage language acquisition: A new field emerging.* 3-35. New York: Routledge.
Hyltenstam, K. & Arnberg, L. 1988. Bilingualism and Education of Immigrant Children and Adults in Sweden. In Paulston, C. B. (ed.), *International Handbook of Bilingualism and Bilingual Education.* 475-513. New York: Greenwood Press.
Ianco-Worrall, A. D. 1972. Bilingualism and cognitive development. *Child Development.* 43, 1390-1400.
Isajiw, W. W. 1984. Three contexts for heritage language study. In Cummins, J. (ed.), *Heritage Languages in Canada: Research Perspectives.* 10-12. Department of the Secretary of Canada.
Isajiw, W. W. 1985. Learning and Use of Ethnic Language at Home and School: Sociological Findings and Issues. In M. R. Lupul (ed.), *Ukrainian Bilingual*

Education. Canadian Institute of Ukrainian Studies, University of Alberta.
Johnson, K. & Swain, M. (eds.) 1997. *Immersion education: international perspectives*. Cambridge : Cambridge University Press.
Klesmer, H. 1994. Assessment and Teacher Perceptions of ESL Student Achievement. *English Quarterly.* 26(3), 8-11.
Kanno, Y. 2003. *Negotiating bilingual and bicultural identities: Japanese returnees betwixt two worlds*. Mahwah, NJ: Lawrence Erlbaum.
Kondo, K. I997. Social-psychological factors affecting language maintenance: Interviews with Shin Nisei university students. *Linguistics & Education*, 9(4), 369-408.
Kondo, K. 1999. Motivating bilingual and semibilingual university students of Japanese: An analysis of language learning persistence and intensity among students from immigrant backgrounds. *Foreign Language Annals,* 31, 4,1-12.
Kondo-Brown, K. (ed.) 2006. *Heritage language development: focus on East Asian immigrants*. Philadelphia, PA: John Benjamins.
Kouritzin, S. 1999. *Fac[e]ts of First Language Loss*. Hillsdale, NJ: Lawrence Erlbaum.
Krashen, S. D. 1975. The critical period for language acquisition and its possible bases. In D. Aaronson and R.W. Rieber (eds.), *Developmental Psycholinguistics and Communication Disorders*. New York: New York Academy of Sciences.
Krashen, S. D. 1982. *Principles and Practices of Second Language Acquisition*. Oxford: Pergamon Press.
Krashen, S. D. 1984. Immersion: why it works and what it has taught us. *Language and Society*. 12, 61-64.
Lambert, W.E. 1967. A social psychology of bilingualism. *Journal of Social Issues*. 23, 91-109.
Lambert, W.E. 1974. Culture and language as factors in learning and education. In F. Aboud and R. Meade (eds.) *Cultural factors in learning and education*. Bellingham: Fifth Western Washington Symposium on Learning.
Lambert, W.E. 1977. The effects of bilingualism on the individual: cognitive and sociocultural consequences. In P. A. Hornby (ed.), *Bilingualism*. 15-27. New York: Academic Press.
Lambert, W.E. & Tucker, G.R. 1972. *Bilingual Education of Children: The St. Lambert Experiment*. Rowley, MA: Newbury House.
Lambert, W. E. & Klineberg, O. 1967. *Children's Views of Foreign Peoples*. New York: Appleton.
Lambert, W. E. & Anisfeld, E. 1969. A note on the relationship of bilingualism and intelligence. *Canadian Journal of Behavioral Science*. 1, 123-128.
Landry, R. 1987. Additive bilingualism, schooling and special education: A minority group perspective. *Canadian Journal for Exceptional Children*. 3(4), 109-114.
Landry, R. & Allard, R. 1991. Can Schools Promote Additive Bilingualism in Minority Group Children? In L. Malave and G. Duquette (eds.), *Language, Culture and Cognition. A Collection of Studies in First and Second Language Acquisition*. 198-231. Clevedon, UK: Multilingual Matters.
Landry, R. & Allard, R. 1992a. Ethnolinguistic Vitality and the Bilingual Development of Minority and Majority Group Students. In W. Fase, K. Jaspaert, S. Kroon (eds.), *Maintenance and Loss of Minority Languages*. 172-195. Amsterdam/Philadelphia: John Benjamins.
Landry, R. & Allard, R. 1992b. Ethnolinguistic Vitality and the Bilingual

Development of Minority and Majority Group Students. In W. Fase, K. Jaspaert, S. Kroon (eds.) Maintenance and Loss of Minority Languages. 223-251. Amsterdam/Philadelphia: John Benjamins.

Landry, R. & Allard, R. 1994. Subjective Ethnolinguistic Vitality: A Comparison of 2 Measures. *International Journal of Sociology of Language*. 108, 117-144.

Lapkin, S., Mady, C. & Arnotto S. 2009. Research perspectives on Core French: a literature review. *Canadian Journal of Applied Linguistics*. 12, 6-30.

Legarreta, D. 1979. The Effects of Program Models on Language Acquisition by Spanish Speaking Children. *TESOL Quarterly*. 13, 521-534.

Lenneberg, H. 1967. *Biological Foundations of Language*. New York: John Wiley & Sons.

Lewis, G. 1977. Bilingualism and bilingual education: the ancient world to the Renaissance. In B. Spolsky & R. Cooper (eds.), *Frontiers of Bilingual Education*. 22-93. Rowley, MA: Newbury House.

Lindholm-Leary, J. (ed.) 2001. *Dual Language Education*. Clevedon, UK: Multilingual Matters.

Mackey, W. F. 1972. A Topology of Bilingual Education. In W. F. Mackey (ed.), *Bilingual Education in a Binational School*. 149-171. Appendix D. Rowley, Mass: Newbury House.

MacFarlane, A. & Wesche, M. B. 1995. Immersion Outcomes: Beyond Language Proficiency. *The Canadian Modern Language Review*. 51(2), 250-274.

Macnamara, J. 1966. *Bilingualism and Primary Education*. Edinburgh: Edinburgh University Press.

Mady, C. 2007. The suitability of core French for recently arrived adolescent immigrants to Canada. *Canadian Journal of Applied Linguistics*, 10(2), 177-196.

McCardle, P., Mele-McCarthy, J. & Leos, K. 2005. English Language Learners and Learning Disabilities: Research Agenda and Implications for Practice. *Learning Disabilities Resesarch & Practice*, 20(1), 68-78.

McLaughlin, B. 1984. *Second-Language Acquisition in Childhood: Vol 1. Preschool Children*. Hillsdale, NJ: Laurence Erlbaum

McLaughlin, B. 1985. *Second-Language Acquisition in Childhood: Vol. 2. School-Age Children*. Hillsdale, NJ: Lawrence Erlbaum.

McLaughlin, B. 1990. The relationship between first and second languages: language proficiency and language aptitude. In Harley, B., Allen, P., Cummins, J. & Swain, M. (eds.) *The development of second language proficiency*. 158-174. Cambridge: Cambridge University Press.

McQuillan, J. 1996. How should heritage languages be taught? : The effects of a free voluntary reading program. *Foreign Language Annals*. 29(1), 56-72.

Maxwell,W. 2004. Accelerating Fluency: A holistic approach to the teaching of French as a second language. *Reflexions*, 23(3), 6-10.

Mollica, A. 1992. *A Picture is worth 1000 words ... Creative activities for the language classroom*. Book 1 & 2. Welland, Ontario: Editions Soleil publishing.

Morrison, F., Bonyun, R., Pawley, C. 1986. *Evaluation for the Second Language Learning (French) Programs in the Schools of the Ottawa and Carleton Boards of Education*. Toronto: Ontario Ministry of Education.

Nakajima, K. 2015. Cross-lingual transfer from L1 to L2 between two typologically dissimilar languages: Japanese-English bilingual children in Canada and Portuguese-speaking children in Japan. *Mouton Handbooks of Japanese Language and Linguistics : Applied Linguistics*. De Gruyter Mouton.

Netton, J. & Germain, C. 2005. Pedagogy and second language learning:

Lessons learned from Intensive French. *Canadian Journal of Applied Linguistics.* 8(2), 183-210.

Netton, J. & Germain, C. 2009. The future of Intensive French in Canada. *The Canadian Modern Language Review*, 65(5), 757-786.

Noguchi, M. G. 1996. A new approach to bilingual family parenting. *The Bilingual Family Newsletter.* 13(3), 1, 2, 8.

Norton, B. 2013. *Identity and Language Learning: Extending the Conversation.* Clevedon, UK: Multilingual Matters.

O' Bryan, K.C., Reitz, J.G. & O.M. Kuplowska. 1976. *Non-Official Languages. A Study in Canadian Multiculturalism.* Ottawa: Supply & Services Canada.

Oketani, H. 1995. Subtractive to Additive Bilinguality – A Study of Relations between Bilinguality, Academic Achievement and Socio-Psychological Factors in Second–Generation Japanese-Canadian Youth. Unpublished Doctoral Dissertation, Ontario Institute for Studies in Education/University of Toronto.

Peal, E. & Lambert, W.E. 1962. The relation of bilingualism to intelligence. *Psychological Monographs.* 76, 1-23.

Penfield, R. & Lamer, R. 1966. *Speech and Brain-mechanism.* New York: Atheneum.

Portes, A. & Rumbaut, R.G. 2001. *Legacies; The Story of the Immigrant Second Generation.* Berkeley: University of California.

Rodriguez, R. 1982. *Hunger of memory.* Boston: David R. Godine.

Ronjat, J. 1913. *Le Développement du Language Observé chez un Enfant Bilingue.* Paris: Champion.

Rumbaut, R.G. 2006. Severed or Sustained Attachments? Language, Identity, and Imagined Communities in the Post-Immigrant Generation. In Levitt, P. & Waters, M.C. (eds.) *The Changing Face of Home: The Transnational Lives of the Second Generation*, pp.43-95. Russell Sage Foundation.

Ryval, M. 1978. How to Get Your Kid to Read Books. *Sept Quest.* 21-24.

Saer, O. J. 1923. The effects of bilingualism on intelligence. *British Journal of Psychology.* 14, 25-28.

Saville-Troike, M. 1987. Private speech: Second language learning during the 'silent' period. Papers and reports on child language development. ERIC Document, ED 288373.

Saunders, G. 1983. *Bilingual children: Guidance for the family.* Clevedon, UK: Multilingual Matters.

Schneiderman, E. 1976. An examination of the ethnic and linguistic attitudes of bilingual children. *International Review of Applied Linguistics.* 33, 59-72.

Schumann, J. H. 1975. Affective factors and the problem of age in second language acquisition. *Language Learning.* 25, 132-152

Scovel, T. 1969. Foreign accents, language acquisition, and cerebral dominance. *Language Learning.* 19, 245-54.

Scovel, T. 1988. *A time to speak: a psycholinguistic inquiry into the critical period for human speech.* New York: Newbury House.

Skutnabb-Kangas, T. 1981. *Bilingualism or Not: The Education of Minorities.* Clevedon, UK: Multilingual Matters.

Snow, C. & Hoeffnage-Hahle, M. 1978. The Critical Period for Language Acquisition: Evidence from Second Language Learning. *Child Development.* 49, 1114-1128.

Snow, C. 1990. Rationales for native language instruction: Evidence from research. In A. Padilla, H. Fairchild & C. Valdez (eds.), *Bilingual Education:*

Issues and Strategies. 60-74. Newbury Park: Sage.

Stern, H.H. 1972. Bilingual Schooling. In M. Swain (ed.), *Some Experience in Canada and the United States.* Toronto: The Ontario Institute for Studies in Education.

Stern, H.H. 1976. Optimal Age: Myth or Reality? *The Canadian Modern Language Review.* 32(3), 283-294.

Stern, H.H. & Weinrib, A. 1977. *Foreign Languages for Younger Children: Trends and Assessment.* Language Teaching and Linguistics: Abstract. 10(1), 5-25.

Swain, M. 1978. French immersion: early, late or partial? *The Canadian Modern Language Review.* 34, 577-585.

Swain, M. 1981. Time and timing in bilingual education. *Language Learning.* 3(1), 1-15.

Swain, M. 1985. Communicative competence: some roles of comprehensible input and comprehensible output in its development. In S.M. Gass & C.G. Madden (eds.), *Input in Second Language Acquisition.* 235-252. Rowley, MA: Newbury House.

Swain, M. 1987. Linguistic Expectations: Core, Extended and Immersion Programs. In French Immersion Selected Readings in Theory and Practice. Reprint from *the Canadian Modern Language Review.* 487-497.

Swain, M. 1988. Manipulating and complementing content teaching to maximize second language learning. *TESOL Canada Journal.* 6, 63-83.

Swain, M. 1991. Linguistic Expectations: Core, Extended and Immersion Programs. *The Canadian Modern Language Review.* 37, 3.

Swain, M. 1993. The output hypothesis: Just speaking and writing aren't enough. *The Canadian Modern Language Review.* 50, 158-164.

Swain, M. & Lapkin, S. 1982. *Evaluating Bilingual Education: A Canadian Case Study.* Clevedon, UK: Multilingual Matters.

Swain, M. & Lapkin, S. 1991a. Additive bilingualism and French immersion education: The roles of language proficiency and literacy. In A. G. Reynolds (ed.), *Bilingualism, Multiculturalism and Second Language Learning: The McGill Conference in Honor of Wallace E. Lambert.* Hillsdale, NJ: Lawrence Erlbaum.

Swain, M. & Lapkin, S. 1991b. Heritage language children in an English-French bilingual program. *The Canadian Modern Language Review*, 47(4), 635-641.

Swain, M. & Lapkin, S. 2005. The evolving sociopolitical context of immersion education in Canada: some implications for program development. *International Journal of Applied Linguistics.* 15(2), 169-186.

Swain, M. & Lapkin, S., Rowen, N. & Hart, D. 1990. The role of mother tongue literacy in third language learning. *Journal of the Australian Advisory Council on Languages and Multicultural Education.* 4, 111-121.

Taeschner, T. 1983. *The Sun is Feminine. A Study on Language Acquisition in Bilingual Children.* New York: Springer-Verlag.

Thomas, W. & Collier, V. 2002. A national study of school effectiveness for language minority students' long-term academic achievement. Santa Curs, CA and Washington, DC: Center for Research on Education, Diversity and Excellence. (http://www.crede.ucsc.edu/research/llaa/1.1-final.html)

Tizard, J., Schofield, W. N., Hewison, J. 1982. Collaboration between Teachers and Parents in Assisting Children's Reading. *British Journal of Educational Psychology.* 52, 1-15.

Tobin, J. et al. 1989. *Preschool in three cultures: Japan, China and the United States.* New Haven: Yale University Press.

Toohey, K. 2000. *Learning English at school.* Clevedon, UK: Multilingual Matters.
Torres-Guzmán, M. 2002. Dual Language Programs: Key Features and Results. *Directions in Language and Education* (Nataional Clearninghouse for Bilingual Education), 14, 1-16.
Torres-Guzmán, M. 2005. Modelo B/Dual Language Programmes in the Basque Country and the USA. *Journal of Bilingual Education and Bilingualism*. 8(6), 506-528.
Toukomaa, P. & Skutnabb-Kangas, T. 1977. *The intensive teaching of the mother tongue to migrant children at pre-school age.* Helsinki: The Finnish National Commission for UNESCO Research Report. 26. Department of Sociology and Social Psychology, University of Tampere.
Tse, L. 1997. Affecting affect: The impact of ethnic language programs on student attitudes. *The Canadian Modern Language Review*, 53(4), 705-728.
Tucker, R.G. 1999. A global perspective on bilingualism and bilingual education. ERIC Digest. August 1999.
Turnbull, M., Lapkin, S., Hart, D., & Swain, M. 1998. Time on task and immersion graduates' French proficiency. In S. Lapkin (ed.), French second language education in Canada: Empirical studies. 31-55. Toronto: University of Toronto Press.
Ullmann, R. 1994. Recent Developments in Heritage Language Teacher Education. *Manitoba Heritage Review*. 9. 14-18.
Valdés, G. 1995. The Teaching of Minority Languages as Academic Subjects: Pedagogical and Theoretical Challenges. *The Modern Language Journal*. 79, 299-328.
Valdés, G. 1998. Chicano Spanish: The Problem of the "Underdeveloped" code in Bilingual Repertoires. *The Modern Language Journal*. 82(iv). 474-501.
Valdés, G. 2001. Heritage language students: Profiles and possibilities. In J.K. Peyton, D.A. Ranard, & S. McGinnis (eds.), *Heritage Languages in America: Preserving a national resource.* 37-77. Washington, DC & McHenry, IL: Center for Applied Linguistics and Delta Systems.
Valesco, P. & Garcis, O. 2014. Translanguaging and the writing of Bilingual Learners. *Bilingual Research Journal*. 37, 6-23.
Verhoeven, L. T. 1994. Transfer in bilingual development: The linguistic interdependence hypothesis revisited. *Language Learning*. 44, 381–415.
Vygotsky, L. S. 1962. *Thought and Language.* Cambridge, MA: MIT Press.
Wells, G. P. 1979. Describing Children's Linguistic Development at Home and at School. *British Educational Research Journal*. 5(1), 75-89.
Wells, G. P. 1985. Literacy, Language and Learning. In G. Wells (ed.), *Language Learning and Education*. 152-175. Philadelphia, PA: Nfer-Nelson.
Wong Fillmore, L. 1987. Second language learning in children: A proposed model. In J. Provenzano (ed.) *Issues in language development*. 33-42. Rosslyn, Virginia: National Clearinghouse for Bilingual Education.
Wong Fillmore, L. 1991a. When learning a second language means losing the first. *Early Childhood Research Quarterly*. 6, 323-346.
Wong Fillmore, L. 1991b. Second-language learning in children: a model of language learning in social context. In Bialystock, E. (ed.), *Language processing in bilingual children*. 49-69. Cambridge: Cambridge University Press.

重要項目の整理

バイリンガル
- 定義 …………………………… 2-3, 20
- トライリンガル ………………… 2, 4
- バイリンガル否定論 ……… 224-226, 233
- バイリンガル肯定論 …224, 226-227, 233
- バイリンガル有利説 ………… 227-228
  - 思考の柔軟性 ………… 121, 228-229
  - 言語に対する理解 ………… 121, 229
  - 言語分析力 ………… 120, 121, 230
  - コミュニケーション・ニーズに敏感
    ………………………… 121, 231
  - 言語による人種偏見 … 121, 228, 232

バイリンガルの分類
- 到達度による分類 ………………… 7
  - バランス・バイリンガル …… 6-8, 13, 15
  - ドミナント・バイリンガル …… 6-8, 15
  - ダブル・リミテッド・バイリンガル
    ………………………… 6-8, 15-16
- 4技能による分類 ………………… 16
  - 聴解型バイリンガル …… 9-10, 16, 67
  - 受け身のバイリンガル ………… 9, 67
  - 会話型バイリンガル …… 9-10, 14, 16
  - 読み書き型バイリンガル …… 9-10, 16
  - バイリテラル …………… 9-10, 13, 16
- 発達過程による分類 ………… 6, 10, 16
  - 同時発達バイリンガル（同時型）
    …………………………… 10-11, 16, 20
  - 継起発達バイリンガル（継起型）
    …………………………… 10-11, 16
- 文化習得による分類 …………… 11, 16
  - モノカルチュラル …… 11, 16, 215, 241
  - バイカルチュラル … 11-14, 16, 209-219
- 母語の社会的地位との関連で見た分類 · 12
  - 加算的バイリンガリズム ……… 16, 128
  - 減算的バイリンガリズム ………… 16
- 個人か言語集団かによる分類 …… 6, 14, 16
  - バイリンガリティ ……………………… 14
  - バイリンガリズム
    ……………… 8, 14-16, 50, 54, 224, 229
- 少数言語集団の到達目標と
  - 教育形態による分類 …………… 14-15
  - 過渡的バイリンガリズム ……… 14-16
  - 読み書き1言語のバイリンガリズム
    ……………………………… 14-16, 195
  - 部分的バイリンガリズム ……… 15-16
  - フル・バイリンガリズム　15-16, 195, 197

バイリンガル教育 A
- 国語教育と英語教育 ………… 237-239

バイリンガル教育 B
- 継承語教育と第2言語教育 ………… 237

カミンズ ……………… 6-8, 32, 37-48, 56
- 閾説 ……………………………… 7-8, 122
- 2言語共有説・思考タンク説・氷山説
  ……………………………… 8, 37-39, 43
- 2言語相互依存の原則 …… 8, 37, 39, 42, 44
- 転移 ……………………………… 42-44
  - 概念的な知識の転移 ……………… 42
  - 学習ストラテジーの転移 ………… 42
  - コミュニケーション・スタイルの転移
    …………………………… 42, 118
  - 言語要素の転移 ……………… 42, 43
  - 音韻意識の転移 ……………… 43, 118
- BICS ………………………………… 44-45
- CALP ………………………………… 44-45
- 認知力必要度 ……………………… 41, 45
- 場面依存度 ………………………… 41, 45
- CF、会話の流ちょう度 …………… 44-46
- DLS、弁別的言語能力 …………… 44-46

ALP、教科学習言語能力 ‥‥‥‥ 44-47
　リテラシー獲得の教育的枠組み ‥‥ 46, 48
　　リテラシーの到達度 ‥‥‥‥‥ 46, 48
　　リテラシーとの関わり度 ‥‥‥ 46, 48
　　背景知識 ‥‥‥‥‥‥‥‥‥‥ 46-48
　　スキャフォルディング（足場かけ）
　　　‥‥‥‥‥‥‥‥‥‥‥‥‥ 46-47
　　アイデンティティの肯定 ‥‥ 47-48, 219
　　言語を伸ばす ‥‥‥‥‥‥‥‥ 47-48

　アイデンティティ・テキスト ‥‥ 47, 131

　バイリンガル教授ストラテジー ‥‥‥ 129
　モノリンガル教授ストラテジー ‥ 129, 244
　　二人の孤独 ‥‥‥‥‥‥‥ 99, 129, 132

ランバート
　加算的バイリンガリズム ‥‥‥‥ 16, 128
　減算的バイリンガリズム ‥‥‥‥‥‥ 16
　アイデンティティと言語習得 ‥ 13-14, 217
　イマージョン方式のガイドライン ‥‥ 242

巨視的バイリンガル育成モデル ‥‥ 37, 48-50
　言語集団のバイタリティー（EV）50-52, 55
　２言語接触ネットワーク（INLC）‥ 50-51
　EV に対する心的態度 ‥‥‥‥‥‥‥ 52
　カウンター・バランス説 ‥‥‥‥ 52-53

母語
　母語の定義 ‥‥‥‥‥‥‥‥‥‥ 20, 32
　母語の役割 ‥‥‥‥‥‥‥‥‥‥ 33, 60
　母語の発達 ‥‥‥‥‥‥‥‥ 23-26, 238
　言語形成期 ‥‥‥‥‥‥ 23-24, 28-34, 238
　　ゆりかご時代 ‥‥‥‥‥‥‥‥ 24-25
　　子ども部屋時代 ‥‥‥‥‥‥‥ 24-26
　　遊び友達時代 ‥‥‥‥‥‥‥‥ 24, 26
　　学校友達時代前半 ‥‥‥‥‥‥ 24, 26
　　学校友達時代後半 ‥‥‥‥‥‥ 24, 26
　母語の習得過程 ‥‥‥‥‥‥ 23-24, 238

　母語と継承語 ‥‥‥‥‥‥‥‥‥ 32-33
　　習得順序・時期 ‥‥‥‥‥‥‥‥‥ 33
　　到達度 ‥‥‥‥‥‥‥‥‥‥‥‥‥ 33
　　使用頻度 ‥‥‥‥‥‥‥‥‥‥‥‥ 33
　　アイデンティティ（内的）‥‥‥‥‥ 33
　　アイデンティティ（外的）‥‥‥‥‥ 33

自然習得 ‥‥‥‥‥‥‥ 73, 84-85, 109, 117
　インターアクション ‥‥‥‥‥‥ 19, 25
　インプットとアウトプット ‥‥ 19, 48, 56
　臨界期説 ‥‥‥‥‥‥‥‥ 28-30, 33, 99
　沈黙期 ‥‥‥‥‥‥‥‥‥ 100, 104, 109
　１人１言語の原則 ‥‥‥‥ 68-70, 73, 109
　ガーダーの鉄則 ‥‥‥‥‥‥‥‥‥‥ 84

継承語・継承語教育 ‥‥‥‥‥‥‥ 185-189
　継承語としての日本語教育 ‥‥‥‥ 185
　　現地語重視型 ‥‥‥‥‥‥‥‥‥ 185
　　母語重視型 ‥‥‥‥‥‥‥‥ 185, 194
　　自由放任型 ‥‥‥‥‥‥ 69-70, 185, 194
　　２言語志向型 ‥‥‥‥‥‥‥‥‥ 185
　カナダの国際語・継承語教育 ‥‥‥ 188
　　統合プログラム ‥‥‥‥‥‥‥‥ 147
　　放課後プログラム ‥‥‥‥‥‥‥ 147
　　週末プログラム ‥‥‥‥‥‥‥‥ 147
　　国際語バイリンガル／パーシャル・
　　イマージョン教育 ‥‥‥‥‥‥‥ 148
　　ウクライナ語イマージョン ‥‥‥ 149
　　中国語イマージョン ‥‥‥‥‥‥ 150
　多文化主義法 ‥‥‥‥‥‥‥‥‥‥ 148
　継承語プログラムの問題点 ‥‥‥‥ 195
　継承語保持の効用 ‥‥‥‥‥‥‥‥ 198

アイデンティティ
　異文化習得とアイデンティティ ‥‥ 108
　２言語の習得とアイデンティティ ‥ 214
　異文化受容とアイデンティティ
　　‥‥‥‥‥‥‥‥‥‥‥‥ 119-120, 210
　言語・文化集団のアイデンティティ ‥ 215

民族的アイデンティティ …… 214-215, 251
社会的アイデンティティ ………… 214-215
新統合型アイデンティティ …… 219-220

イマージョン教育 ……………………… 99-104
　定義 ………………………………………… 96
　サブマージョン …… 96, 109, 136, 150, 161
　セント・ランバート小学校 ………… 99-100
　イマージョン方式の種類 ……………… 100
　　早期トータルイマージョン ………… 100
　　パーシャル・イマージョン ………… 101
　　中期イマージョン …………………… 102
　　後期イマージョン …………………… 102
　　トライリンガル・イマージョン …… 102
　ジャイルズ校 …………………………… 103
　表記法・読み書きの導入 ……… 43, 94, 129
　　L1 先行型 …………………………… 129
　　L2 先行型 …………………………… 129
　　同時進行型 …………………………… 129

カナダのフランス語教育 …………… 99, 124
　コア・フレンチ ………… 97, 102, 105-106
　インテンシブ・フレンチ …… 97, 114, 124
　教科別補強フレンチ ……………… 101-103

ダブル・リミテッド・バイリンガル
　………………………………………… 6-8, 15-16
　幼児のダブル・リミテッド現象 …… 78-79
　学齢期の移動に伴う
　　一時的ダブル・リミテッド現象 …… 178
　外国人児童生徒と
　　ダブル・リミテッド現象 ……………… 77

マイノリティ言語児童生徒 ………… 136, 159
　CLD（Culturally Linguisticaly Diverse）
　　児 ………………… 136-137, 150, 153
　ELL（English Language Learners）
　　………………………… 137-139, 142, 144
　アメラジアン …………………… 240, 245

韓国・朝鮮系学校 ………… 239, 245, 250-251

米国のバイリンガル教育 … 137-138, 241, 244
　過渡的／移行的バイリンガル教育 …… 137
　発達型／維持型バイリンガル
　　プログラム …………………………… 139
　早期移行型 ……………… 139, 142, 243
　後期移行型 ……………… 139, 142, 243
　落ちこぼれ防止法（NCLB）……… 56, 139
　Structured Immersion ………… 138, 156
　一方向バイリンガル／イマージョン
　　プログラム ……………… 140, 243-244
　双方向イマージョン／バイリンガル
　　プログラム ………… 139-140, 142, 156
　　90/10 モデル ……………………… 140
　　80/20 モデル ……………………… 141
　　50/50 モデル ……………………… 141
　　Two-Teacher モデル …………… 141
　　2 言語交互使用型 ………… 130, 243
　　半日切り替え型 …………… 128, 141
　　隔日切り替え型 ……… 128, 130, 141

カナダの移民児童生徒教育 ………… 136, 143
　ESL（English as a Second Language）
　　……………………………………………… 144
　ELD（Enlish Literacy Development）
　　……………………………………………… 144
　LEAP（Literacy Enrichment
　　Academic Program）……………… 144

外国人児童生徒教育 ……………………… 155
　JSL、第 2 言語としての日本語教育
　　……………………………………… 152-155
　滞在年数 ……………………… 153-154
　入国年齢 ……………………… 153-154
　DLA（JSL 対話型アセスメント）…… 155

海外児童生徒とバイリンガル教育
　週末イマージョン ……………………… 177

重要項目の整理　263

トロント補習授業校調査 ………… 163, 176
　　英語の会話力 ………………… 164, 166
　　英語の読解力 ………………… 170-172
　　日本語の保持 ………………… 172-173
　　２言語の関係 …………………… 174

海外日系人とバイリンガル教育 ….. 182, 184
　世代と継承語保持 ……………… 183-184
　継承語プログラムの問題点 …………195
　継承語保持の効用 …………………198

年少者英語教育 ………………… 127, 130
　小学校英語教育 ………………… 117, 123
　　教科化 ……………………… 116, 122
　　複線化・復言語化 …… 123, 126, 128
　　教師養成 ……………………… 126
　　体験入学 …………… 126, 127, 131
　日英バイリンガル教育 ………… 127, 130
　言語資源 ……………………… 117, 124

索引・人名

ア

アイザック (Isaacs) …… 223
アブッド (Aboud, F.) …… 211, 232
アーンバーグ (Arnberg, L.) …… 187
アガダニ (Aghadani, R.M.) …… 90
東洋 …… 207
アニスフェルド (Anisfeld, E.) …… 277
アラード (Allard, R.)
　…… 13, 37, 48, 51, 53-55, 160, 187, 197, 233
アントニュック (Antoniuk, J.L.) …… 198
イアンコ‐ワーレル (Ianco-Worrall, A.D.)
　…… 229-230
イェスペルセン (Jespersen, O.) …… 224
イセイ (Isajiw, W.W.) …… 195-196
ヴァレスコ (Valesco, P.) …… 92
ヴィゴツキー (Vygotsky, L.S.) …… 42, 225
ウェルズ (Wells, G.P.) …… iv, 22, 25, 28
ウルマン (Ullmann, R.) …… 198
大浜あとみ …… 78
岡田光世 …… 179-180
オクスフォード (Oxford, R.L.) …… 178
桶谷仁美 …… 91
小野博 …… 36-37, 180
オブライアン (O'Bryan, K.C.) …… 148, 183-184

カ

ガーダー (Gaarder, A.B.) …… 84
ガードナー (Gardner, R.C.) …… 90
カニングハム久子 …… 74-76, 78-79
カミンズ (Cummins, J.) …… iv, 6-8, 32,
　37-48, 56, 82, 107, 119, 125, 128-129, 131, 133,
　155-156, 163, 174, 176, 180, 187, 192, 197, 225
河内十郎 …… 30-31
北村房枝 …… 83
キャリンガー (Carringer, D.C.) …… 229

グッドマン (Goodman, K.S.) …… 141, 172
クラシェン (Krashen, S.D.) …… 29, 109-110
クリスチャン (Christian, D.) …… 141, 232
クリティン (Kouritzin, S.) …… 33
クレズマー (Klesmer, H.) …… 180
グローシャン (Grosjean, F.) …… 4, 203
グロータース (Groaters, W.A.)
　…… ii, 28-29, 37, 206, 268
クローフォード (Crawford, J.) …… 16, 138
コーエン (Cohen, A.D.) …… 178
コリエ (Collier, V.) …… 142, 180
近藤妃美 …… 143

サ

サンダース (Saunders, G.)
　…… 67, 71-72, 88, 224, 232
島田徳子 …… 190
ジェネシー (Genesee, F.)
　…… iv, 56, 112, 211-212, 231
柴田武 …… 23-24
シューマン (Schumann, J.H.) …… 30, 224
シュナイダーマン (Schneiderman, E.) …… 212
正善達三 …… 90
スウェイン (Swain, M.)
　…… iv, 28, 47, 82, 106-107, 111, 163, 198-199
スクットナブ‐カンガス (Skutnabb-
　Kangas, T.) …… 8, 20, 32, 62-63, 75, 160, 197
スコヴェル (Scovel, T.) …… 29
スコット (Scott, S.) …… 228-229
鈴木妙 …… 186
スターン (Stern, H.H.) …… iv, 30, 96-97, 108-109
スノー (Snow, C.) …… 172-173

タ

ターンブル (Turnbull, M.) …… 106-107
タシュナー (Taeschner, T.)

索引・人名　265

………… 3, 20, 64, 67-68, 73, 82, 88	フォルスグラフ (Falsgraph, C.D.) …… 209
タッカー (Tucker, G.R.)　vi, 18, 225-227, 224	深沢リジア真澄………………………… 196
田中宏 ……………………………… 217	ブラン (Blanc, M.H.) …………… 11, 14, 218
ダネシ (Danesi, M.) …………… 156, 198	フランシス (Francis, N.) ………………… 56
チザード (Tizard, J.) ………………… 73-74	ブルーム (Bloom, S. B.) ………………… 61
チュマック・ホルバッチ	ブルナー (Bruner, J. S.) ……………… 225
(Chumak-Horbatsch, R.) …… 92, 198	ブレット (Brecht, D.R.) ………………… 197
チトン (Titone, R.) ………………… 232	ベアズモア (Beardsmore, H.B.) ………… 6
ツェ (Tse, L.) ……………………… 197	ベイン (Bain, B.) ……………… 69-70, 231
トービン (Tobin, J.) ………………… 220	ベーカー (Baker, C.) …………… 56, 223
トーランス (Torrance, A.P.) ………… 299	ベンゼーブ (Ben-Zeev,S.) ……………… 231
トマティス (Tomatis, A.) …………… 247	ペンフィールド (Penfield, R.) …… iv, 29, 99
ドルソン (Dolson, D.P.) ……………… 199	袰岩なおみ ……………………………… 13
ドレスラー (Dressler, C.) ……………… 43	

ナ

中島和子　　　… v, vii, 47-48, 56, 92, 103, 107, 129,	マキー (Mackey, W.F.) …………… 6, 94
154, 156, 176, 180, 189, 191, 194, 197, 200, 204	マクカーデル (McCardle, P.) ………… 245
長野正 ……………………………… 182	マクナマラ (Macnamara, J.) ………… 225
野口 (Noguchi, M.) …………………… 69	マクファーレン (MacFarlane, A.) …… 113
野元菊雄 …………………………… 184	ミッチェル (Mitchell, F.G.) ……… 211, 232
	箕浦康子 ……………… 31, 162, 205, 209-210
	モリソン (Morrison, F.) ……………… 107

ハ

ヤ

ハークロウ (Harklau,L.) ……………… 245	湯川笑子 ……………………………… 245
ハート (Hart, D.) ………………… 106-107	
ハーレイ (Harley, B) ……… iv, 31, 111, 195	

ラ

バウエル (Pauwels, A.) ……………… 183	ライヴァル (Ryval, M.) ………………… 27
ハクタ (Hakuta, K.) ………………… 216	ラフラー－エンジェル
バタナガー (Bhatnagar, J.) ………… 199	(Von Raffler-Engel, W.) …………… 67
服部孝彦 …………………………… 162	ランドレイ (Landry, R.)
ハマーズ (Hammars, J.F.)	…… viii, 13, 35, 37, 48, 50, 53-55, 160, 197, 233
………………………… 11, 14, 16, 218-219	ランバート (Lambert, W.E.) … iv, 13, 99, 105,
半田知雄 …………………………… 184	120, 208-209, 212, 217, 226, 227, 229, 232, 242
ピアジェ (Piaget, J.) ………………… 27	ランバウト (Rumbaut, R.G.) …… 153, 245
ピアソン (Pearson, B. Z.) …………… 70	柳美沙 ……………………………… 245
ビアリストック (Bialystok, E.) … 230-231	ルイス (Lewis, G.) ……………………… 95
ピール (Peal, E.) …………………… 227	レオポルト (Leopold, W.F.) …………… 68
ヒルテンシュタム (Hyltenstam, K.) 185, 187	レネバーグ (Lenneberg, H.) …………… 29
フィッシマン (Fishman, J.) … 14-15, 142, 195	

ロンジア (Ronjat, J.) ……………………… 68

ワ

ワング - フィルモア (Wong-Fillmore, L.)
　……………………………… 31, 77, 143, 166

索引・項目

ア

アイデンティティ・テキスト ……… 47, 131
アイデンティティの肯定 …………… 47-48
アイデンティティの相克 …………… 214-215
アウトプット説 …………………………… 56
アメラジアン ……………………… 240, 245
ESL（English as a second language）
………………… 31, 51, 62, 123, 144, 240, 244
ELL 支援（ESL, ELD, LEAP）
（重要項目 p. 263 参照） ………… 144-145
ELL（英語学習者） …… 137, 138, 142, 144, 252
ELD（Enlish Literacy Development）
………………………………………… 144, 154
「いい子」の日米比較 …………………… 207
EV に対する心的態度 …………………… 52
一方向イマージョンプログラム ……… 244
1.5 世代 ……………………………… 240, 245
異文化習得とアイデンティティ ……… 108
異文化受容 ……………………… 119-120, 153, 210
異文化体験 …… vii, 120, 127, 130, 160, 162, 250
異文化理解 ……… ii, 119-120, 130, 232, 246
イマージョン教育（重要項目 p. 263 参照）
………… viii, 93, 99, 102-103, 107, 110, 113, 117,
121, 124, 131, 137, 148, 229, 236, 242-246, 250
イマージョン方式 ……… iv, 15, 29, 53, 94-100,
105, 107-109, 111, 114, 125, 127, 129, 131, 136,
139, 178, 198, 208, 224-226, 228, 239, 241-242
「イマージョン方式」のガイドライン …… 242
イマージョン方式の原型 …………… 96-97, 99
インテンシブ・フレンチ ……… 97, 114, 124
インプット ………… 19, 48, 70, 74, 76, 83, 168
インターアクション … 19, 25, 131, 140, 206, 244
ウクライナ語イマージョン ……………… 149
受け身のバイリンガル ……………………… 9, 67

ALP, 教科学習言語能力
……… viii, 35, 44-47, 54, 56, 110, 118, 122-123,
125, 130-131, 153-155, 159, 164, 192, 237, 245
英語ドミナント型 ……………………… 220
英語の教科化・英語活動の必修化
……………………………… vii, 59, 116, 122,
エイム（AIM, Accelerative Integrated
Method） ……………………………… 125
OBC（バイリンガル会話テスト）
………………… iv, 92, 154, 155, 198, 204, 249
落ちこぼれ防止法（NCLB） ………… 56, 139
親のことば ………… 11-12, 61, 185, 194, 216, 219
親の語学力 ………………………………… 71-72
音韻意識 …………………………………… 43, 118
Ontario Early Years Centres …… 146-147
音読 ……………………………………… 90-91, 175

カ

ガーダーの鉄則 …………………………… 84-85
海外児童生徒とバイリンガル教育 …… ix, 157
海外日系人 ……………… v, 132, 156, 182, 184
海外日系人とバイリンガル教育 …… 156, 181
会話面 ……………………… 10, 40, 162-163, 193
カウンター・バランス説
………………………… 37, 48-49, 52-53, 55, 188
拡散型思考 ……………………… 121, 228-229
隔日切り替え型 ……………………… 128, 130, 141
学習ストラテジー ……………………… 42-43, 118
学齢期の移動に伴う
一時的ダブル・リミテッド現象 ……… 178
加算的・減算的（重要項目 p. 262 参照）
……………………………………… 13, 16, 48,
50, 52-55, 63, 127, 136, 155, 187-188, 217-218
加算的バイリンガリズム ……………… 16, 128
学校友達時代前半 ……………… 24, 26, 32, 68
学校友達時代後半 ……………………… 24, 26

過渡的／移行的バイリンガル教育 ……… 137
過渡的バイリンガリズム ……………… 14-16
過渡的モデル（transitional model）
　……………………………………… 14-15, 137
カナダの移民児童生徒教育 ………… 136, 143
カナダの継承語教育
　（重要項目 p. 262 参照）…… 148, 188, 248
カナダのフランス語教育
　（重要項目 p. 263 参照）……………99, 124
CALP ……………………………… 44-45, 164
9歳の壁 ……………………………… 237, 241
90/10 モデル …………………………… 140
　教科統合アプローチ ………… 125, 129-130
　教科別補強フレンチ … 101-103, 124-125, 239
巨視的バイリンガル育成モデル ……… 37
クリル（CLIL）……………………… 125, 239
継起発達バイリンガル（継起型）… 10, 11, 16
継承語学習者（HLL）……… 142-143, 196-197
継承語教育（heritage language
　education）…………… iv-v, 7, 92, 123,
　　137, 142-143, 147-148, 150-152, 156, 186-189,
　　195, 197-199, 219, 237, 239, 241, 244-247
継承語教育と第2言語教育 ……………… 237
継承語としての日本語教育
　（重要項目 p. 262 参照）・185, 200, 248-250
継承語プログラムの問題点
　（重要項目 p. 262 参照）……………… 195
継承語保持の効用 ……………………… 198
継承語話者 ……………………………… 143
言語形成期（重要項目 p. 262 参照）… vi, 15,
　　23-24, 28-29, 31, 33, 51, 82, 116-117, 120, 127,
　　130, 176, 205, 210, 214, 238-239, 245-246, 249
言語差 ……………… 43, 118-119, 129, 131, 176
言語資源
　……… vii, 95, 117, 124, 136, 155, 187, 233, 249
言語集団のバイタリティ（EV）…… 50-52, 55
言語習得とアイデンティティ ……… 214, 217
言語に対する理解 ……………… vi, 121, 229
言語による人種偏見 ……………… 228, 232

言語・文化集団のアイデンティティ 143, 215
言語分析力 ……………………… 120-121, 230
言語を伸ばす ……………………… 45, 47-48
減算的バイリンガリズム ……………… 16
コア・フレンチ（core French）
　……… 97, 102, 105-106, 114, 124-125, 256, 257
後期移行型 ……………………… 139, 142, 243
後期イマージョン
　……………… 97, 102-103, 105-107, 113, 124
高度バランス・バイリンガル（プロフィシ
　エント・バイリンガリズム／2言語型）
　（proficient bilingualism）………… 8, 15
コードシフティング …………………… 130
コードスイッチング・コードミクシング
　…………………………………………… 130-131
国語教育 ……… iv, 46, 119, 132, 185, 237-239
国語教育と外国語教育 ……………… 237-239
国際語教育 ……………………………… 147, 238
国際語バイリンガル／バーシャル・
　イマージョン教育 ……………… 148, 197
50/50 モデル ……………………… 140-141
ことばの使い分け
　………………… 63, 66-67, 71, 88, 104, 204, 211
子どもの「外国」意識 ………………… 212
子ども部屋時代 ………… 24-26, 33, 58, 64, 68
コミュニケーション・ニーズ ……… 121, 231
コミュニケーションスタイル …… 42-43, 118

サ

サブマージョン ……… 96, 109, 136, 150, 161
CF. 会話の流ちょう度
　……………… viii, 35, 44-46, 164, 175, 192, 237
CLD 児（多様な言語文化背景の児童生徒）
　………… vii, 45-47, 56, 136-137, 150, 153, 156
JSL（外国語としての日本語教育）
　………… 126, 152-155, 185, 240, 244, 249
JSL, 日本語補強クラス ……… 152-155, 240
閾説 ……………………………… 7-8, 122
思考タンク説 …………………………… 38

思考の柔軟性 …………ii, vi, 108, 121, 228-229	多文化主義法 …………………148, 183, 188
自然習得（重要項目 p. 262 参照）	多文化・多言語主義（multiculturalism／
iii, vi, 42, 73, 84-85, 95, 109, 117, 143, 152, 169	multiligualism）・20, 132, 187-188, 216, 219
ジャイルズ校 ……………………………103	チザードの実験 …………………………73
社会的アイデンティティ ……………214-215	知的発達
週末プログラム ………………………147	……7-8, 15, 29, 61, 95, 161, 199, 223-224, 227
就学前教育 ……………………………146	中期イマージョン ・・97, 102-103, 106, 113, 124
少数言語集団の到達目標と教育形態による分	中国語イマージョン ……………………150
類（重要項目 p. 261 参照）………14	聴解型バイリンガル ……………9-10, 16, 67
人種偏見 ……………………121, 228, 232	朝鮮学校・韓国系学校 ……………239, 245
新統合型アイデンティティ ……………219-220	沈黙期 ……………………………100, 104, 109
心理的側面と社会的側面による分類 ……16	DRA（対話型読書力評価）………92, 155
スキャフォルディング（足場かけ）… 46-47	DLA（JSL 対話型アセスメント）…155
世代と継承語保持 ……51, 148, 183, 198-199	DLS（弁別的言語能力）
（2 言語への）接触の量と質 ……19, 53	44-46, 56, 118, 128, 130-131, 154-155, 192, 237
選択的異文化受容 ……………………153	Dual Language Program ………141, 156
セント・ランバート小学校	デルウッドパブリックスクール（Delwood
…………………99-100, 105, 208, 226	Public School）………………………149
早期移行型 …………………139, 142, 243	転移（重要項目 p. 261 参照）
早期トータル・イマージョン（early total	…42-44, 82, 107, 117-119, 129, 133, 199, 244
immersion）	Two-Teacher モデル ………………141, 243
・97, 100-102, 105-107, 113, 124, 231, 242-243	到達度による分類 ………………………7
双方向イマージョン／バイリンガルプログラ	同族意識 ……………………………210-212
ム ・・129, 137, 139-140, 142, 148, 156, 241-243	ドミナント・バイリンガル ……………6-8, 15
Thorncliffe Park Public School ……145	トライリンガル ……vii, 2, 4, 9, 102-103, 122, 132,
	155, 203-205, 215
タ	トライリンガル・イマージョン …102-103
体験学習アプローチ …………………177	トランス・ランゲージング ……92, 130-131
体験入学 ……………vii, 53, 116, 126-127, 131	トロント国語教室 …………………189-191, 197
滞在年数 ……153-154, 166, 168, 170-176, 179	トロント補習授業校 ………82, 163, 192, 207
第 2 言語としての日本語教育 ……150-151	
多読 ……………………………45-46, 152, 155	**ナ**
ダブル・リミテッド／リミテッド・バイリンガル	2 言語共有説・思考タンク説・氷山説
…………………………………5-8, 15-	…………8, 37, 38, 39, 43, 118, 199, 218, 225
16, 74-79, 92, 122, 145, 152-153, 178-179, 245	2 言語交互使用型 …………………130, 243
（学齢期の移動による）ダブル・リミテッド	2 言語接触ネットワーク（INLC）……50-51
現象 ………………………77-78, 178	2 言語相互依存の原則
（幼児期の）ダブル・リミテッド現象	…………………8, 37, 39, 42, 44, 163, 187
………………………………74-79, 179	2 言語の干渉 …………………79-80, 82, 109

2言語バランス説（Balance Effect Theory） ······················· 38, 56, 224-225
日英バイリンガル教育 ························· 241
日米文化の比較 ························· 206-208
日本語学校卒業生 ················ iv, 191, 193, 249
日本人症候群 ····································· 179
日本の外国人児童生徒とダブル・リミテッド現象 ······································· 77
2文化相互依存説 ························· 217-218
入国年齢 ································· 153-154
認知力必要度 ······················· 41, 45, 164
年少者英語教育 ······················· v-vi, 114

ハ

パーシャル・イマージョン
　············ 97, 101, 105-106, 144, 148-149, 197
バイカルチュラル
　············ 11-14, 16, 108, 120, 160, 163, 177-178, 184, 206, 209-210, 215-216, 219, 239, 241
背景知識（重要項目 p. 261 参照） ······ 46-48
バイリテラル
　············ 9, 10, 13, 16, 163, 195, 231-232, 239
バイリンガリズム ········· v, 8, 13-16, 50, 54, 127-128, 148, 195, 197, 217, 224-225, 229, 248
バイリンガリティ ································ 14
バイリンガル教育 A（重要項目 p. 261 参照）
　································ 237, 239, 241-243
バイリンガル教育 B（重要項目 p. 261 参照）
　································ 237, 239-241, 243
バイリンガル教授ストラテジー ············· 129
バイリンガル肯定論 ·········· 224, 226-227, 233
バイリンガルとパーソナリティ ······ 203-206
バイリンガルの分類（重要項目 p. 261 参照）
　······································· 6, 14-15
バイリンガル否定論 ················· 56, 224-226
バイリンガル／モノリンガル
　教授ストラテジー ························ 129, 244
バイリンガル有利説 ························· 227-228
80/20 モデル ···································· 141

発達型／維持型バイリンガルプログラム 139
場面依存度 ······················· 41, 45, 164
バランス・バイリンガル ······ 6-8, 13, 15, 227
半日切り替え型 ······················· 128, 141
BICS ······································· 44-45, 164
1人1言語の原則 ··················· 68-70, 73, 109
読み書き指導 ····································· 129
複言語主義 ······················· 36, 123, 132
部分的バイリンガリズム ·················· 15-16
ブラウン校 ······································· 103
フル・バイリンガリズム ······ 15-16, 195, 197
フレンチ・イマージョン
　············ 97, 99, 103-105, 107-108, 110, 112-113, 119-120, 122-125, 208, 211, 228
文化の差と年齢 ···································· 206
ぼうふら現象 ····················· 74-75, 79
母語と継承語 ··································· 32-33
母語の形成 ···························· 23, 206-207
母語の社会的地位 ······························· 12
母語の習得過程 ··································· 238
母語の定義 ······················· 20, 32
母語の役割 ······················· 33, 60
母語保持・伸張 ························· 124, 136, 139, 153, 90, 151, 160, 174, 178, 183, 195
母語・母文化の役割 ······················· 33, 57, 60

マ

マイノリティ言語児童生徒 ············· vii, 159
民族的アイデンティティ ········ 214, 215, 251
メタ言語認識 ····································· 10
モノカルチュラル ······· 11, 16, 215, 238, 241
モノリンガル教授ストラテジー ······ 129, 244

ヤ

幼児のダブル・リミテッド現象 ······· 78-79
読み書き1言語のバイリンガリズム
　································ 14-16, 195
読み書き型バイリンガル ············· 9-10, 16

読み聞かせ　26-28, 52, 71, 85-86, 104, 146, 147

ラ

LEAP, Literacy Enrichment Academic
　Program ……………… 144, 154, 156
リテラシー獲得の教育的枠組み
　………………………… 37, 46, 48, 155
リテラシーとの関わり度 ………… 46, 48, 144
リテラシー獲得 ……………… 37, 46, 48, 155
リテラシーの到達度 …………………… 46, 48
両親教育 ……………………… 196, 241, 247
臨界期説 ……… iv, 28-30, 33, 99, 162, 178, 210
LOTE（Languages other than English）
　…………………………………… 219

中島和子（なかじま　かずこ）

東京都出身。国際基督教大学・大学院、トロント大学大学院卒。トロント大学教授を経て名古屋外国語大学教授・日本語教育センター長。現在トロント大学名誉教授・トロント補習授業校高等部校長。専門はバイリンガル教育、継承語教育、日本語教育学。「カナダ日本語教育振興会」・「母語・継承語・バイリンガル教育学会」の会長を歴任、2018年現在両学会の名誉会長および「バイリンガル・マルチリンガル子どもネット（BMCN）」会長。
主著 ※『言葉と教育』（海外子女教育振興財団 1998）、『マルチリンガル教育への招待』（ひつじ書房 2010）、『言語マイノリティを支える教育』（訳著、慶應義塾大学出版会 2011）ほか

アルク選書シリーズ
完全改訂版　バイリンガル教育の方法

発行日　1998 年 9 月 25 日（初版発行）
　　　　2001 年 5 月 10 日（増補改訂版発行）
　　　　2016 年 1 月 22 日（完全改訂版発行）
　　　　2024 年 11 月 1 日（第 7 刷）

著者　　中島和子
編集　　株式会社アルク 文教編集部
編集協力　中島もえ
デザイン　松本君子
DTP　　有限会社ギルド
印刷・製本　萩原印刷株式会社
発行者　天野智之
発行所　株式会社アルク
　　　　〒141-0001　東京都品川区北品川 6-7-29
　　　　　　　　　　ガーデンシティ品川御殿山
　　　　Website：https://www.alc.co.jp/

地球人ネットワークを創る
アルクのシンボル「地球人マーク」です。

● 落丁本、乱丁本は弊社にてお取り替えいたしております。
　Web お問い合わせフォームにてご連絡ください。
　https://www.alc.co.jp/inquiry
● 本書の全部または一部の無断転載を禁じます。
　著作権法上で認められた場合を除いて、本書からのコピーを禁じます。
● 定価はカバーに表示してあります。
● 製品サポート：https://alc.co.jp/usersupport/

©2016 Kazuko Nakajima / ALC PRESS INC.
Printed in Japan.
PC：7015059
ISBN：978-4-7574-2698-6